濡须風雲

无为红色故事

无为市历史文化研究会 编

江枫

九州出版社
JIUZHOUPRESS

图书在版编目（CIP）数据

濡须风云 / 无为市历史文化研究会编 . -- 北京 ：
九州出版社，2020.10
　　ISBN 978-7-5108-9672-9

　　Ⅰ．①濡… Ⅱ．①无… Ⅲ．①无为县－地方史 Ⅳ．
①K295.44

中国版本图书馆 CIP 数据核字（2020）第 203050 号

濡须风云

作　　者　无为市历史文化研究会　编
出版发行　九州出版社
地　　址　北京市西城区阜外大街甲 35 号（100037）
发行电话　（010）68992190/3/5/6
网　　址　www.jiuzhoupress.com
电子信箱　jiuzhou@jiuzhoupress.com
印　　刷　成都市兴雅致印务有限责任公司
开　　本　889 毫米 ×1194 毫米　16 开
印　　张　21
字　　数　375 千字
版　　次　2021 年 1 月第 1 版
印　　次　2021 年 1 月第 1 次印刷
书　　号　ISBN 978-7-5108-9672-9
定　　价　69.80 元

前　言

安徽省无为市古称濡须，千百年来，风云际会，人文荟萃，孕育了许多文人学士，记录了许多传奇故事。特别是近代以来，无为大地涌现了众多的仁人志士，他们为无为的民主进步和中华民族的解放事业做出了重大贡献与牺牲，给无为人民留下了宝贵的精神财富。

在无为人民反抗压迫的历史进程中，数千名共产党人和革命志士为了争取民族革命的胜利，英勇地投身于血与火的斗争中。在抗日战场上，他们奋勇杀敌，不惜马革裹尸；在敌人的法庭上，他们昂首挺胸，毫不畏惧；在刑场上，他们宁死不屈，大义凛然。革命先烈用鲜血和生命凝成的感人事迹，至今在无为城乡广为传颂，有口皆碑。

历史是一面镜子，在折射时代风采中总结经验、提供借鉴、给予启迪。《濡须风云》通过回眸激情燃烧的岁月，以一个个血肉丰满、栩栩如生的故事，展示革命战争时期无为人民的伟力和英雄形象，彰显了党和无为人民之间无比深厚的血肉联系。

《濡须风云》谱写的是无为老区人民负重前行的壮歌，虽经岁月洗礼而毫不褪色。学习是最好的传承，推出《濡须风云》，对我们来说既是温故，更是知新，从革命先辈的故事中，感受他们对国家、对人民的高度热爱和献身精神，从而激发年轻一代热爱党、热爱祖国、热爱人民的炽热情怀，感知革命成功来之不易，更加珍惜美好今天。

本书收录了民主革命时期发生在无为地区的革命故事110余篇，故事素材主要来自相关档案文献资料、公开出版物和部分革命前辈的回忆口述，并吸收了党史最新编研成果，故事发生的时间、地点、人物和主要情节没有虚构，同时又在真实的基础上进行了一定的艺术加工，使故事更加生动，使全书兼具真实性、可读性和趣味性，具备了一定的存史价值。

中共无为市委宣传部为贯彻落实中共中央印发的《新时代爱国主义教育实施纲要》，加强我市广大群众特别是青少年的爱国主义教育和革命传统教育，充分发挥以史育人、以史鉴今的功能，组织市历史文化研究会编撰《濡须风云》，目的是寻觅革命先辈的足迹，传承红色基因，重温峥嵘岁月，点燃追梦激情，教育广大青少年争做社会主义新时代的有为新人。

《濡须风云》编辑部

2020年12月10日

CONTENTS

目录

峥嵘岁月

抗日烽火

再续征程

峥嵘岁月

黉门揭榜反贿选[1]

20世纪初，无为县地方劣绅丁小侯、卢幼能均是县内有名的大地主，在城乡绅士中占有的土地最多，每年收年租就有6000多担（每担150斤）。那时，无为县的每一位县长上任前都要拜谒他们。但丁、卢二人并不满足现状，还想伺机步入仕途。1921年恰逢安徽省进行第三届议员选举，其中

无为人民反贿选斗争策源地——黉门

无为县可当选省议员两名。丁、卢二人认为时机已到，共同拿出十多万元，恳请时任县长李懋延帮忙运作，以达到当选省议员的目的。李懋延也想利用这个机会，于是与丁、卢二人勾结起来贪赃枉法、营私舞弊。第一是多报人口，增加选民控制数，欺人耳目；第二是伪造选举册，骗取选票，在无为九个选区中，每区再增加二五成选民；第三是为了掩盖这些舞弊事实，指令选举前对选民榜不进行公布。这样露骨的无为县省议员贿选，当即在无为社会各界引起极大公愤。

在强大的社会舆论压力下，1921年1月5日，李懋延被迫公布选民榜。当时，选

---

[1]参见《岁月留痕》，第2~3页，中共党史出版社，2012年9月。

民榜在无为城乡张贴了几十张，无城西门夫子庙黉门两边墙上贴的一张有几丈长。观看选民榜的进步青年朱子帆、唐宗平、翟树华、卞仲年、郭活泉等人，先用水洒在选民榜上，等到浸透以后，慢慢揭下。这张被揭下的选民榜，漏洞百出，弊端丛生。榜上选民名录中，甚至将死亡者、未成年者、精神病患者和当时没有选举权的妇女都写成有效选民，还有一人双名，或一名两报。李懋延的逆行令无为县社会各界深恶痛绝。

1月10日，朱子帆等人持被揭下的黉门选民榜上诉，一纸诉状告上芜湖地方审判厅。芜湖地方审判厅受理以后，委派司法推事陈鄂来无为调查此案。

1月16日，陈鄂召集无为的业主、士绅调查此案（贿选的卢幼能、丁小侯在场）。之后，又召集原告朱子帆等人开会询证，朱子帆当面举证，反遭陈鄂恫吓，并胁迫朱子帆等撤回诉状。遭到严词拒绝后，陈鄂又传讯县选区调查员吕兰生、程齐虹、周季真三人。三人均直言供称："李知县令加二五成属实情，选民榜未尽宣示，选民代投代签者甚。"在事实面前，陈鄂迫不得已，只得勉强表态，无为县省议员选举无效。

朱子帆等人清醒地认识到，联名揭榜上诉的胜利，仅仅是反贿选斗争的开始，而不是终结，不出所料，李懋延接到判决以后，不服判决，上诉至安徽省高等审判厅。朱子帆等人亦附带上诉。安徽高等审判厅迭次传讯上诉人李懋延，李因做贼心虚，不断借故拖延，匿不到案。朱子帆等人在省学联支持下，据理力争，持续催促结案。安徽省高等审判厅不得已再次传讯吕兰生等人，他们仍然供称："是该上诉人违背法令之事实，已无可讳言。"最后，安徽省高等审判厅依省议会选举法（指三届省议会选举法）第44条、45条、46条之规定，做出了"本件上诉及附带上诉一并驳回，维持原判"的终审判决。至此，无为县揭榜反贿选斗争取得初步胜利。

根据当时省议会选举法第83条第2款规定：省议会的选举在全省只要有一县选举无效，全省应视作无效。由于无为县议员选举最早宣布无效，继而桐城、六安、舒城等县也先后援例判决无效，以致全省选举议员崩溃。这样，安徽省第三届议员选举在无为县反贿选斗争风暴的冲击下彻底失败。

（王敏林）

细说杏花泉[1]

杏花泉，千年古城无为县城的中心一个温馨又美丽的地名，一眼闻名遐迩又充满诗意的名泉。据说远在宋朝之前，此处是一片旷野，就有一股常年汩汩渲溢的清泉，附近又有一株百年杏树。逢春时光，杏花妖娆，泉水淙淙，景色极美，老祖先于是爱称这里为杏花泉。可

无为县私立毅悟小学（杏花泉小学前身）

是后来泉水消失，杏树老去，只留下"杏花泉"一个空名。

宋朝崇宁年间，大书画家米芾知无为军（相当于现在的县长），在杏花泉一带兴建了宝晋斋、投砚亭和墨池，成为无为城内的明珠景观。到了清代嘉庆时期，无为知州顾浩，从民间得知历史上曾经的杏树和古泉之后，就在墨池西南坡地上种植一丛杏林，又于树丛中掘得一股清泉，欣喜不止，于是赋诗一首：

老圃开生面，清泉出墨池。不因疏浚力，安能涌流时？
细眼多于藕，浮花瑞若芝。根源仙杏共，应以杏名之。

[1]参见《无为州志》，第205页，黄山书社，2011年11月；《无为县志》第462页，社会科学文献出版社，1993年9月。

从此，杏花泉再现人间，与米公祠等景物一起，成为无为人民心中所爱。

五四运动推动了新文化运动的兴起。1924年被称为党外"布尔什维克"的青年革命家胡竺冰，与共产党人卢光楼以及进步青年王应文、邓养之、高莫适、季庶仁、高士林、卢前甫、卢兴楼等，商定为家乡新文化运动做贡献，向青少年学生传播进步思想，普及文化科学知识，成立了"青年读书会"，利用寒暑假给中小学生补课。随后又决定创办一所私立小学，学校名称定为"毅悟"。毅，即坚毅，悟即觉悟：坚定不移朝着新文化的方向前进。这个新颖又有感召力的校名，受到学生的欢迎，产生了良好的社会影响。但是为时不长，国民党反动县政府头目提出"毅悟"两字太"红"，有通共嫌疑，一定要换掉。"毅悟小学"只得改成"义务小学"。

学校设立董事会，校长和管理人员，都是选举产生。办学经费由董事会成员自捐，实行义务教育，面向贫苦家庭子弟招生。校长、教师不拿薪水，完全尽义务。第一年只收一、二年级学生，各开一个班，设国语、算术两门课。对学生不收学杂费，还免费提供教材和簿本。学校发展很快，第二年就开办了一到四年级四个班。

初办阶段，校舍和设备很简陋。1926年，胡竺冰、卢光楼等下决心建校舍。胡竺冰率先捐出可观的资金，其他人也尽力而为。十几间平房新校舍建成了，同时购置了教具。学校面貌一新，办学规模又增加两个班级。老辈传下来的历史记忆说，1927年3月，北伐军之一部到达无为，受到人们热烈欢迎和拥护。北伐军宣传队进入"义务小学"，又察看了附近的宝晋斋和杏花泉，建议用"杏花泉"作校名。从此，校冠景名，很有诗意也很有地域特色的"杏花泉小学"校名诞生了。1949年前后，因各种原因，杏花泉小学名称有过变动。1949年前曾叫过"万慈小学""菜市小学""模范小学"，1949年后曾叫过"东方红小学""印刷厂小学"等，但都为时不长。在学校百年历史中，绝大部分时间以及今天，都是用的"杏花泉小学"这个无为人喜爱的名字。

我党对杏花泉小学极为关心和重视。1927年中共无为特别支部就开始在杏花泉小学发展党员。青年教师王应文、朱志范、高士林、邓养之等都光荣地入了党。随之成立了党支部，马玉满任支部书记。1928年又成立了共青团支部。在党支部领导下，教工们积极开展革命活动。他们经常举行故事会，给学生讲革命故事和国内外大事。师生还共同秘密编印、散发、张贴传单，宣传革命形势。校园里充满着浓厚的革命气氛，学生受到了很好的思想教育。

1939年，杏花泉小学改为公立小学。但国民党反动县政府只要学校为他们办学出力，给教师的薪资很低，有时还难以兑现。学校党支部联络全城其他小学，发动教师开展"索薪斗争"。大家团结一致，决不让步，迫使当局只好答应了教师们的合理要求。

杏花泉小学在近百年的历史中，培养小学毕业生三万多人。这个数字相当于我们县城解放初人口的六成，今天人口的八分之一。他们成年后，遍布县城各个行业、各种工作岗位，为建设美丽的无城奉献青春，奉献一生。

光阴荏苒，岁月更新，杏花泉水时时清明可鉴，和宝晋斋、墨池一起，与杏花泉小学校园清亮的钟声和琅琅的书声，相汇成值得永远欣赏的美丽画卷和动人的乐曲。

（王惠舟）

县衙夺印[1]

1926年前后，中国北方军阀混战，民不聊生，南方则是中国国民党与共产党第一次国共合作，领导国民革命军在工农群众的热烈支持下北伐，打倒军阀，打倒列强。是为第一次国内革命战争，整个中国正在发生剧烈的动荡和变化。在这翻天覆地的变化时刻，1927年的春

无为社会各界迎接北伐军进入无为县城

季，无为县也发生了一个重大的事件——夺印斗争。它推动了无为县革命斗争的发展和社会进步，各界人士在革命斗争的政治大舞台上也各自进行了不同角色的表演。

1927年2月，胡竺冰、吕惠生、高莫适、季庶仁等一批在上海、北平等地读书的知识青年接受了革命思想的熏陶，先后回到无为，秘密组建了联俄、联共，扶助农工的国民党无为县党部，为了迎接国民革命军北伐，他们深入工农群众之中，组织各行业工会，启发广大群众的革命觉悟，为北伐做出了思想准备和组织准备。

恰在此时，无为县县长刘朝纲（当时省内的县长由统治这个省的军阀委派）的卫兵带了一些兵痞以抓赌为名，在城郊四处抢劫老百姓的财物。一日，当他们到东乡韩家庙抢劫时，却遭到青壮年农民拿着扁担、铁锹反抗，混乱中，刘朝纲的卫兵

---

[1] 参见《百年沧桑话无为》，第13~14页，安徽大学出版社，2006年11月。

恼羞成怒，竟然开枪将青年农民邢学年打死。当天，邢学年家属和近邻群众将邢学年的尸体抬到无城老衙口（现芝山商城），控诉县长卫兵的罪行，围观群众义愤填膺。国民党县党部在胡竺冰、吕惠生组织下由群众抬着邢学年的尸体示威游行，要求新任县长高寿恒惩办凶手。但县政府却拒不处理，愤怒的群众冲入县政府，将尸体停于大堂之上，气急败坏的高寿恒却指派县卫队带枪弹压，强令邢学年家属抬走尸体，驱散了示威群众。

4月上旬，国民革命军第七军三师二营由桐城东征路经无为，驻扎西门刘公馆。无城工、农、商、学各界群众欢欣鼓舞，他们在胡竺冰、吕惠生等进步人的组织下给北伐军送去米、菜等各种慰问品。北伐军到达无城第三日上午，国民党县党部在老衙口召开军民联欢会，欢迎国共合作的北伐军到达无为。在联欢会上，韩庙附近的参会群众控诉前任县长刘朝纲纵容卫兵制造"邢学年事件"的罪行，并要求现任县长高寿恒捉拿凶手。高在县衙内闻讯后立即派人把刘朝纲和卫兵送出了西门，并迅速调集武装民团严阵以待。联欢会还在进行时，这消息就传到了会场，参会的群众立即炸开了锅，他们在胡竺冰、吕惠生的带领下冲进县政府，与县长高寿恒进行了说理斗争，同时请求北伐军伸张正义，支持群众的合法要求。午时，北伐军荷枪实弹封锁无城主要街道，全城实行戒严，坚决支持群众要求。但高寿恒在与胡、吕等人谈判时仍表示不理前任之事，敷衍塞责。北伐军见僵持不下，当即扣留高寿恒，责令其交出县政府大印。随后，在北伐军主持下，经各界群众推荐，由胡竺冰、吕惠生、高莫适、洪九畴、王绍宸等人组成了"无为县临时行政委员会"，代行无为县政府职权。胡竺冰任主任委员兼司法科科长，吕惠生任秘书兼第一科（行政科）科长，洪九畴任第二科（财粮科）科长、高莫适任第三科（教育科）科长、王绍宸负责军警（民团）工作，这是无为县历史上第一个由群众推举，由进步势力掌握的政权，夺印斗争至此结束。

（蒋克祚）

芝城曙光[1]

中国共产党在无为县的第一个党组织，诞生于1927年。当时，蒋介石残酷屠杀共产党人、白色恐怖笼罩着全国。在此之前，无为人民进行了一系列反帝反封建、宣传进步思想、传播革命真理的活动，为党组织的建立乃至此后的革命斗争奠定了基础。

中共无为县特别支部旧址

1919年五四运动的浪潮波及无为，教育界人士集会示威游行，声援北京爱国学生运动，揭开了无为现代革命斗争的序幕。此后反帝反封建斗争在无为层出不穷，其中影响较大的有：1921年无为各界反对地方贿选省议员的斗争，1924年兢存学校学生宋士英、张昌万（张恺帆）反对"盛和"广货店推销日货的罢课斗争，1925年5月9日的"五九国耻纪念会"，等等，大大增强了广大群众，特别是青少年的爱国感情。同年，吕芝生、金必魁、赵玉堂等发起"无为县支援沪案外交后援会"，以抗议英国巡捕制造的五卅惨案。6月12日，更以无城学校停课、工人停工、商店闭市一日，街道、商店悬挂"共伸聚愤，援助沪案""休业一日，以志哀忱"等字样的白旗，工、农、商、学、绅各界数千人集会游行示威等形式，将声援活动推向高

---

[1]参见《百年沧桑话无为》，第15~16页，安徽大学出版社，2006年11月。

潮。

1926年年底，当国共合作的北伐战争势如破竹，取得节节胜利的时候，由胡竺冰、吕惠生等人组织领导，在无城秘密成立了"国民党安徽省无为县党部"，准备迎接北伐军的到来。

1927年3月底，北伐军第七军三师二营来到无为。在北伐军支持下，国民党县党部夺取军阀县政府大权，成立"无为县临时行政委员会"，行使全县行政职权。胡竺冰任主任兼司法科科长，吕惠生任秘书兼第一科（行政科）科长……全县行政职权第一次执掌在进步人士手中。

4月中旬，北伐军撤离后，反动士绅们发动政变，强行解散无为县临时行政委员会，逮捕了国民党县党部成员邓养之等人，胡竺冰、吕惠生等人遭通缉。"四一二"反革命政变后，无为县国民党右派建立了"无为县清党委员会"，大肆"清党"，肆意逮捕进步人士，白色恐怖笼罩无为全县。

8月初，曾在武汉安徽党务干部学校学习并加入共产党的任惠群，在赴芜湖与中共安徽省临时委员会书记柯庆施取得联系后，奉命返回无为筹建党的组织。中旬，任惠群与同校党员校友、因白色恐怖而返回家乡的刘方鼎、商恩甫、倪受健、张泰康等人，在无城米市街刘魁记衣店（刘方鼎家）秘密召开第一次党的会议，正式成立中国共产党无为县特别支部，简称"特支"，直属省临委领导。这是中国共产党在无为县建立的第一个党组织。

特支由上述五人组成，任惠群任书记，刘方鼎负责宣传工作，张泰康、倪受健负责交通通讯工作，商恩甫负责农村工作。特支决定立即进行三项工作：（1）通知所有参加国民党的共产党员退出国民党组织；（2）宣传揭发国民党的反革命阴谋，教育党员提高警惕；（3）以无城和白茆洲为工作重点，发展党的组织，壮大党的队伍。会后，商恩甫即赴白茆，以其舅父胡竺冰家为据点发展党员，组织农民协会。

特支审时度势，知道重任在肩，积极开展工作，宣传革命道理，启发群众，扩大影响。首先在城内无为初中、义务小学及东乡冒新洲等处发展了一批党员，如夏子旭、倪合台、胡德荣、吴大培、胡师旺、高士林、卢若惠、邓养之等。在东乡还组织贫雇农进行改善贫雇农待遇的斗争。1927年10月，党又在无为初中开展了"择师"运动，罢课12天，迫使部分思想落后守旧或反动的教师离校，补充了朱大猷、葛辰柏（党员）、查舒生（党员）等一批进步教师。并由国立北京农业大学毕业的进步人士吕惠生担任校长，特支委员刘方鼎受聘任图书馆管理员，张泰康负责总务。不久，驻城中小学组成了学生联合会，刘更如任主席。至此，无为教育界和校园里充满了浓郁的进步气氛，大量进步刊物流传于师生之间，一批进步青年，如刘更如、杨从虎、方后鲁、钱光胜、王剑瘦、侯运海等人加入了共青团组织。党在校园里的活动转入半公开状态。

1927年9月，由于组织壮大，党员增多，无为特支改编为特别区委，下设三个党支部，共有党员16人；次年夏，成立中共无为县（临时）委员会，宋士英为书记；年底，县临委改为县委，书记倪合台。从此，党在无为的革命活动进一步蓬勃发展。

中国共产党无为县特别支部的成立，是无为大地上升起的曙光。从此，无为人民的革命运动在党的领导下，蓬勃发展。

（王惠舟）

濡江书店轶事[1]

1928年冬，中共无为县委正式成立。按照县委的工作安排，全县党员分赴各地开展宣传鼓动工作，农民运动、工人运动、青年运动此起彼伏，革命斗争形势大好。

中共党组织不断发展壮大，党员日益增多，随着革命工作的持续深入，迫切需要提高党员干部的理论水平。

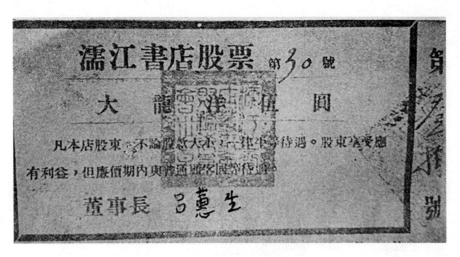

濡江书店发行的股票

1929年10月下旬，县委委员刘方鼎根据县委决议，筹措资金，在无城米市街创办濡江书店，主要经营各种进步书刊，如《共产党宣言》《社会主义进化史》《共产主义ABC》《新青年》等，其目的一方面是为县委领导干部提供进步理论书籍，另一方面也是为了宣传进步思想，扩大马列主义在无为的传播。为了濡江书店的生存与发展，发挥书店在无为书刊市场上的作用，经过县委慎重研究，热情邀请吕惠生

[1]参见《吕惠生传》，第26~28页，江苏人民出版社，2018年12月。

出任书店董事长。吕惠生慨然应允。他在安徽第一甲种农业学校求学时，就萌生过开办一个书局的想法，这次正好圆了他当年的一个梦。

濡江书店开办之初，条件十分艰苦，借用米市街一间破旧民房作为书店的门市部，挂起布帘形成一个隔间，既是书库，也是营业员卧室。白天，门口摆放一张桌子，就是卖书的柜台。桌子下面，床铺上面，犄角旮旯，到处都是书。书店营业时，要跑里跑外、搬上搬下，寻找读者需要的书籍，尽管如此，营业员们仍不厌其烦地耐心检索。

随着社会各界对濡江书店的赞助增多，一些社会名流也纷纷入股，濡江书店不断扩大，搬进了无城最繁华的商业区。书店有了一幢木制的小楼，窗明几净，古色古香，进门就给人以一种恬静的感觉。书店门口的柜台上贴着上市新书的目录，四周布满书架，图书排列有序，分为三个区域，分别是自然科学类、社会科学类和工具书类。另具一格的是，书店将二楼辟为读书区，四壁挂满条幅，诸如"书林漫步、学海泛舟""文章江海，书籍林泉""不做无益事，要读有用书"等。这些条幅大都出自董事长吕惠生之手。

在濡江书店，可以先读后买，对无为中学的青年学生、平民百姓，购书是可以打折的，甚至可以赠送。

由于吕惠生具有无为中学校长和濡江书店董事长的双重身份，使得国民党无为县政府的幕僚们对书店也有几分看重，相对来说，濡江书店是一个比较安全的地方。所以，濡江书店也成为中共无为县委的一个联络点。县委利用书店传递情报、散发通知、接待同志。

这年11月，在董事长吕惠生的允诺下，以无为中学的进步学生为主体，在濡江书店的小楼上成立了中共外围组织"反帝大同盟"无为支部，主要从事反帝宣传活动。书店小楼里彻夜灯火通明，盟员们在这里自编刊物，印刷传单。支部设组织、宣传、总务委员等职，由盟员轮流担任，支部负责人何际堂、陈寄贞经常在书店小楼上办公。

濡江书店在多变复杂的社会环境中，犹如世外桃源，透出一股清新、浓郁的进步空气。濡江书店自开业以来，一直门庭若市，直到1938年5月底，由于无为县城遭日军飞机狂轰滥炸，书店被毁于一旦。

（王敏林）

借粮度荒与禁粮外运[1]

1928年春荒之际，广大无为农户"镰刀上墙，家中无粮"，为帮助农民度过春荒，中共无为特区委发动小江坝、李家潭、宋家庙三处农民协会会员开展了"向大户借粮"活动。贫苦农民携带箩筐，有组织地向周边富户强制"借粮"，但遭到裕粮富户的断然拒绝。借粮的农民心情焦躁，不断宣泄心中愤懑情绪，也有人就近回家取来大刀、长矛、梭镖；

无为县农民协会在小江坝出江口开展禁粮外运斗争

粮商富户也召集护院家丁，持械护卫，大有剑拔弩张之势。眼看一场械斗不可避免。共产党员宋士英情急之下，匆匆赶赴十里乡，拜访正在那里养病的吕惠生，商讨对策。了解情况后，吕惠生拖着病体，随宋士英辗转各个村庄，与粮商大户进行交涉。他说："借粮仅是贫苦农民的权宜之计，解燃眉之急。我个人以无为中学校长的名义担保，并出具借条，秋后保证加利奉还，你们还是有利可图；如果不予借粮度荒，农民们发生出格行为，造成双方损伤，这是谁也不愿看到的事情。"吕惠生态度诚恳，说话合情合理，富户们也看到农民心齐势众，再加上吕惠生在社会上享有的声望，只得忍痛答应"借粮"。与粮商大户们交涉好后，吕惠生又一一劝说借粮农民，

---

[1]参见《吕惠生传》，第24~26页，江苏人民出版社，2018年12月。

不要莽撞，不能意气用事，他嘱咐农协根据各家情况，开列借粮数字，由他统一出据作保。在无为特区委和吕惠生的精心运作下，缺粮的农户如愿借到了粮食，度过了1928年的春荒。

1929年8月，无为部分地区发生洪涝灾害。奸商们囤积居奇，套购贩运，将粮食外运高价卖出，从中牟取暴利。缺粮断粮的农民虽然想方设法借贷，却无处购买粮食，造成无为城乡的空前粮荒，严重地威胁着贫苦群众的生命安全。1929年冬，在中共无为特区委基础上成立的中共无为县委发动农民协会，组织会员，分别把守县境的水陆交通要道，日夜巡逻，禁止粮食外运。

一日，白茆洲农民协会发现，小江坝有粮商的五六艘大船，装载大米向大江外运。他们旋即组织2000多名农协会员，对运粮船发出禁运令。然而大粮船熟视无睹，照样扬帆远航。有些水性好的农协会员，手持利斧迅速游近粮船，手起斧落，劈下了船舵，粮船立即瘫痪难动，横浮江面。无为县委又请来吕惠生做说客，与一些农协会员一起登上粮船，向船主和船工宣传农民协会禁粮外运的道理。吕惠生晓之以理，动之以情，他说："不法粮商黑心取利，套购粮食到外地高价抛售，一手制造了无为的粮荒，使得城乡群众人心惶惶。禁粮外运是为了救助种粮者。种粮食的人不挨饿才能更好地种粮，市场上才会有更多粮食供应，千万不能让普天下种粮的人心寒。希望船主与船工兄弟们给予支持，将船驶回码头。你们的运输费用，农民协会一定负责补偿，绝不能让你们蒙受任何损失。"吕惠生的一席话立即打消了船主与船工的顾虑，他们主动将船驶回小江坝码头。无为县委当即组织农协会员卸下大米，分头运往各农民协会，再由各村农民协会以市场最低价出售给缺粮、断粮的城乡群众，收入的粮款合并交给粮商富户。同时留下少量粮食折价分发给船主与船工，以作运费补偿。

农民协会禁粮外运，遭到不法粮商富户的嫉恨，随即向国民党无为县政府提出控告。吕惠生受无为县委委托，并作为农民协会代表前往法庭应诉。吕惠生在答辩中说："民以食为天，以种粮为业的农民，家无隔夜粮，陷入断炊的绝境。政府不管，农民协会自当要站出来说话。粮商们既然能外运强卖，我们也只能禁粮外运强买，因为人命关天啊！"有道是"法不压众"，尤其是组织起来的农民协会。国民党无为县政府也只能慎重行事。因此，这场官司没有胜家，最后不了了之，草草结案。

（王敏林）

三办《红旗报》[1]

1930年1月，中共无为县委在无城镇西部鄂子塘的中共党员黄兆珍家召开县委扩大会议，会议中重要的一项内容是筹办《新闻周报》和《红旗报》。

同年5月1日，中共无为县委开始油印单面8开版的第一期《新闻周报》。此报由刘静波、任惠群在位于陡沟镇的三汊河小学内编辑、刻写和油印，稿件由各区、乡党支部的工农通讯员提供。同时摘登有关报刊的消息和文章。至6月，《新闻周报》发行3期，共600余份，后因六洲暴动失败而停刊。

《红旗报》是中共无为县委成立以后的机关报。根据革命斗争形势的发展与要求，先后三次办报。

一办《红旗报》的地点是在无为北门的魏家祠堂。祠堂原有三进房屋，每进三间，两边均有厢房，此时由何际堂在此地办报。在"一切为了革命"的口号下，初创的《红旗报》主要为推动武装斗争，夺取革命胜利服务，成为中共无为县委完成中心工作的有力工具。《红旗报》还注意

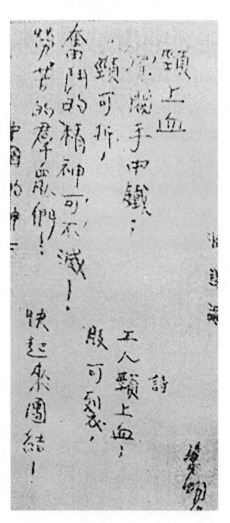

《红旗报》油印版

---

[1]参见《岁月留痕》，第13~15页，中共党史出版社，第2012年9月。

发挥报刊的舆论监督作用，开辟《铁拳》《黑板》《轻骑兵》《突击队》等专栏，批评农民运动中的错误倾向，尤其是对1929年春无为东乡发生的强制性的借粮斗争而引发族群之间的械斗提出批评。初创的《红旗报》为周刊，后改为三日刊，每周出二次，八开油印报。《红旗报》对每周新发生的政治事件都发表评论，帮助读者认清事件的本质和意义。由于早期《红旗报》未能公开发行，宣传作用受到一定影响。

二办《红旗报》的地点是在无城镇北门郊外的黄闸行政村季东自然村。迁址二度办报的缘由是国民党无为县政府对《红旗报》原址进行监视与盯梢，办报人员被跟踪，人身安全受到威胁。《红旗报》二次办报专门登载含有鼓动性的短篇文章和工农通讯员的作品，为纪念"五卅惨案"发生五周年，《红旗报》出特刊。1930年秋，无为县委按照皖南特委的要求，公开地、大张旗鼓地进行农民武装暴动的准备工作。《红旗报》按照县委指示，大造组织农民暴动舆论，鼓动群众，印发了400余份宣言，在陡沟、白茆、汤沟一带连续举行的三次"飞行集会"上散发。由于《红旗报》的主要读者对象是农民和城镇手工业工人，文章力求通俗、简短和口语化，有时还采用山歌和民间小调的形式，在一定程度上受到城乡广大群众的欢迎。年底，因全力推动六洲农民暴动，县委指示《红旗报》暂时停刊。

三办《红旗报》的地点是在无为石涧镇夏庄行政村夏南自然村季家老屋。六洲暴动失败后，重建中共无为县委，夏子旭任县委书记。在隐蔽一段时间后，部分参加六洲暴动的中共党员陆续公开活动，成立武装宣传队，继续开展以"打土豪"为主要内容的武装斗争。为配合武装宣传队的革命活动，张恺帆根据无为县委指示，恢复一度停刊的县委机关报《红旗报》。1932年2月，张恺帆从无为东乡转移至西乡季家老屋继续办报，他白手起家，在敌人封锁、交通堵塞、笔墨纸张缺乏、印刷设备简陋的条件下完成编辑、出版工作。报社仅由一两人担负着采访、刻印、校对、发行等全部工作，可谓辛苦之极。

1931年11月，根据芜湖中心县委要求无为党组织"应暂时分散隐蔽，等待时机"的指示，正在潜心办报的张恺帆结束了办报生涯，前往宣城继续从事革命活动。

（王敏林）

火烧"长和质"[1]

在旧社会，各个城镇都有当铺。当铺收取典当人的物品，给予当金，约定时间赎当。典当人付还当金时，给予当铺一定的利息，此即为活当；如典当人到约定的时间还不去赎当，即为死当，此典当物即为当铺所有，任其处置。在1930年之前，无城阁上街道附近有个非常有名的当铺，名为长和质，老板姓朱。朱老板贪婪、狡诈，见人一脸笑容，人称笑面虎。他时常送一些已经死当的古董、字画孝敬无为县长吴英汉拉关系，所以，在无为县当铺业中，各当铺老板都知道朱长和背景硬，业务上都让他三分。

无为城内的长和质当铺

1929年、1930年，无为县和全国各地一样，经济萧条，百业凋敝，市民、农民手中拮据，一些中小商家也感到资金周转困难，常把一些值钱的物品送到当铺典当，以换取当金维持暂时的局面。这一时期当铺生意大火，典当人

---

[1]参见《百年沧桑话无为》，第17~19页，安徽大学出版社，2006年11月。

络绎不绝。朱老板见时机大好，便要当铺内的伙计压低当金，抓紧收当。本来当物一般都是较好的衣服、古董、字画、典籍，如按市场价可卖100元，但当时只当70元。因为如果卖了就收不回来，而当了只要还当金加利息，实物还可以收回。所以，遇困难的人，一般都以物品典当而不卖。

1930年6月，朱长和心生歹念，伙同大掌柜叫小伙计将一些贵重物品，搬至当铺后面的暗室，把一些不太值钱的当品搬至两间间隔开的屋内。中旬的一天夜晚，朱长和放火将此屋当物点燃，一时火光冲天。当时水龙局（消防队）虽派人施救，但房屋和当物已成一堆灰烬。朱长和向县公安局报案，谎称被坏人放火烧毁了当铺的库房和全部当物，吴英汉也指示公安局限时破案。当典当的老百姓要求当铺老板赔偿损失时，朱长和依仗他和县长的关系，说要等公安局抓到了凶手，叫凶手赔当，并说他自己也遭到了很大的损失。公安局说毫无线索，无法抓到凶手，致使赔当遥遥无期。

当铺失火事情发生后，群众见朱长和及其家人并不十分悲痛，那些典当人便怀疑其中有鬼，一时议论纷纷。中共无为县委（当时还是地下组织）得悉这一情况后，立即指派县委常委刘静波和中共宋庙支部书记宋沛生发动群众，深入调查，从长和质当铺的小伙计口中得知朱长和转移当物、自焚库房的事实。"烧当"阴谋败露，一时城乡群众极为愤慨。县委为了把无为县的革命斗争引向高潮，决定成立以刘静波、宋沛生为负责人的"被烧当人联合会"，采取公开号召的方式，组织和领导穷苦群众和部分中小商业者开展一场要求赔偿损失的斗争。开始时，朱长和死不承认自己烧当，县长吴汉英还出面庇护。县委决定以"被烧当人联合会"名义，在无为县城观震潮广场召开群众大会，号召被烧当者与当铺老板朱长和进行斗争。当刘静波在会上将朱长和自焚库房的事实揭露后，参会的数千名群众义愤填膺，一致要求抓捕朱长和，要其赔当。集会正进行中，国民党无为县政府在朱长和的要求下，县长以被烧当人集会"有政治活动嫌疑"为名，派军警进行镇压，当场逮捕了共产党员宋沛生、杨继才和数名群众。这一反动行为更激起了群众的愤怒，在刘静波等一些共产党员的带领下，集会人员立即涌上街头游行示威，以获得广大市民的支持。然后游行人员包围了国民党无为县党部，并推选出群众代表五人（其中四名党员）与县政府和县党部进行交涉，吴汉英和国民党县党部见势态不断扩大，慑于群众威力，释放了被捕人员，并表示愿意出面调处，答应要长和质当铺给予适当赔偿。

取得初步胜利后，无为县委组织被烧当户在无城设立了几个"被烧当户登记处"，登记被烧当物品。6月24日，当被烧人联合会的代表把这些材料交到县政府后，县长却推三阻四，拖着不办。后在代表们的一再催促之下，县长和朱长和密谋，答应对半赔偿。被烧当户一听这一调解方案，表示决不答应。他们召开会议，向无城人民群众揭露朱长和一向与县长勾搭不清的事实，当铺不足额赔偿，将派代表赴省告状。在县委的精心组织和群众的强烈要求以及吕惠生等社会进步人士的支持下，无为县政府唯恐事态扩大，不得不下令朱长和全额分两次赔偿当户，11月底为赔偿的最后限期。至此，赔当斗争胜利结束，长和质当铺老板自食其果，当铺最后也因赔偿而破产倒闭。

（蒋克祚）

无为中学择师学潮[1]

五四运动之后，马列主义在中国传播，提倡新文化、反对旧礼教的思想开始深入人心。当时无为中学是无为县仅有的一所中学，是知识分子较为集中的地方，但校长金唤狮思想守旧，仍然以封建家长式的方法统治学校，排斥先进思想，迫害进步师

无为中学择师学潮旧址五棍门

生，学校死水一潭，大部分师生深为不满。

1927年10月，中共无为特支决定派出党员进入无为中学，发动进步师生，驱逐封建校长金唤狮，占领无为中学这块知识阵地。一场择师学潮便轰轰烈烈发动起来。共产党员宋士英以插班生的名义进入无为中学，深入进步师生中间，秘密召集"反金"师生开会，研究"驱金"方法，利用学生会名义开展合法活动；组织读书促进会，以读书促进会会员为中坚，组织学生同校方做斗争。

此时，校方正组织学生进行突击考试，学生们坚决抵制，"反金"情绪高涨。宋士英抓住契机，于当天晚上在无城后新街沙家祠堂学生宿舍中，召集进步学生开会，研究决定以抵制这场考试为导火线，由学生会出面，发动一场驱逐校长金唤狮的斗争。学生会组织全校学生开始总罢课，提出"择师如同耕者有其田""金唤狮

---

[1]参见《百年沧桑话无为》，第20页，安徽大学出版社，2006年11月。

无能贻误青年""金唤狮不走决不复课""拥护吕惠生当校长"等口号。学生们还走上街头，向市民们演说，揭露学校的腐败，争取社会对择师学潮的同情与支持。

"驱金""择师"愈演愈烈，学校已罢课12天，学校当局顿感形势严峻，赶紧向县政府求救，搬来县长张正纯。县长软硬兼施，给学生说好话，许甜头，妄图说服学生复课，但学生仍不理睬。于是派出警察到校恫吓学生，威胁学生如不复课，便抓去坐牢。县长训话之时，台下学生嘘声一片，会场混乱不堪。县长话未讲完，台下学生冲破警察防线，一哄而散，县长在讲台上目瞪口呆，只得狼狈离去。

罢课仍在持续，校长金唤狮见复课无望，这个校长已无法再干下去，只得以"身染沉疴"为托词，公开提出辞职。金唤狮辞职后，中共无为特支通过学校进步师生推荐，推举进步人士吕惠生当校长。吕惠生在全校师生的拥戴下继任无为中学第三任校长。吕惠生到任后，解聘了一大批思想反动守旧的教员，聘请共产党人和进步人士到校任职任教。学校建立了党团组织，政治气象焕然一新，进步空气浓郁，师生精神面貌蓬勃向上，无为中学逐步成无为革命斗争的新阵地。

在中国共产党领导下，无为中学择师学潮以合法斗争的方式，取得了胜利。诗曰：

学生择师理应当，封建守旧命不长。
合法斗争请名师，无为中学书声琅。

（叶悟松）

红旗卷起农奴戟[1]

敌人盘踞在六洲

六洲是无为东乡白茆洲的一个小集镇，位于长江以北，背后有一条夹江，东边五公里是汤沟镇，西距三官殿约四公里。

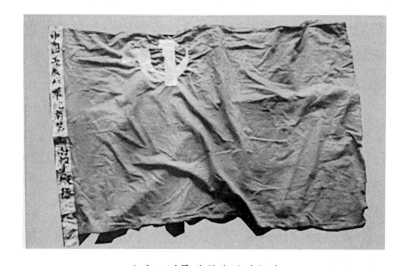

无为六洲暴动所使用的红旗

1930年以前，三官殿是敌人的区署，汤沟是敌人的盘踞地点。住在六洲的是国民党自卫团的一个排约有30余人，排长叫张侉子，他的上层头目是冯文（冯文住汤沟常来六洲）。

那时，国民党自卫团团长鲍成刚敲诈勒索，经常甩票[2]，逼交种种差费，抢劫搜刮群众财产，尤其是农民张能高、田心茂家被抢烧得更惨。

六洲的恶霸地主朱少文、丁祖波等出租给农民的土地，一般有分租、盈租两种：分租是交全年收成的50%~60%给地主；盈租是每亩固定银圆一元三角。剥削者们不

[1]原载1958年12月22日《无为日报》第3版，第164期。
[2]甩票：国民党地方政府强行索税的票据。

管年成好坏，收割时期即向农民索取租子，租逼齐了，就什么都不管。水利无人搞，以致农作物经常减产闹饥荒，还照样要交租。很多交不起租的农民，如倪昌恩、夏世家、王昌江、钱如松等，不仅被抓去坐牢，硬逼交齐租子，而且地保、枪兵还另行逼索草鞋费，稍有一点对抗，立即硬逼他们"打土退"（就是将租给农民的土地全部收回）。苦累一年，吃不饱一日。农民弯着腰，汗水滴在土地上；农民低下头，眼泪掉在空碗里。终日劳动，吃不饱、穿不暖、住不安，过着饥寒交迫的生活。

1927年10月间，中共无为特区委派刘静波、宋士英、任昌举、商恩普等人来六洲等地，组织农民协会，发展农协会员千余人。

1928年3月间由倪合台、夏子旭、邓逸渔、周可章等同志在六洲境内建立了地下组织，吸收了任克玉等80余人为共产党员。大大地加强了党的组织领导，壮大了革命队伍，从而为大规模的革命活动创造了条件。

1928年至1929年，党的地下组织在六洲等地领导革命群众先后进行各种革命宣传活动：如用大奔裤脚装标语，边走边散，到处寻机张贴；进行打土豪、分给贫苦农民粮食等活动，使群众认识到只有起来斗争，才能由黑暗走向光明。

红军在六洲暴动

随着时间的推移，国民党反动派对人民的搜刮与掠夺继续加剧，广大人民由于有了中国共产党的正确领导，因此反抗情绪和斗争力量愈来愈大，愈来愈强烈。六洲地下党组织为了进一步解除广大群众受压迫受剥削的重重困难。1930年12月3日，在六洲附近的五号参鱼洲召开支部大会，挂起绣有镰刀、斧头的工农红军的红旗。会议开了三天，出席会议人员有张昌万（张恺帆）、胡德荣、吴大培、吴锦章、胡仁达、任克玉、邓逸渔、张昌忠、倪合台、周可章、朱子荣、夏子旭等百余人。会议主持人是刘静波司令，并有中央派来一个同志亲临指导。会议中心议题是宣布苏维埃政府的成立和宣布番号"中国工农红军皖南第三游击纵队"以及六洲暴动的方案，充分整顿与澄清了思想、摸清敌情以及讨论如何组织和发动群众，并决定会后第二天开始大规模的暴动。

1930年12月7日上午10时许，中共六洲地下党的组织发动了千余人，其中有农协会员，汤沟、姚湾、无城等地学生、群众等携带箍刀枪、大刀、叉扬[1]和若干武

---

[1] 叉扬：是农村叉草的工具，有锋利的叉齿，可作武器。

器，在刘静波同志的指挥下，首先分头夺取土豪劣绅刘永亭、倪昌孝等家中的枪支。当天下午6时，在新华寺集中，计缴获各种枪支32支（其中有马拐子、汉阳造、俄国造、慢里闲、驳壳枪、单子枪等）和一部分弹药。在这天晚饭后，刘司令将暴动队伍整理好，并进行了战斗宣誓，参加宣誓的人个个斗志昂扬、意气风发，又将体弱年老的人动员回去，剩下100多个坚强精干的战士向六洲进发。到六洲官棚（约离六洲两里）时，刘司令又将队伍集中组成三个排，各排都指派熟悉地形的人带路，规定了战斗员和指挥员统一符号（战士用红布斜挂胸前，指挥员另加红布袖章），决定分街东、街西、街北三路进军，南方因靠近江口不需再派队伍。队伍进军路上打着革命红旗，敲着战鼓，鸣着大锣，吹着号角，气势非凡，惊心动魄。待战斗信号发出时，便是一片喊杀声，从三个方向向敌人的据点冲击，一直激战至天明。因敌人的顽固狡猾，援兵剧增，暴动队伍弹药缺乏，一时难以攻克。在战斗中，由于敌人火力过猛，一名战士身负重伤，指挥员胡仁达要他下去，他坚决地说："我不要紧，快将我的武器拿走，和敌人开展斗争吧。"就这样血流过多光荣地牺牲了。参加作战的陈启发，朱祠水两人因来不及脱险，亦不幸被捕，临牺牲时，陈启发还高唱革命歌曲，高呼"中国共产党万岁！"并对敌人说："你们的威风、猖狂是暂时的，我们胜利后一定比你们更威风更持久！"

（李必新）

血写的狱中诗[1]

1931年春夏之交，无为久雨内涝，至盛夏，圩区是白茫茫一片，村庄像飘浮在水面上的座座孤岛，群众生活陷入绝境。

此时，中共无为县委书记夏子旭和县委其他同志一起，置生死于度外，带领群众护堤抢险、排涝救灾，竭尽全力解救群众。夏子旭对县委其他同志说："现在革命虽然处于低潮，既有天灾，又有人祸，但只要我们的党还在，革命的红旗是不会倒的。"夏子旭的话像春风沁入心田，使人信心倍增，充满了负重前行的力量。

7月28日，夏子旭参加中共芜湖临时中心县委会议后返回无为，会同张恺帆、周可章、朱子荣、宋沛生、汪命寿等人，星夜赶

革命烈士夏子旭

赴陡沟镇军桥村召开县委扩大会议，传达贯彻芜湖中心县委指示。途中虽然风闻国民党无为县警察中队在三官殿一带封船并有便衣游动哨窥探，但夏子旭一行并未理会，以致行踪为敌探悉。

军桥村，四面环水，村子西面曾有座吊桥，以滞阻外人夜间进村，军桥因此得名。县委扩大会议连夜召开以后，当晚与会人员留宿于军桥村村民倪昌俊（中共党员）家里。

---

[1]参见《巢湖中共党史人物传》，第12~15页，中共党史出版社，2011年5月。

次日清晨，国民党警察中队接到密报后率部包围了军桥村，敌人进行疯狂搜捕，气势汹汹，村民仓皇失措。为了保护群众安全，同时为了掩护会泗水的县委其他同志泗水脱离险境，县委书记夏子旭有意转移敌人的视线，毅然挺身而出，大声训斥这群如狼似虎的国民党警察："我就是共产党的县委书记，直接找我好了，不要惊扰群众。"几个枪兵围拢上来搜遍了夏子旭全身，一无所获，气急败坏地将夏子旭以及周可章、朱子荣等三人绳捆索绑，随即将他们囚禁在三官殿源兴酒店的小楼上，下午4时许又被押解至无城。

为了得到更多的情报，敌人对他们三人施以酷刑，生生地用一条檀树扁担打断了夏子旭的双腿，威逼他们在自首书上签字画押，遭到夏子旭的断然拒绝。敌人恼羞成怒，告之将于第二天凌晨将他们处决。夏子旭毫不畏惧，宁死不屈，在被抬回牢房以后，从容地咬破食指，坐在地上，用鲜血在牢房一隅的墙壁上写下了《劝勿自首》诗：

寄语新朋友，切勿蒙自首。
就是自首后，也难活长久。
既不能做人，也不能做狗。
所以劝诸君，千万莫低头。

这首诗显示了夏子旭的一身傲然正气和耿耿丹心。

7月30日凌晨，敌人用稻箩抬着夏子旭，并押解周可章、朱子荣前往刑场（无城北门大桥），他们三人毫不畏惧，高呼革命口号。朱子荣一路高唱京剧《杨继业归天》，大义凛然，显现了视死如归的英雄气概。最后，他们三人被万恶的国民党反动派枪杀在无城北门大桥上。

新中国成立以后，为了纪念夏子旭烈士及另一位为国殉难烈士胡珀光，无为县人民政府将烈士家乡所在地小学命名为"旭光小学"，寓意为烈士精神如旭日东升，永远光照人间！

（王敏林）

抗日烽火

三公山游击根据地[1]

春来小桥流水，杜鹃烂漫；夏至林海浩荡，修竹森森；秋到野果飘香，霜林如醉；冬临玉树琼枝，皑皑无际。山水独秀皖中，风景胜似江南的无为市昆山镇，被称为安徽的"巴马"，是一处魅力四射的休闲康养福地。其集自然和人文资源为一体的核心景区三公山。三公山海拔675米，是芜湖市域内第一高峰。奇峰怪石，瀑布流泉，植被丰茂，是天

三公山游击根据地

然的藏龙卧虎之地。在革命战争年代，是无为地区的重要游击根据地之一。

如果要追溯历史，三公山游击根据地大致历经三个革命历史时期。

第一阶段自土地革命战争初期至抗日战争暴发前夕。1930年12月的六洲暴动失败后，国民党无为县政府疯狂"围剿"革命力量，白色恐怖加剧，革命进入低潮。一些中共党员或被迫外出，或转入地下，中共无为县党组织基本上停止了活动。1936年，以刘敏为书记的中共皖西北特委和以孙仲德为师长的皖西北红军游击师连遭挫折后，于年初转移至无为境内三公山，继续开展革命活动。三公山地区原本是

---

[1] 参见《岁月留痕》，第30~31页，中共党史出版社，2012年9月。

中共无为县委工作比较薄弱的地方。中共皖西北特委来到以后，在无为中共党组织基本消失的情况下，成立了中共无为县工作委员会，主要是宣传中共中央关于抗日救国的主张，发动并组织当地群众与土豪劣绅进行经济斗争。革命的星星之火，通过共产党人的不断努力，又熊熊燃烧起来。1936年夏，中共皖西北特委、无为工委在三公山地区举行有4000余人参加的抗日演讲会，揭露日本侵略者的罪恶目的和在中国东北、华北等地区的暴行。与会人员义愤填膺，同仇敌忾。皖西北特委在会上宣读中国工农红军《停战议和，一致抗日》的通电，引起了与会群众的强烈共鸣。三公山游击根据地的建立，保留了革命的火种，宣传、发动了当地群众积极参加革命斗争，增强了广大群众抵御外侮、保家卫国的信念。

第二阶段是抗日战争时期。1938年4至5月，新四军第四支队在皖中地区进行战略展开，5月12日第九团在巢湖东南蒋家河口伏击日军，首战告捷，大大激励了广大指战员的斗志，鼓舞了皖中人民的抗日信心。随着新四军第四支队游击纵队和第二游击纵队的先后成立，随着1939年5月中旬新四军江北指挥部的成立，皖中地区主要武装力量，紧紧团结在中共的旗帜下，汇成了坚决抗日的洪流。

1940年7月，新四军第三支队参谋长林维先，率第五团三营从江南繁昌汪家套过江，挺进到三公山游击根据地。9月，和由桐东游击大队、章啸衡收编的川军蒋希伯大队等部，在桐东地区组建第三支队挺进团。为开辟三公山地区，挺进团首战牛埠镇土顽章淦大队，二战桐城县孙家畈江子龙部，均取得了胜利，控制了三公山、将军庙、钱家桥地区。10月，在水圩谢氏祠堂成立了桐、无、庐交界处的青山、水圩等八个乡参加的桐东参议会，成立了"三三制"桐东乡政联合办事处，周晓山、王光钧为正副主任。这是桐、无、庐交界地区产生的第一个区级抗日民主政权，三公山游击根据地得到了极大的巩固。1941年5月，新四军第七师组建成立，在三公山地区的新四军第三支队挺进团编入第七师序列，成为该师主要战斗力之一。

第三阶段是解放战争时期。1947年1月，刘镕（又名胡志敏）率领皖西人民自卫军一部50余人，奉命由大别山进入无为三公山地区，开展游击战争，和国民党反动派做坚决斗争。不久，先后打掉国民党在昆山、新华、新胜、汪田等处设立的乡政府。又大力发展民兵，组织农民协会，以自然村为单位成立分田小组，开展分田分地斗争。三公山游击根据地的广大群众革命热情高涨，衷心拥护中国共产党的领导，一致要求成立由人民当家做主的县政府。当年2月，湖东县人民政府在三公山成立，刘镕兼任县长。这也是解放战争时期，无为地区四个县中成立最早的县政府。

（李俊平　耿松林）

皖西北红军游击师在无为[1]

1935年，皖西北红军游击师在大别山受了些挫折。同年10月间，中共皖西北特委带领游击师40余人，将特委机关迁到巢县的北大街。1936年，游击师正式在无为活动。此前，特委已在瓜棚（包括猪头山前后）发展了党员。游击师的部分同志常住在猪头山东侧的一座庙里。后来活动发展到羊山头的花家祠堂与蒋家山口，直到无城西边的侯桥、赫店。

皖西北红军游击师部分战士合影

1936年9至10月，游击师到无为，因六洲暴动的失败，相继发生了"军桥事变""真武殿事件"，夏子旭、周可章、朱子荣等及中国工农红军皖南第三游击纵队的正副大队长邓逸渔、张昌忠与中共巢县县委书记倪合台均惨遭杀害。顿时，无为大地阴云笼罩，黑夜沉沉，一片白色恐怖。

游击师未到无为开城前，中共地下党员朱麻（无为人）在第一次被捕出狱后，与县委取得了联系，曾以教书为掩护在开城、六店一带发展党员，建立了党的基层

---

[1]参见《百年沧桑话无为》，第119页，安徽大学出版社，2006年11月。

组织，成立了反帝大同盟基层支部，团结了一批进步的知识分子和开明士绅。这为游击师在此活动奠定了一些基础。

特委从地方党组织那里得到蒋家山口的西边唱大戏（京剧）消息后，就决定利用这个机会去宣传，确定孙仲德去演讲。当时看戏的老百姓有2000多人。孙仲德演讲内容主要是抗战打日本鬼子；揭露蒋介石打内战、不抗日，丢掉了东三省的大好河山的反动嘴脸；宣传中国共产党团结抗战，一致对外的抗日主张；还宣讲减租、减息及中国共产党的土地革命政策。

游击师的同志去交涉租用戏台，老板以为来宣传的是无为的学生，便满口答应租借戏台的要求："你们无为学生，经常下来在我的戏台上演讲。"交涉好后，便拿出三块洋钱给了老板。

孙仲德的演讲，直到天黑才结束。最后他向台下宣布："我们是中国工农红军。"一部分地主士绅便偷偷地溜走了，绝大部分群众仍想听演讲，他们问东问西，还有200多青年当即要参加红军。孙仲德和游击队员在演讲时，一部分人负责警戒，余者便张贴标语。

这次演讲轰动很大，敌人慌忙纠集巢、无、庐三县常备队，进驻魏家坝一带围剿游击师。围剿了几个月也没见到游击师一个人。

1937年3月，皖西北特委派孙仲德到延安与中央联系。孙于5月带回中央指示，确定刘敏、曹云路、孙仲德、张如平、奚业胜、杨银声、陈郁发和顾鸿共八人，化装从南京到延安抗大去学习，其他同志仍坚持游击斗争。无为一带的党组织由张如平同志交给了中央特派的一位叫宋天桔的接收。

（原作顾鸿　程传衡改写）

洗心亭映照冰雪情操[1]

周敦颐的《爱莲说》是莲的赞歌。"出淤泥而不染,濯清涟而不妖",莲的品格令人敬慕。莲者廉也,周敦颐以莲寓人,目的是告诉人们,高洁的操守与德行,是恒久的正能量,是闪烁古今的精神光芒。

在碧波荡漾的无为城区绣溪公园里,有一座六角凉亭,横额有"洗心亭"三个大字,该亭看起来普通,但却是一座有故事的亭子,有教育意义的亭子。

故事的主人公吕惠生是无为十里墩镇吕巷村人,他生于1902年,1926年毕业于国立北京农业大学。怀着一腔热血,吕惠生先后任国民党无为县党部秘书,无为初级中学

洗心亭

校长,濡江书店董事长等职。现实社会的龌龊黑暗,屡屡让他遭受打击,他失望、寒心、彷徨,于1930年脱离了国民党。1932、1933年间,他先后在贵池、宿州两地乡村师范任教。1935年秋,吕惠生回乡养病。因为建设家乡、造福人民的初心不改,不久受聘为县政府建设科长。此间,县政府议定在无城东门外的一块公地上,

---

[1]参见《岁月留痕》,第29页,中共党史出版社,2012年9月。

建造一座备荒用的粮食仓库。豪绅宋、杨两家多年来一直非法霸占着这块公用土地，并且圈地打围，在上面建造私人宅第。得知建造公用仓库这个决议之后，两位豪绅不以为然，秉持着自古以来"金钱能够主宰一切"的观念，共筹集两百块银圆，由宋暗自送到吕惠生家中，企图买通吕惠生，取消县政府的决议。俗话讲"冰炭不同炉"，廉洁自律的吕惠生哪里愿意接受这份黑礼？他义正辞严地斥责宋杨二人：贿赂是社会上的一种恶习，是陷人于不义的恶劣行径。明确表示：我个人洁身自好，不愿玷污自己的人格。他坚持要宋、杨两家拆房让地。为惩戒、教育后人，吕惠生用这笔贿款，在绣溪公园湖畔盖了"洗心亭"，借此表达心志：毕生竭力洗涤心灵的污垢，永不昧心牟取私利，清清白白为人，干干净净做事。亭子建好后，一般百姓群众拍手叫好，认为是最生动的廉洁自律活教材。而社会上也有那么一些贪赃受贿者，认为吕惠生是沽名钓誉，是假清高，非常嫉恨他，经常散布谣言诋毁吕惠生。吕惠生愤懑之情难以自抑，遂作七绝一首："孳孳货利已根生，哪得人人肯洗心。只有铲除私有制，人心才能不迷金。"

1938年11月，新四军参谋长兼第三支队司令员张云逸，遵照党中央指示，率军部特务营到江北，以加强对江北新四军部队的领导。张云逸闻听吕惠生的好名声，多次与吕惠生共商抗日大计。吕惠生四处筹集资金，为新四军江北游击纵队的发展壮大做出了贡献。为此，他被国民党县政府列入了黑名单。1940年2月，在中国共产党人的帮助下，吕惠生脱离虎口，正式加入新四军队伍，后来先后担任抗日民主政权多个要职，并于1942年年底，光荣地加入了中国共产党。他在皖中（江）行政公署主任任上，主持修建了长江黄丝滩大堤，使皖中人民群众生命财产安全得到了保障，数百万亩良田免受水患之害。延安的《解放日报》为此发表了社论，指称"不仅是皖中史无前例的大工程，即在华中也是一件与人民生活切肤相关的大工程。"因为他贡献突出，该江堤被命名为"惠生堤"。吕惠生用实际行动，证明了自己的初心。1945年10月，吕惠生同志在北撤途中被捕。11月，英勇不屈的他牺牲于南京郊外六郎桥。

斯人已逝，洗心亭犹存。这是吕惠生留给后人特殊形式的精神财富。他在艰难困苦的环境中，经过坚持不懈的努力，不但成就了伟大的功业，还培育涵养了自己卓越的人格。每当我从亭边经过，吕惠生的冰雪情操、崇高美德，都是对我的一次激励和教育。先哲们提出的"博爱领众，德行天下"，真真正正，信然不虚！

（耿松林）

三公山下的民运工作队[1]

三公山又名三官山，系大别山余脉，主峰海拔675米，此山秀峰绵延，森林繁茂，飞禽走兽，绿树成荫。因地跨枞阳、庐江、无为三县，为三县共有，故名"三公山"。

1940年7月，日寇占领无为大部，国民党县政府无力抵抗，望风而逃。这年9月，新四军三支队参谋长林维先率五团三营由繁昌渡江，来到无为三官山地区，在日伪夹击的环境中，开展抗日活动，开辟以三官山为中心的抗日根据地。

三公山下的民运工作队

三营首先打掉一支土匪部队，为民除害。在军事斗争取得胜利的同时，着手进行游击区的抗日民主政权建设，选出了桐东地区参议会，产生了桐东第一届"三三制"的抗日民主政府。

由于三官山抗日斗争形势较好，人民群众抗日热情高，又有新四军打下的良好基础，当时的中共舒无地委决定成立一支专做民运工作的队伍，一面打仗，一面发动群众，宣传抗日救国，建立抗日组织。这支小分队正式名称叫无为五区（三官山

---

[1]参见《百年沧桑话无为》，第51页，安徽大学出版社，2006年11月。

地区划为五区）民运工作队，类似于晋冀察边区的抗日武装工作队（简称武工队）。五区民运队由五区选派的十多名同志组成，他们大都是共产党员，参加革命多年，打过仗，具有较丰富的群众工作经验。民运队成立后，首先进行民运工作培训，以提高队员的政治思想觉悟，把握抗日斗争的形势，理解党中央的指示精神，便于准确及时地向群众宣传。培训时，还利用一定的时间学习游击战的战略战术，提高每个队员的作战技能，在民运工作中，既能打击敌人，保护自己，也能保护人民群众的生命财产。

培训结束后，队员们脱下军装，身穿便衣，每人一顶大草帽，上印"新四军"三个大字。分成若干小组，深入农村，开展抗日宣传。每到一地，请当地的农抗队员敲锣通知村民开大会，拼上两张方桌，队员们站在桌子上，给群众讲抗日救国的道理，历数日本鬼子在中国犯下的累累罪行，动员大家积极投入抗日活动，参加抗日组织，有钱出钱，有力出力，全国人民团结一致，齐心奋战，把日本鬼子赶出中国去。队员打比方，一根筷子一折即断，一把筷子很难折断，这就是团结的力量。号召广大农民群众组织起来，参加农抗会、妇抗会，反对剥削压迫，实行抗日民主政府颁布的"二五"减租、减息政策，让大家都有饭吃，鼓足干劲投入抗日斗争。

队员们还善于和贫苦农民兄弟交朋友，帮助他们排忧解难。有的地主欺压佃户，队员们便为佃户主持公道，按政策减租减息；有家庭邻里纠纷，队员们也去调解说合，避免矛盾激化；封建婚姻给男女青年造成的困扰，队员也帮助双方讲道理，宣讲抗日民主政府婚姻法，提倡婚姻自由，反对包办婚姻。民运工作在三官山区打开一片天地，人民群众把他们当成自己的队伍，贫苦农民的靠山，亲切地称呼他们是保护农民群众的新四军"武工队"。

民运工作队把保护人民群众放在第一位，决不让敌人祸害村民。一次，民运队的一个小组在昆山乡涧边王村的祠堂里召开群众大会，会场内外挤满了村民，队员们站在桌子上高声宣讲抗日道理，动员青年参加新四军。大会正在进行时，突然传来一阵枪炮声，一位农抗会员急匆匆地跑进会场报告："广西佬（国民党桂系顽军）来了，大家赶快跑吧！"民运队员大声招呼乡亲们："大家不要慌！有我们在，保护乡亲们转移！大家赶快进山，我们引开敌人！"

民运队小组只有三名队员，人手一支驳壳枪，弹药不多。三名队员简单商量了一下，便提着枪冲出祠堂，三人分开，迎着敌人迂回过去，朝着围村的敌人"啪！啪！"开了几枪。敌军见有新四军从村子里冲出来，便顺着枪声围过去，看到有拿枪的人在前面奔跑，便一窝蜂地追上去，朝着前面的人开枪。不远处又传来枪声，这是另外两位队员在开枪吸引敌人，敌军不知新四军有多少人，分成几股蜂拥而去。村子里的敌人全部追击新四军去了，乡亲们赢得了转移的时间，全都安全进山，免遭敌手。

民运队员们在这一地区走村串庄搞宣传，对此地的山山水水十分熟悉，他们钻进山林，走小路、穿山谷，不一会儿就把追击的敌军甩掉了。等到夜色降临，队员们跑到一个小山村，一位老大爷告诉他们，乡亲们大部分安全转移，敌人只抓了几名村民当夫子，晚饭后便撤了。

跑散的队员借着月色抄小路，找到约定的集合地岗东戴村。此刻天已大亮，先行到达的队员正起床洗漱，见迟到的队员安全归来，大家高兴万分。能在战斗中掩护人民群众安全转移，自己又毫发无损地归队，这是多么令人高兴的事情。战争锻炼了民运队员，使他们更加成熟起来，几位未入党的队员也积极要求进步，不久，民运队的党组织分批吸收他们加入了中国共产党。

民运工作队为无为三官山地区抗日根据地的开辟与发展，做出了不可磨灭的贡献，他们不愧是一支既能打击敌人，又会动员群众的出色队伍。人民群众赞扬的这支新四军"武工队"是：

三公山下民运队，抗日宣传开大会。

歼敌保民担重任，群众称之"武工队"。

（叶悟松）

吕惠生在芜湖二农[1]

芜湖二农是旧制安徽省立第二甲种农业专科学校的简称，在20世纪30年代算是芜湖的最高学府，与省立七中（设于赭山上）齐名。二农校长是叶百举博士（留美），教师队伍阵容很强，教学质量很高。1932年吕惠生到该校任教，任农科主任，讲授农业概论，并兼任农村预科班的班主任。当时芜湖二农，名师萃集，而吕惠生则是皎皎的知名学者。

芜湖二农学校大礼堂旧址，吕惠生曾在此宣传抗日

芜湖二农学生大都是穷苦子弟，素以"闹事"闻名，居于芜湖学运的领导地位，被称为"老大哥"，声誉在省立七中之上。吕惠生来校之前的学年结束，被省教育厅勒令开除的学生达20多人，说他们是共产党的嫌疑分子。七七事变后，二农学生大都参加了抗日救亡团体，继则奔赴敌后抗日根据地，坚定地走上了革命道路，这与吕惠生的教育与影响是分不开的。

吕惠生在二农时，已是而立之年，面貌清癯，风度潇洒，冬日里经常穿件黑旧

---

[1]参见《芜湖文史资料》，第132页，芜湖市政协文史资料研究委员会，1984年11月。

大衣，头发蓬松，不修边幅，虽然患有胃病，但双目依然炯炯有神。在他的房间里，课余时间常常挤满了学生，笑语声溢于户外，窗外也有学生倾听。吕惠生对学生异常关怀，有些学生是来自农村的穷孩子，因为欠交学校伙食费，学校勒令退学。吕惠生则拿钱为他们补交伙食费，并倾力争取省教育厅发放的"清寒优秀学生奖学金"。这些受到吕惠生解衣推食之助的学生，深深为吕惠生那颗爱护青年的赤诚之心所感染，激荡起勤奋学习、立志报国的自信心。

吕惠生学识渊博，在二农教师中负有盛名。他擅长书法，字体近似郑板桥。学校撰文题字，大都推吕惠生执笔。其时，分管学校图书馆工作的王老师（女）结婚，教师共贺一轴，公推吕惠生题词，只见他挽起大衣衣袖挥毫，以行书写下一首诗："三日下厨房，洗手作羹汤，不识公婆味，先请小姑尝。"他借用唐朝诗人王建的诗，略加修改，不但切题，而且通俗易懂。更富有教育意味。吕惠生以他的文采风流，在芜湖二农师生中享有盛誉。

1932年芜湖二农开除20多名学生以后，白色恐怖笼罩校园。教务主任金禹侯对全校师生施加压力，要求学生沉下来"读书救国"，埋头不问天下事，一心只读圣贤书。

但是，进步思潮仍在二农校园悄然涌动。一天晚餐时间，同学之间暗传了这样一个消息：晚自习铃一响，大家都到大礼堂听讲演，饭后不要外出。并告知，这是吕惠生先生的意思。晚自习铃声一响，同学们直奔大礼堂，人头攒动，座无虚席。只见吕惠生从容登上主席台，他直奔主题，激昂慷慨地进行抗日救亡的宣传，痛斥国民政府丧权失地的不抵抗主义，揭露日寇侵占中国领土，残杀东北同胞的罪行。言辞痛切，激动人心。吕先生讲到痛处，不禁声泪俱下，听者无不动容，义愤填膺。"打倒日本帝国主义"的口号，此起彼伏，余音绕梁。

几天以后，一场声势浩大的游行示威开始了。二农师生沿着十里长街，通过弋江桥渡口，到达日本驻芜湖领事馆，依次分别集合示威，递交抗议书。沿途旌旗招展，口号声震天动地，芜湖这一天沸腾起来了。无疑，吕惠生是二农学运的直接筹划者和指挥者。

第二天，吕惠生却悄无声息地离开了二农，只给二农同学们留下难忘的回忆和无穷思念。二农师生传说他是共产党员，是被迫离开学校的。他撒下的救亡图存的爱国火种，在同学们心灵里燃烧。

（王敏林）

盐荒风云[1]

食盐是人民生活的必需品，每天都少不了它。盐的供应如果出了问题，就会引起人民群众的恐慌，造成社会的不稳定。盐荒之事，今天看来不可思议，然而在旧社会，它真的出现过。当年在无为的严家桥（今严桥镇）发生过盐荒，并演绎出一段传奇。

闹盐荒的无为严桥老街

包围东岳庙，营救万鹤龄

1937年年底，日本鬼子占领南京、芜湖后，巢县、无为也相继沦陷。鬼子控制了长江和淮南铁路交通，无为县人民生活日用品来源被掐断，一些生活必需品紧缺，比如食盐就曾出现少供或断供。严家桥镇地处无为西乡，也算繁华，周围四乡八镇的居民，都要到镇上买盐。

次年农历四月间，农民群众家家户户都要腌芥菜，作为全年小菜的储备，必须到严桥镇上购买食盐，一时间，镇上食盐库存急剧减少，食盐供不应求。物以稀为贵，镇上的商家见有利可图，趁机囤积居奇，他们把论斤称的盐用纸包成小菱角包，

---

[1]参见《百年沧桑话无为》，第176页，安徽大学出版社，2006年11月。

论包卖，每包两个铜板，每人限购两包。农民每户腌菜少则几十斤，多则上百斤，两小包盐只有几两，根本无法腌菜。

一天，在镇上广裕隆商号里，买盐的农民，要求多买一点，店员不卖，发生争吵。买盐的农民说："你店里明明有盐，为什么不卖？"店员说："店里只有这么多盐，你去别的店里买去，不要找我们麻烦！"店主费少三[1]听到铺面里吵架，便踱出后堂，斥责农民不知趣，无理取闹。买盐的农民见店主不讲道理，愤怒异常，要冲进店铺，抓费少三评理。愤怒的农民说："你这个黑心的老板，有盐不卖，囤积卖高价，你良心叫狗吃了！"

费少三怕农民群众急眼了揍他，便慌忙地跑进后堂，叫店员把铺子关上。

当晚，月黑风高。费少三趁夜把一批食盐装车运至老家巢县槐林嘴乡下供应自家亲友。不巧，车队行至严家桥西边薛家坝附近，被当地农民群众发觉，当即把食盐扣留下来。农民质问押盐的费少三："严家桥的盐本地都不够吃了，你还把盐往巢县运，到底是何居心？"费少三自知理亏，只得申请严家桥的联保办事处处理食盐被扣之事。保长万鹤龄（是民族解放先锋队队员，后加入中国共产党）为人正直，不畏权势，敢于仗义执言。主张把扣留的食盐就地售给缺盐的农民。费少三要不回食盐，怨万鹤龄从中作梗，便以万鹤龄唆使农民拦路抢劫的罪名，向无为县石涧区公所控告，并通过熟人，拿100块银圆贿赂区长刘法平（广西人，县长韦廷杰的外甥）。刘收到银圆，便率十数名士兵，亲临严家桥处理此事，派人将万鹤龄传到东岳庙，乱加罪名。万鹤龄据理辩驳，绝不认罪。刘法平恼羞成怒，抽万鹤龄耳光，将其扣押，声称带回县里坐牢。

严家桥地下党负责人蒋伯举得知此事，立即召集民族抗日先锋队、农抗会员任振霄、赵孟宽、孙瑞云、万福民等人，要他们以农抗会的名义，发动农民群众，营造声势，设法救出万鹤龄。

任振霄等农抗会员立即发动与串连农民群众，不到几个钟头，就动员了三四百人上街，街上的群众、周边乡下的农民源源不断地加入请愿队伍，不多时，聚集了1000多人。队伍立马赶到东岳庙，把寺庙团团围住，防止刘法平带走万鹤龄。他们还拟定了几条口号，写好后拉上横幅，更加增添了请愿的合法气势。赵孟宽、万福民等人带领民众高呼口号：

---

[1]费少三后来在党的教育感召下，帮助我党我军做隐蔽战线工作。他在芜湖开的一间酱坊是我军的一个交通站，为传递军事情报做出了贡献。

"释放关心民众，主持公道的万保长！"

"打倒奸商费少三！"

"打倒贪赃受贿、包庇奸商的刘法平！"

愤怒的群众大喊道："你们再不开门放人，我们就砸墙进去！"

面对声势浩大的示威人群，刘法平惊惶失措，如热锅上的蚂蚁，两头踱步，考虑对策。正在此时，万鹤龄的族人、大学生万子成闻讯赶来营救，当地的士绅、三番子老大孙西农赶到东岳庙前，为刘法平解围。

万子成与孙西农一道进庙，说服刘法平，释放万鹤龄，尽快平息危机。刘法平见事情闹得不可开交，有人前来说和，便借驴下坡，答应释放万鹤龄。当万鹤龄走出庙门，庙外聚集的农民群众欢声雷动。

请愿解决盐荒

万鹤龄虽被释放，但强加的罪名并未取消，随时会遭到迫害，严家桥的盐荒仍未解决。面对危机，蒋伯举召集万鹤龄、任振霄、孙瑞云、万子成等人商议如何采取行动，解决上述问题。大学生万子成颇有谋略，又通晓国民政府法律，出点子利用民众请愿的方式，用合法斗争来应对危机，大家立即分头动员农民群众组织请愿团。

第二天，参加请愿团的农民群众陆续赶到镇中心，集中了2000多人。蒋伯举特选两位见过世面的老人，一位背负控诉状，一位背负申冤状。请愿团分为两队，由两位老人领先前行。两队统一由任振霄、赵孟宽指挥，万福民联络协助。

请愿团出发了，天正下小雨，团员们穿草鞋披蓑衣戴斗笠，有的还挑锅担草、背米带被，浩浩荡荡从严家桥穿镇而过，直奔县城。两队人马齐头并进，一路高呼口号：

"打倒奸商费少三！"

"打倒包庇奸商的刘法平！"

"还保长万鹤龄的公道！"

县政府听到请愿团到达县城西门的消息，县长韦廷杰命人关闭城门，分兵把守。派秘书先行与请愿团对话。请愿团在西城门外就地坐下休息，任振霄等人稍做商议，即派身背控诉状与申冤状的两位老农民进城，跟随秘书去见县长。

两老农到了县政府，见到县长韦廷杰，分别向县长口头申诉。韦廷杰听过申诉，又将两位老人身背的诉状看了一遍，当即宣布处理意见：

一、聚众骚乱属非法，姑念为食盐而起纠纷，免于追究。

二、控告商人和区长问题，调查后处理。万保长无辜受冤，现已释放，不必再提。

三、你们缺乏食盐，我当设法解决，不要再闹事了。（事后县里运来几十担食盐供应严家桥，解决了盐荒）。

两位老农回到城外，向请愿团转述了县长的处理意见，大家感到此次请愿为万鹤龄申冤和解决盐荒的目的均已达到，不由得鼓掌欢呼，无比快慰。大家兴高采烈，一路欢歌，带着胜利的喜悦，踏上返回的路程。诗曰：

> 咸盐粒粒亮晶晶，百姓缺它难活命。
> 智斗奸商与赃官，化解盐荒为民生。

（叶悟松）

郑岗剿匪[1]

1937年年末，上海、南京、芜湖先后失守，日寇兽行暴虐，同胞四处逃难，无家可归。国民党溃兵流入各地，汉奸欺压人民，官、兵、匪杀人抢掠，无为境内一片混乱，民不聊生。

在这个危难之时，"党外布尔什维克"胡竺冰于1938年秋就任无为县长，是无为县的第一个抗日县长。胡县长上任之

剿匪前张贴标语

初，面对无为土匪肆虐，祸害人民的局面，首先决定调集武装力量，实施剿匪，为民除害，还无为人民一个平安的生活环境。

胡竺冰派人找到湖东游击大队大队长蒋天然。那人把胡县长的亲笔信交给蒋，信中说请蒋天然到无城，有要事相商。蒋天然见事情紧急，便连夜与来人赶往无城，到无城时，已是下半夜，城门已关，他们翻城墙而入，来到县政府，胡县长还在办公室等候。

---

[1]根据新四军老战士蒋天然生前口述整理。蒋天然，无为县严桥镇人，曾任新四军第七师湖东子弟兵团团长等职。

胡县长见到蒋天然高兴地说："你来得很快，辛苦了，还未吃饭吧？"

蒋天然说："吃过晚饭赶了七八十里路也饿了，现在哪里找吃的，明天早上再说吧。"

胡县长歉然地说："好吧，我们谈问题。"

胡县长直奔主题："郑岗、祈雨山一带，从巢湖来了一批土匪，在无为县城周围作案，抢劫、绑票，他们落脚地点在郑岗，我派城防部队去剿了几次匪，但一次都没打着。"

他接着说："土匪打不着，案件越来越多，人民受害匪浅。土匪甚至在无城示威，影响太坏，不解决不行，所以想到你蒋大队长（蒋当过大队长），我们相信你能剿灭这些匪患！老百姓说，你能下巢湖打土匪，西北乡的土匪也被你打掉了，你打土匪有经验。今天连夜把你找来，就是这个要紧事，请部队帮忙剿匪。"

蒋天然欣然应允："胡县长决定为民除害，我当遵命，努力完成任务。"

当即讨论明确了剿匪中的几项政策问题。第一，土匪成分复杂，有官有兵有匪，还有汉奸特务从中破坏。胡县长写信请部队剿匪，师出有名。第二，对匪首就地正法，在当地召开群众大会处决，以平民愤。第三，部队的便衣队秘密在城内侦察，缉拿有身份伪装与隐藏的土匪。第四，保守秘密，突然袭击，使土匪来不及逃跑。第五，制定县常备队15天剿匪计划，以迷惑土匪。

剿匪计划商定之后，蒋天然回到部队，向上级汇报了县政府剿匪的请求，得到批准。蒋天然便带领一个中队和便衣队部分队员，化装进入无城。部队秘密潜入土匪活动猖獗的郑岗、祈雨山地区，先侦察摸底，然后迂回跟进，诱敌上钩，分头包围，完成部署后发起攻击。土匪乃乌合之众，平时欺压老百姓行，可是遇到正规的新四军部队，稍做抵抗便掉头逃命。部队乘胜追击，一举歼灭了郑岗与祈雨山两股土匪。接着顺藤摸瓜，迅速南进捣毁了土匪在周家大山的巢穴。此次剿匪战斗中，消灭土匪数十名，其余都被活捉，逃到县城的几名土匪也被埋伏在城内的新四军便衣队活捉，逮捕归案。剿匪行动结束后，剿匪指挥部即分别在郑岗、祈雨召开公审大会，对匪首与身背血债、罪大恶极的土匪进行公审后，立即处决。深受匪害的人民群众，见土匪伏法，无不拍手相庆，感谢抗日政府和新四军为民除害。剿匪中，解救了遭绑票的十多位男女百姓，缴获了一批被土匪抢劫的财物，新四军和县政府将财物退还给被抢的百姓。剿匪行动的胜利，把祸害无为城乡百姓的匪患清除，老百姓的生活有了安全感，他们感谢胡县长、新四军做了大好事。

被活捉的几名土匪关押在无城监狱，各地的士绅、政府官员、国民党党部都托人前来讲情，请胡县长高抬贵手，放了几名土匪。胡县长对前来讲情的人说："这批土匪是亡命之徒，烧杀抢掠，祸害百姓，现在新四军应百姓要求，有县政府的命令，前去剿匪，打死的罪有应得，活捉的已由军民联合剿匪指挥部召开公审大会，老百姓要讨还血债，杀人的要偿命，匪首已经处决。有的罪行较轻，可以取保释放，让其悔过自新。"众人见胡县长把话说到这个份上，理到情足，也都没有话说。

　　无为的匪患在胡县长的运筹下，暂时得到扼制，但日寇、伪顽仍在虎视眈眈，国家正在危难之中，抗日救国的路还长，更大的困难还在前头。无论如何，无为人民不会忘记胡竺冰县长为民除害，消灭匪患的功德。诗曰：

日寇来犯闹匪患，无为城乡祸害惨。

竺冰县长请神兵，消灭土匪百姓赞。

（李俊平　叶悟松）

端公办学[1]

戴端甫,无为仁泉乡（今洪巷镇）风和村人。一生急公好义、造福桑梓,德高望重、深受群众拥戴。父老乡亲皆尊称他为端公。而端公致力办学,更传为无为城乡佳话。

1935年6月,无为县举行了第一次中小学联合运动会,会期三天。时任

在戴氏宗祠开办的仁泉学校

无为县长的戴端甫自始至终亲临现场指挥,会场秩序井然。仪仗队进场,唱响了戴端甫为运动会所作的会歌。

茄鼓萧萧,旗帜飘飘。
广场新建造,赛会第一遭。
跳高跳高,一飞冲宵;
赛跑赛跑,万里不遥。
同学们手相招,快速夺锦标。
要解"东亚病夫"嘲,要解"东亚病夫"嘲。

---

[1]参见《百年沧桑话无为》,第383~384页,安徽大学出版社,2006年11月。

这首会歌由戴端甫作词，由县夫子庙小学音乐教师史佩惠谱曲。由于事先准备充分，会歌在运动会会场上唱得激越昂扬，唱出了无为人民的心声。

运动会开幕那天，戴端甫县长致了开幕词，他说："无为第一次举行中小学运动会，这是空前盛大的运动会。外国人嘲笑我们中国人是'东亚病夫'，我们要成为'东亚健夫'。我们要收复失地，没有强健的身体不行。形势驱使我们刻不容缓地锻炼好身体，只有锻炼出强健的体魄，才能收复失地，才能求得高深的学问。"这里，戴端甫指出体育是办学的重要一环，而办学更应当与抗日救国联系在一起。戴端甫的致词博得了广大观众及运动员的阵阵掌声。

戴端甫办教育有着先进的理念。鉴于家乡无为教育落后，他倾其私囊又多方募款，以本家戴氏宗祠为校址，办起了一所仁泉小学。学校坐落在仁泉乡伏虎山下，始建于1933年3月15日。端公亲自拟定了办学宗旨：育才救国、振兴乡里。建校之初，成立了校董会，成员有戴端甫、戴翱天、戴安澜、王献庭等人。在教师队伍里，选聘了任惠群、周心抚、刘又铭、马宗骥等一批中共地下党党员。他们宣传中国共产党的抗日救国十大纲领，为学校吹进了一般进步的政治空气。

戴端甫在办好仁泉小学本部的同时，还联办了鲁家嘴、册头戴、岗西村三所分校。并在邻村村庄开办农民夜校，由高年级学生协助教师施教。仁泉小学的本部和分部均实行全日制。开设了国语、算术、自然、公民和体育、美术、音乐、劳动等八个学科。学校还编写《农民识字课本》，作为农民夜校的课本。学校以"勤廉"为校训，安排学生一面学习，一面实践。有关学生生活方面的事务，如办食堂、开商店、跑采购、种菜园、经营浴室、理发、值勤等，均由学生自行办理，培养他们的实践能力。到1940年暑假，共有六届毕业生600余人毕业。这些学生毕业后，有的投身抗日，有的参加革命队伍，有的从政，有的从医，他们在各自岗位上都做出了一定成绩。当时在仁泉小学师生中，还有一部分人加入了中国共产党。

"唯德学、唯才艺、不如人，当自砺；若衣服、若饮食、不如人，勿生戚……"端公治下的学校里，孩子们的读书声，声声入耳，久久回荡着。端公重教办学育人才、劝勉学生纾国难的事迹，永远为无为人民所铭记。

（王敏林）

无为抗战号角从这里吹响[1]

1937年7月，抗日战争全面爆发，国共合作抗日的局面形成。8月，周恩来与国民党当局多次交涉谈判，使一大批被国民党关押在南京、苏州、上海等地监狱中的共产党员和进步青年获释出狱。被关押在苏州的无为籍共产党员张恺帆（前中共无为县委书记）和一批难友们也都获释出狱。

与张恺帆同时获释出狱的共产党员有黄育贤（桂蓬）、黄先、林

中共皖中工委成立地——胡家瓦屋

李明、林若冰、陈理六人。他们从监狱中被释放，深感侥幸，能从虎口中脱险，是他们意想不到的事。出狱后看着陌生的城市，举目无亲，衣着褴褛，身无分文，他们经过商量，同意张恺帆的建议，就近前往安徽无为张恺帆的家乡，先作安顿，再

---

[1]参见《安徽文史资料全书·巢湖卷（上）》，第110~112页，安徽人民出版社，2007年8月。

想方设法联系上级党组织。于是，一行六人当起了乞丐，一路要饭往安徽出发。遇到大户人家，便上前乞讨，要点残汤剩饭，聊以充饥；遇到好心人家，还能讨点热饭热汤果腹。就这样饱一餐饿一顿地维持。狱中的囚衣破烂不堪，难以蔽体，因此常常遭人白眼。难得遇到大方的人家，找几件旧衣服，把囚衣换下来，几个人总算有了遮肉蔽体的衣物。他们从苏州到无为，一路步行，体弱的拄着棍子，一面要饭，一面跋涉。其中的苦楚让常人难以忍受。张恺帆等人咬紧牙关，以坚强的革命意志和坚定的信仰，支撑着找党，抗日！正如张恺帆在狱中墙上所写的诗：

龙华千古仰高风，壮士身亡志未穷。
墙外桃花墙里血，一般鲜艳一般红。

他知道，自己是党从虎口中营救出来的，要尽快地找到党，在党的领导下，继续干革命，尽快投入到抗日洪流中去。一行人克服艰难困苦，走了十几天才到了无为东乡陡沟张家大村——张恺帆的老家。大家松了一口气，吃的穿的住的都安排周到，大家在张家住下，安心地休息几天。

进步人士胡竺冰和土地革命时期与张恺帆等在一起战斗过的战友胡德荣、倪化黎、吴锦章等人，得知张恺帆出狱回到了无为，都来看望。胡竺冰见张家贫苦，难以承担出狱人员的食宿，便把其他五位接到自己的家里，也就是胡家瓦屋暂住。张恺帆回到无为后，因与党组织失去联系，十分苦恼。他用一台简陋的矿石收音机，反复地搜寻电台，很幸运，在一次搜索中，听到了延安广播电台的声音，张恺帆激动万分，这么多年，终于听到了党中央的声音。他又从报纸上看到中共中央发出"停止内战，一致抗日"的号召，便着手开始一面找党组织，一面开展抗日救亡活动。正在此困难时期，平津抗日救亡团南下来到无为宣传抗日，他们还带有秘密使命，即联系失联的基层党组织和共产党员，为他们接上关系，回归组织的怀抱。救亡团的负责人陈世才（共产党员）与张恺帆长谈，详细了解了他们的现状，然后告诉他，将立即与南京的八路军办事处取得联系，"给你们接上组织关系"。

10月，张恺帆与林李明等人带着抗日救亡团负责人的介绍信来到南京八路军办事处。由于平津抗日救亡团的负责人已向办事处做了汇报，办事处人员热情地接待张恺帆一行。张恺帆见到上级党组织的负责人，像失散多年的孩子见到亲娘，热泪盈眶，激动的心情难以言表。八路军南京办事处委派李世农到无为，会同张恺帆等人成立中共皖中工作委员会，恢复建立皖中地区各县党组织，领导人民群众开展抗日斗争。从此，张恺帆在党的领导下，投入到艰苦卓绝的抗日斗争中。

在皖中工委领导下，无为县成立了国民自卫总队，各地抗日武装，抗日群众团体如雨后春笋，蓬勃发展。工委依靠人民群众开展了卓有成效的工作，抗日的号角在以无为为中心的皖中大地上嘹亮地吹响，引领着波澜壮阔的抗日浪潮。诗曰：

始出虎口乞讨行，共产党人志凌云。
找到组织见到娘，坚持抗战血浸身。

（李俊平　叶悟松）

智杀日军小队长[1]

1938年11月，中国国民革命军陆军新编第四军参谋长张云逸从皖南泾县军部来到皖中无为，组建新四军江北游击纵队。江北游击纵队组建初期，武器和给养十分困难，没有武器的江北游击纵队，就想方设法从土豪劣绅手里夺。那时候条件十分艰苦，斗争环境极其残酷恶劣。我小时候听老干部开支部会时讲过去打仗的事，我父亲由于战争伤残，行动不便，支部会一般都是在我家开。

我父亲李从善，系北上南下的离休老干部，行政16级。记得小时候，夏天夜晚乘凉，父亲坐在门口的藤椅上给我们讲故

1942年，日军在无为县姚沟镇修建的炮楼

事，我在他旁边，数他身上的伤口，记忆中共有五处，分别是左腿上二处，大腿和小腿上各一处；右腿的小腿上一处；左肩上和右腰部各一处，伤口最深处现经回忆

---

[1]根据新四军老战士李从善生前口述整理。李从善，无为县泥汊镇人，曾任新四军无（为）南游击队队长。

至少有中指半指深。具体是如何负伤的，由于年代久远，加之当时又未细问，现在已不得而知，实为憾事。五处枪伤，全是正面创伤，应该是在战斗中冲锋时被迎面击中。

我曾多次听父亲说过，他们那时是头别在裤腰带上干，一仗下来，一摸裤腰带，头还在，没死就继续干。听父亲讲过一些战斗故事，比如像打凉棚，即炮楼；夺枪等。我姐还在无为一中演讲比赛上讲打凉棚的故事并获奖。

夺枪的故事就发生在无为沦陷后的1942年。党在敌后积极开展武装斗争，就像那首《游击队之歌》唱的那样，"没有吃，没有穿，自有那敌人送上前；没有枪，没有炮，敌人给我们造。"日本人为了控制和奴役无为人民，沿江修了很多个碉堡炮楼，炮楼里驻扎着很多日本鬼子和伪军，这些鬼子和伪军经常下乡烧杀抢掠，残害百姓。其中驻扎在姚沟镇的炮楼里一个鬼子小队长更是无恶不作。经常采用极其残暴的方式迫害革命志士和人民群众。对不幸被抓的革命人士、地下党员，实行酷刑。如逮住共产党人用铁丝穿住人的锁骨，将人串在一起扔到江里喂鱼，用枪刺挑剔活人肋骨上的肉，或用刺刀削刮身体直至见到白骨森森，并用石头绑在身上将人坠江。

日本鬼子小队长惨无人道的暴行激起了广大人民的愤恨和反抗，上级机关命令江北地下武装宰掉他，为民除害。地下党指派我父亲化装侦察，通过侦察发现，这个驻扎在姚沟镇炮楼内的日军小队长，经常到炮楼附近不远的地方理发，剃大光头。由于他双手沾满了人民的鲜血，平时是龟缩在炮楼里不敢外出的，或者偶尔在炮楼附近转悠。我们地下武装决定利用他外出剃头的机会除掉这个小鬼子。

1942年的某一天，内线盯梢，看到这个日本小队长像往常一样，前往他常去的地点理发。那天正逢街上赶集，人非常多，我父亲带着除奸游击小组，等那小鬼子坐在板凳上，低下头，让理发师傅给他打肥皂洗头。正是满头肥皂泡沫的当口，游击队员迅速上前，夺下小鬼子别在腰上的王八盒子，搂头一枪，小鬼子一头栽倒在地，一命呜呼。脸被打穿，一地的血水。游击队员练了无数遍的一连串动作一气呵成，干得太漂亮了。倒是吓得剃头师傅浑身发抖，站立不住。游击队员拉起瘫倒在地的剃头师傅说："快跑，不跑等会儿就没命了。"剃头师傅如梦方醒，挑起剃头担子迅速逃走了。听到枪响，集市上人群大乱，游击队员又朝天打了两枪，对着人群大喊："新四军来啦！新四军来啦！"街上的人顿时跟捅了马蜂窝一样四处逃散，我们的除奸游击小组同志乘机顺利撤退了。这场奇袭既完成了上级交给的除害任务，又成功地从虎口夺了小鬼子一把手枪。

由于计划周密，动作迅猛，把鬼子打蒙了，游击队在鬼子的眼皮底下取得了完胜。这次战斗有力地打击了小鬼子和敌特伪顽、恶霸地主劣绅的嚣张气焰，大大地鼓舞了无为军民的抗日斗志。

（李俊斌）

神出鬼没的无东游击队[1]

1939年9月间，新四军江北游击纵队政治部主任黄育贤（桂蓬），介绍季鸿到中共无为县委去。县委书记胡德荣是季鸿的入党介绍人，战友重逢，无比亲热。胡书记派季鸿回到曾战斗过的地方——陈家湾，组建游击队。此时陈家湾已有一支近十人，四五支枪的武装分队。季鸿吃住在陈家湾陈力生家，受到陈力生全家人的欢迎和帮助。季鸿在村上父老乡亲们的支持下，发动大家筹粮筹款，捐献枪弹，并动员周边进步青年参加队伍，很快游击队壮大到20多人，10多支枪，中共

无东游击队出征路上

---

[1]根据新四军老战士季鸿回忆录整理。季鸿，无为县仓头镇人，曾任新四军无（为）东游击队队长等职。

无为县委将这支队伍命名为无东抗日游击队。

10月下旬，游击队探知敌人将由巢县运往芜湖一批大米。当获悉这批大米运输船到达运漕的时间在当天夜晚，游击队决定在运漕至三汊河之间的河南岸设伏。当时这两个镇都驻有伪军。伸手不见五指的黑夜，游击队晚9时许进入设伏地段。在观察哨报告运粮船临近时，将事先准备好的一只小船放到河中，季鸿和三名队员乘小船登上为首的一只运粮船，命令所有船只落帆，每船只留一名舵手，其余船工上到南岸拉纤。游击队员们沿河堤内侧押运而行。第二天中午，运粮船到达仓头镇，接受游击队的处理。这批船共八艘，每船载运150~200担（每担150斤），共计十多万斤大米。中共无为县委决定游击队留少量作口粮，其余全部交抗日协会，救济贫苦百姓。此举极大地提升了共产党在人民群众中的影响力。

郑老五是运漕镇的维持会长，在镇上开设了一家百货店，是个有名的富商汉奸，游击队计划对他进行打击。刚好有人向游击队报告，说敌伪郑小轩部遭到我新四军四支队七团歼灭性打击后，所余残部约百人，住在运漕北面的村庄上，不敢到街上活动。这是游击队活动的好机会。郑老五住在店里，每天早晨到附近一家茶馆洗漱、吃早点，尔后回店里抽大烟。游击队研究决定，化妆进入运漕镇，智擒郑老五，迫使其为游击队提供枪支弹药。具体方案是：季鸿和两名游击队员怀揣着手枪，由那个报告人带路到茶馆，待郑老五用早点时，尾随他进茶馆。另派六名队员化妆为卖糠的，在郑家店附近听候使用，其余人隐藏在河南岸接应。季鸿等三个人到茶馆后，在郑老五固定座位近旁的一张桌边坐下耐心等候。待郑老五吃过早茶回到自家店里时，季鸿留一人在门口望风，自己和另一人进店紧跟郑往后走。店员招呼说："先生，买东西在这里，后面是住家的。"季鸿他们没有理睬，紧跟郑进了厢房。郑发现两个陌生人站在面前，惊问："你们是做什么的？"季鸿一边说："捉你来的，你是汉奸"，一边伸手到他鸦片烟榻柜里（事先得知的），拿出郑老五维持会长的委任状。郑瘫坐在地上不肯起来。季鸿在他两腿间地板上打了一声闷枪，命令他跟着走，告诉他不伤害其性命，如若声张就毫不客气打死他。季鸿用衣袖拢着子弹上膛的手枪和他挨肩而行，郑只好乖乖跟着走。这时六个卖糠的队员进到店里，责令店员将游击队用得着的布匹、毛巾、胶鞋等货物，装进六担箩筐，俨然像批发货物的人，外人难以察觉。在店里停留半小时左右，返回河南岸，这时听到运漕镇北有枪声。为防止敌人袭击游击队，他们没有直接回陈家湾，而是押着郑老五开船到了仓头镇。季鸿命令郑写信告诉家人，给游击队送十支枪即放他回去。他家接信后来人谈判。经过讨价还价，十多天后，郑家送来两支枪、六百块银圆。临释放前，游击队教育郑老五不要做危害老百姓的事，今后要为游击队通风报信，郑老五都满口答应。

无东游击队这两次行动，对开展抗日救亡工作，对游击队的巩固与发展，都起到了积极作用。仅仓头一地，就有十多名青年加入了游击队，附近的地主富农在动员后，献出了七八支枪。游击队迅速壮大到近40人、有20余支枪的队伍。

当年12月，无东游击队奉命开到汤家沟，归新四军江北游击纵队三大队指挥，常在二坝一带"打资敌"[1]。不久，这支游击队改编为新四军新编第三连。

（耿松林）

---

[1] 打资敌：是当年新四军游击队在长江水运上打击以物资供给日伪军的汉奸商人，缴获的物资是游击队的重要供给渠道。这种作战行动称"打资敌"。

美国女记者史沫特莱在襄安^[1]

1938年初秋，中国人民的老朋友——美国记者史沫特莱女士，来到皖江抗日根据地的中心区——安徽省无为县。在无为县抗战史志上，留下了战地黄花分外香的一页。那一天，从长江边通往无为县首镇襄安的大路上，正急行着一小队人马。队前队后是几个武装整齐的新四军战士，中间骑马的两人，一位是担任这次护送任务的新四军政治部组织部副部长兼教导总队政治处主任余立金，另一位便是史沫特莱。这个身材修长，皮肤白皙，头戴红军八角帽，身着八路军军装，肩挎照相机和打字机及行军背包的外国人，特别引人注目，她是来支持中国人民抗日战争的。1931年九一八事变后，日本占了东三省，1937年又打卢沟桥，发动七七事变，中国抗日战争全面爆发。这年8月13日，日寇进攻上

美国女记者史沫特莱在襄安

海，上海很快沦陷。不久，日寇又占了南京、芜湖，直逼一江之隔的无为县。1938年5月底，日军飞机首次轰炸无为县城。8月14日，日军入侵了无城、襄安等集镇。

---

[1]参见《百年沧桑话无为》，第36页，安徽大学出版社，2006年11月。

此番史沫特莱前来襄安，就是为抗日宣传做战地采访工作。

军马扬起的尘土，旋风卷起的烟尘，不仅没有给史沫特莱一行带来一丝疲乏，反而使这一小队人马平添了军人豪情，史沫特莱也更显得英姿飒爽。史沫特莱一行早晨从皖南泾县云岭新四军军部出发，经繁昌县荻港过江，一路要避开日伪据点，有些耽搁，傍晚时分抵达襄安。史沫特莱一踏进襄安，脸上便露出欣喜而惊讶的神情：南北方集镇的街景竟如此迥异。这里房舍连片，万瓦如鳞。青砖灰瓦，朱阁重檐。商铺店面、牌匾旗幡、雕楼窗台。东西南北的几条街，既有市井繁华，也有山乡幽静。史沫特莱手上的相机咔嚓咔嚓地响着，像是要把这古朴繁华的街景全都摄入心中。街上行人，铺面里的人纷纷观看。这里的人差不多是头一回看见洋人，而且还是个女的，不免指指点点，你评我论一番。

人们评说的这个史沫特莱，本不是一般人物。白求恩、柯棣华、马海德及很多援华抗战的外国人都是由她推介或受她影响来中国的。她两次来华，第一次是1929年初，1934年再次访华。她创作的《中国红军在前进》《中国人民的命运》《中国在反击》《中国的战歌》等专著，表明她在用行动唤醒有良知的人们。1937年，她受中国共产党的邀请初访延安。当天晚上，便前往朱德所住的窑洞访问。她说："我希望你把一生的全部经历讲给我听。""为什么？"朱德感到惊讶。史沫特莱说："因为你是一个农民。中国人十个有八个农民。"她还采访了很多红军将领。这个美国人还以女性的特质一到延安便传授交际舞，给革命圣地延安带来一股清新的开放之风。

史沫特莱视八路军、新四军如两兄弟。她要像报道晋西北八路军一样，报道新四军各部的抗日战况。1938年11月，史沫特莱到达新四军军部。次年4月，叶挺军长陪她采访三支队。此刻是中秋节傍晚，她偕同翻译来到古镇襄安。

镇长兼襄川小学校长马宗堂（中华人民共和国成立后曾任省博物馆馆长），代表本镇各界人士在襄川校园热情迎接史沫特莱。原是备的午饭，直等到太阳偏西才见到客人，镇长忐忑不安的心此刻才安定下来。宾主交谈像老朋友那样热切。两人互换名片，史沫特莱的名片上印着英文：美国著名记者、作家和社会活动家，艾格尼丝·史沫特莱，并附有中文：史沫特莱。襄安镇汪悟生担任马镇长的翻译。马镇长告诉她，襄安很古老，秦汉时代就设有襄安县，宋代的无为军尚在它的孕育之中。清朝年间，襄安是皖江粮食集散地，全镇72家米行，做的都是芜湖米市生意。另外，开发台湾最早的隋朝陈棱将军，也是襄安人。马镇长还告诉她，襄川小学名字的来历。襄安前有长江，后有西河，水运发达，市场繁荣。汉字"川"的释意是大河；产粮之地，称米粮川。所以校名襄川。最后，马镇长告诉她，叶挺将军曾来过襄安。就在今年4月27日，叶挺将军来到襄安并发表抗日演讲。他骑的马拴在襄川小学的梧桐树下，将来后人可能会称这棵树为"将军树"。

当晚7时，襄安镇举行各界欢迎大会。襄川小学校园内搭起了临时会台。史沫特莱女士在两盏汽油灯的映照下，神采奕奕、矫健地走上会台，面含微笑，频频向台下人群招手致意。东道主马镇长首先致欢迎词。接着，史沫特莱女士作了长达一个多小时的演讲。她着重阐述了中国抗日战争的形势和对世界反法西斯战争的重大意义。她以亲眼所见的事实，介绍她在晋西北抗日前线和各游击区采访的见闻和感受。她动情地说，你们襄安是一个古老美丽而又和平安宁的集镇，决不可让日本强盗糟蹋。说到强盗二字时，她用的是中国话。最后，她呼吁全襄安的农民、工人、商人、学生、妇女等各界都要成立抗敌协会，为救亡图存而斗争。史沫特莱女士在演讲结束时，激动地用中国话高呼：消灭法西斯！最后胜利一定属于中国人民！

史沫特莱热情洋溢的讲演，多次被热烈的掌声打断。人群中不断高呼：打倒日本帝国主义！打倒日本强盗！中国人民团结起来，把日本侵略者赶出中国去！会场上顿时群情振奋，山呼海啸般沸腾起来。

当晚演讲后，史沫特莱女士又在襄川小学教室里，参加有各界代表40余人出席的座谈会。镇上公推的几位代表先后发言，汇报襄安各界抗敌准备工作，并学习和讨论了毛泽东的《论持久战》。会议开到深夜11点。史沫特莱女士给大家印象最深的是：以简短的言辞，引用了中国历史上以少胜多、以弱胜强的淝水之战的战例，鼓舞了大家的抗日热情、斗争勇气和必胜的信心。

第二天清晨，马镇长在一家茶馆里以传统的地方特色早点，为史沫特莱女士饯行。当地早点名品鸡汤煮干丝，外加五香豆、香醋脆油条、茶水等摆得满满当当。这场面，史沫特莱在西方从未见过，在中国晋西北也未见过，她好奇得有些吃惊。对一旁的翻译轻轻耳语，并打手势、递眼神，微笑着想说出她的意思，还是未能道个明白。最后翻译说，中国南方的早点差不多一样丰盛，只是襄安是长江黄金水道旁的大市镇，当然更胜一筹。翻译边说边竖起大拇指，宾主都开怀大笑，这给她留下了又一个美好印记。餐毕，在各界人士的欢送下，史沫特莱一行由镇南码头登舟，前往庐江、舒城等地继续考察、采访。

（程传衡）

一品轩里鸿门宴[1]

1939年是无为县在国共合作旗帜下开展抗日活动最有成效的一年。在这一年里，无为县各界群众成立了抗敌联合会，全县抗日活动热情高涨，中共无为县委领导党员在县、区各级机构里发挥了重要作用，各界进步人士积极投入了抗日工作，全县抗日形势一片大好。但这大好形势却引起了国民党安徽省顽固派的恐惧和不满，他们唯恐大权旁落而从

无为县老字号茶楼"一品轩"

中破坏。1940年春，国民党安徽省政府下发了《防止异党活动办法》，国民党五中全会后，安徽省军政当局趋向反共，顽固派掀起了第一次反共高潮。1月，国民党安徽省政府派省保安二支队司令员吴绍礼带兵进驻无为。吴到无为后，强令收编共产党掌握的无为县人民抗日自卫军，停发各级抗日动委会的活动经费，限制各界抗敌协会活动，搜集共产党干部和爱国进步人士的活动情报，无为地区大好的合作抗日局面岌岌可危。

1940年4月初，国民党安徽省政府密电吴绍礼配合无为县政府从速逮捕原无为

---

[1]参见《安徽革命史话（下册）》，第176页，安徽人民出版社，1989年12月。

县人民抗日自卫军政治处主任吕惠生，和中共无为县委书记胡德荣等一批共产党员和抗日进步人士。这时，正是国民党无为县县长李天敏被免而新县长尚未上任之时。李县长原是爱国华侨，其爱人朱澄霞是广西人，1927年就加入了共产党，参加过党领导的广州起义，是广西妇女界的精英，抗战开始后，安徽省属广西军人的势力范围，朱奉党之命在安徽省从事上层人士的统战工作，是驻安徽的广西学生军中队指导员，又是安徽妇女干部训练班的副主任（主任由安徽省主席、二十一集团军司令廖磊兼）、中共鄂豫皖边区党委妇女工作委员会工作组组长（党内组长为孙以瑾）。李天敏长期受妻子影响，他在任内积极支持国共合作政策，大胆在县、区内任用共产党员，为打开无为县轰轰烈烈的抗日局面而做出了很大的贡献。

为防止国民党顽固派阴谋得逞，李天敏收到省政府密电后，立即通过有关人士告知中共无为县委书记胡德荣，胡迅速布置有关机构和人员从县城转移到农村，并亲自前往无城潘家巷吕惠生家，要他全家从速撤出无城。吕惠生和胡竺冰等人自五四运动以来，联合进步人士，推动无为的革命运动，是无为县两面进步的旗帜，他们为无为社会的进步做出了巨大的贡献，特别是抗战开始后，他们团结在党组织的周围，不遗余力地推动无为县抗日事业的发展。由于他们在县内甚至安徽的影响与威望，国民党顽固派不敢明目张胆地迫害他们，怕招致广大群众的声讨。

由于李天敏以"已经免任，不便视事"为托词而延误了密电的执行。吴绍礼急得像热锅上的蚂蚁，他从情报中得知，胡竺冰已赴皖南新四军三支队就医，一些共产党的干部、机关和民主进步人士已转移至新四军江北游击纵队驻地，再不搜捕就难以对省里做交代了。本来密电要其"配合"无为县政府，现在不得已只好军方单干了。

在这几天里，吕惠生经过深思熟虑，决定投奔新四军江北游击纵队，真正成为革命队伍中的一员。他要其夫人和子女收拾物品，随时准备动身。

4月2日，一封封"请柬"飞向无城各界名流："兹定于4月3日中午11时在'一品轩'举行酒会，敬请光临。"下署安徽省保安二支队司令吴绍礼大名。李天敏接到这份请柬时，似乎闻到了它的血腥味，他深为吕惠生的险恶处境而担忧。"应当立即通知吕惠生脱离虎口"，李天敏果断地做出反应。当晚，他密写一封便函，通过保姆送到潘家巷的吕惠生家中，吕惠生得此消息，知道预料中的事情将要发生了，顽固派终于要向他伸出罪恶之手了。他从孩子们的口中得知，近两天西门大街白天常有荷枪实弹的士兵巡街，在夫子庙小学读书的大儿子其明，出潘家巷上西门大街时，往往有士兵对他注目张望。吕惠生接到请柬时就感到这是充满杀机的"鸿门宴"。当晚，他决定叫夫人和孩子们先走，自己一人明天中午再依计脱身。夫人沈兰芳和儿子、女儿们在傍晚时分三路从南门、东门、西门出城，到老家吕巷集中。

3日上午10时许，吕惠生身着长衫，从容地踏上"一品轩"的台阶。迎接他的是全副武装的二支队卫兵，并伴随左右"保驾"。由于时间尚早，大厅无人，也可能今日司令请客，店主人谢绝了其他食客。吕惠生环顾四周，随即脱下长衫往衣架上一挂，顺手从上衣口袋里掏出一把银圆往桌上一放，客气地招呼左右卫兵："我去厕所方便一下，请代为看管。"进入厕所后，吕惠生立即打开窗户跳到长春巷口，疾步从城东而出，再拐向南径自去吕家巷，和昨日到达的妻儿会合，然后折向无为西北乡严家桥，去投奔新四军江北游击纵队。

中午11时，主客基本到齐，吴绍礼见吕惠生如厕尚未出来，叫卫兵前去探视。一会儿，卫兵报告说厕所空空如也，方知吕惠生已跳窗而逃。吴绍礼当即派一队卫兵去潘家巷搜查，谁知也是空无一人。下午3时又派卫兵去吕家巷寻找，但此时吕惠生一家已经过开城在去严桥的路上了，一场"鸿门宴"无果而终。

（蒋克柞）

三进三出无为县[1]

抗日战争时期，无为县作为新四军江北游击纵队及第七师的根据地，为抗日战争做出了巨大贡献。这里发生了许多抗日志士工作、生活的故事。曾任中共无为县委书记的孙以瑾"三进三出无为县"的故事，就发生在这时期。

1939年11月的一天，在庐江县东汤池的鄂豫皖边区党委机关，时任舒无地委民运部部长的孙以瑾召集了机要员、电台工作人员及警卫战士等三十余人，做了向无为县开城桥新四军江北游击纵队进军的动员、布置。当时天空飘着雪花，地面结着冰。从庐江西部到无为西部，路虽不远，可是需要避开桂系顽军驻地，因此绕道走了一天半，十分艰辛。当时年仅十一岁的小战士刘冰两脚冻肿穿不上鞋子，只

抗战时期无为县女县委书记孙以瑾

好把其他同志的大鞋绑在脚上拖着走，可谓举步维艰！在江北游击纵队，同志们一边忙于组织大别山撤退干部工作，一边举办教导队、党训班，并且进行建立根据地的准备工作。

1940年4到5月，开城桥地区形势恶化，领导机关便从开城桥转移到严家桥恍城区的上庄院子和陈家祠堂。孙以瑾负责女党员训练班工作，学习内容主要是文化课

---

[1]参见《皖江风云》，第175页，黄河出版社，2001年1月。

结合党员应具备的条件及节气教育，为期十天。学员们都认真地学习、讨论。不久顽军进攻，由于对敌人主攻方向判断的错误，导致照明山战斗中，我军寡不敌众，参谋长桂逢洲不幸阵亡。此战后，为保存实力，江北游击纵队转移到含（山）和（县）地区，已经公开和半公开的党员随军撤退；同时组织精干部队和干部留无为县坚持工作。这是孙以瑾第一次离开无为县。

1941年3、4月间，孙以瑾在组织的派遣下，由敌占区乘民船首先到达无为东乡汤家沟，不久转至白茆洲。在这里，她参加了原江北游击纵队、地方武装干部、皖南事变突围出来的营以上党政干部的会师大会。新四军第七师成立以后，孙以瑾任中共无为县委书记，和吕惠生县长一起，在无为、巢南、庐东成立区乡政权，设立货检处，抽调干部专门负责敌伪军工作，筹设农会、妇女会，发动群众减租减息，争取开明地主自行退租等等。

当时的无为地区敌我阵线犬牙交错，敌人据点林立。需要随身携带良民证到仓头、襄安、江心洲、土桥，深入据点和过封锁线才能到各区委和支部检查工作、了解情况。1942年党的一元化领导的指示下达后，皖江区党委改组，孙以瑾于当年秋末接到指示去新四军军部开会，第二次离开无为县。

1942年冬，日寇在盐埠区进行大"扫荡"。华中局和新四军军部转移到津浦路东新铺附近，孙以瑾奉命又回无为。一天晚上10时后，接司令部通知，敌人当晚几路出动对巢无地区进行大"扫荡"，大家随即在阴雨凄凄的午夜从高林桥槐林嘴出发走过一个山口，停在傍山的村庄休息。次日用望远镜一看，敌人已占了山顶。因为这个地区的工作人员都穿便衣，部分同志便在群众的掩护下到十里外的一个党员家隐蔽了几天。待"扫荡"结束后，孙以瑾被任命为无巢中心县委宣传部部长，工作中心在石涧区和银屏区，主要研究当时的宣传工作及党员的教育。同年8月间，接华中局指示，孙以瑾与其他同志一起去延安开会。在中秋节后的一天，她第三次离开无为县，经固镇桥、徐州、开封、安阳等敌占区，于1944年3月间到达革命圣地——延安。

（童毅之）

为民做主[1]

1940年4月，民主进步人士吕惠生在我地下党和游击队的关心保护下，带领全家，从无为到达我党领导的淮南根据地路东各县联防办事处参加革命。不久吕惠生受命出任江苏省仪征县抗日民主政府县长。他忠诚党的事业，关心和维护群众利益，为抗日斗争，为仪征人民做了许多出色的工作。"为民做主"，就是一个生动事例。

1940年7月的一天，仪征县月塘曹集青年农民朱松林到县政府

江苏省仪征县抗日民主政府驻地——海惠寺

告状，状告大地主曹察秋不遵守政府减租减息的法令。这事传开后，人们议论纷纷，比如说："八字衙门朝南开，有理无钱莫进来"，"穷不与富斗，民不与官争"，

---

[1]参见《吕惠生传》，第52~54页，江苏人民出版社，2018年12月。

断言"朱松林惹下祸事了，不垮也得脱层皮"，乡邻们都为他捏把汗。

最担心的要数朱松林的二叔朱宗华。朱松林年少丧父，是二叔把他拉扯大的。如今，朱松林要告大地主的状，叔叔当然沉不住气，急忙跑到朱松林家，把他好一顿埋怨。

但朱松林却有自己的想法。自从新四军来了以后，他就觉得新四军说话办事处处为穷人着想，打起鬼子来连命都不要，这样的队伍为什么信不过？抗日政府减租减息，也是为穷人着想，老板（地主）不肯减，为什么不能找政府给评理！他下了决心：反正已经惹了事，是凶是吉，听天由命吧！

县政府传票来了，那晚朱家叔侄都没睡好觉，那张传票像块大石头压在二人胸口上。第二天清早，朱松林前脚上路，二叔便后脚跟着出了门。朱宗华是不放心，想在节骨眼上帮着"掌掌舵"。

县政府设在海惠寺里，这里没有什么吆五喝六的岗哨，倒是香客信徒照样有说有笑，进进出出。

叔侄俩进了头道山门，一位穿灰军装的年轻人迎上来，问了姓名和来意，便把他们领到一间屋里。屋里的摆设很简单，一张方桌，几条长板凳，靠墙是一张门板搭起来的床铺。方桌边坐着一个人，年龄在四十上下，瘦瘦的，一身灰军装，打着绑腿，穿着草鞋，显得很有精神。他就是仪征县抗日民主政府县长吕惠生。朱松林来告状时见过他，便上前喊了声"吕县长"。朱宗华一听是县长，赶紧下跪磕头。吕县长忙一把拉住，"快起来，现在是抗日民主政府，不兴这一套，请这边坐。"说着端来一条板凳，又倒了两杯茶递给他们。叔侄俩看到县长这样和气，一点没有架子，提着的心慢慢放了下来。

"你告的是曹察秋吧，告他什么事啊？"吕县长问。

朱松林心怀对曹家的怒气，没轻没重地说完几件事，很快就没话了。朱宗华着急起来："哪有像你这样告状的，说话冲头冲脑，又没把事情根根底底说清楚，叫县长怎么断案？"他壮着胆子插上嘴，重三倒四讲曹家剥削穷人的历史，讲自己的要求，还不忘求县长公断，为民做主。吕县长很耐心地听着，不时地在小本子上记着点什么。待朱宗华讲完，吕县长又给他倒了一碗茶，说道："你们告曹察秋，归纳起来不外是这样三条：一、他不支持抗日政府，装穷当田，还要加租子；二、他没按照政府法令实行二五减租，三七分租；三、你们欠他的粮食，还是对半利算账，利上滚利。"叔侄俩连连点头，"对对对，我们说的正是这几条。"

接着吕县长又问了他们家里几口人，租几担种（田亩），农具全不全，收成怎样，有什么困难，对抗日政府有什么要求等等。这哪是问案子，完全像庄户人谈家常。叔侄俩心里热乎乎的，话也多了，不知不觉坐了个把钟头。最后，吕县长谈到告状的事："减租减息是政府的法令，是抗日救国的大事，人人都得遵守。抗日民主政府是人民的政府，是为人民谋利益的，你们不用担心，政府会把这件事办好。"

很快，吕惠生就派人下乡来调查。他们走前庄，访后庄，接触了佃户、自耕农、私塾先生。听说还去了曹察秋家。乡亲们又惊又喜："为了一张状子，竟这么劳师动众，民主政府真看重我们庄户人家！"他们还称赞来调查的人："不扰烟，不扰饭，说话和和气气的，跟我们庄稼人谈得很合口味。"

就在此时，曹家的伙计上了门，他说："我老板曹寿要我带信，叫松林上他家去一趟。"朱松林不知曹寿的葫芦里装的什么药，跑到大庄曹家。曹寿是曹察秋的父亲，曹家三房都是他当家。曹寿见朱松林来了，没有摆出财主老爷以往那种威严架势，而是满脸堆笑，又让座，又递烟，还要伙计打鸡蛋备晚茶招待，十分殷勤。接着说道："松林，庄户人家亲不过东佃，你有什么难处尽管说，只要能帮忙的，我老曹寿不推辞。小辈们过去有些不到之处，看在我老面子上，不必太认真。要说我装穷当田，那真是冤枉，田是手心肉，实在周转不过来，才忍着痛朝外当的呀！"朱松林晓得他在玩软的一套，可又不好硬顶，便"嗯嗯嗯"地敷衍过去。

又过了几天，就在朱家叔侄盼望县里音信的时候，通知到了，说是县长在月塘集等朱松林，要他赶紧去。朱松林赶到集上，在一个群众家里找到了吕县长。吕县长和蔼地对他说："你官司赢了，当田加的租子不加了，麦季的租子按政府规定减二成半，过去的高利贷一律不算，要东家把欠条退给你。"可是朱松林心里叨咕：县长说我赢了，连张判决书也没有，能算吗？

吕县长看出朱松林的心思，又说："你放心，刚才说的几条你老东家都答应了。他要跟你和官司，你就跟他和吧。"怎么又冒出个和官司呢？朱松林不便再问，将信将疑地走回家。

又过了两天，曹家果然约朱松林和官司了。那天，朱家叔侄俩到了月塘集刘家茶馆，曹察秋、租田领保、中人以及当了曹家田的地主都到了。曹察秋这次很爽快，一张口对朱家提的几条全应承下来：按二五减租，麦季多收一石二斗五升小麦的租子，凭中人写了付粮条子还给朱松林；历年利滚利下来的十多石粮食的欠条，当场退交朱松林手上；当了曹家田的地主也表示不增加租子。中午，曹察秋还在茶馆里招待大家一顿酒饭。朱松林很高兴，心想，不是吕县长为自己做主，事情哪会办得这样如意、周全。原来和官司，就是地主错了就该认错，又不伤双方的和气。

事后，朱松林和乡亲们才知道，为了处理这场官司，县政府专门做了研究，吕县长几次拜访曹察秋。因为当时实行抗日统一战线，吕县长耐心地向曹察秋宣传党的抗日救国纲领，进行民族大义和抗战形势教育，同时提出和官司，既保护了群众利益，也搭梯子让曹家下台，有利于组织动员各方面力量，团结抗日。

这件事，对朱松林和周围群众教育很深。不久，朱松林积极响应党和民主政府的号召，参加抗日队伍，走上了革命道路。

（王惠舟）

祈雨山下祭英灵[1]

祈雨山在无为市的西陲，是大别山、银屏山余脉的延伸地带，从北向南走向，绵绵数十里，林木茂盛，茅草丛生，飞禽走兽时鸣其间。这地方虽名不见经传，但山水却很有灵性，养育出不同凡响的抗日名将戴安澜和著名诗人田间（原名童天鉴）。祈雨山的东南、西南是一望无际、开阔而美丽的圩域，阡陌纵横，溪河交错，密布如网，它紧连长江和巢湖，是富饶的鱼米之乡。

祈雨山主峰下的朱家大塘埂南头高垅的山岗路口旁，长眠着一位无名烈士。年年清明，岁岁冬至，每逢过年，各地登祈雨山祭祖的人，总要到

叠嶂层峦的无为县祈雨山

这座距今已有六十多年的坟前，烧些纸钱和放些爆竹，对静眠在这方热土下的新四军无名烈士表示深切缅怀。每次前来凭吊的人都会这么问：为新中国的诞生而埋葬在此孤坟中的无名烈士叫什么名字？他的老家在哪里？他的亲人知道他长眠这座山下么？数十年没有人能回答得明白。但祈雨山下的乡亲父老，却念念不忘、代代相传这位无名烈士的壮志未酬。

抗战时期，祈雨山南麓的泉塘街，是国统区皖西和鄂西连接芜湖的一条商运要

[1]原载中共安徽省直机关工委刊物《七月风》2017年第7期。

道，为了争夺这块水陆码头的战略要地，1944年4月20日，祈雨山发生过国共两党的正规部队一场惨烈拼杀。新四军七师独立团罗保濂团长在这场血与火的战争中不幸牺牲，长眠在朱家大塘埂上的无名烈士就是独立团的战士。

这位从容闭目而去的二十多岁的青年战士，头戴灰军帽，身穿灰布军装，紧打绑腿，肩背军包，全身斜直伸进朱家大塘埂壑坑的淌水洞里，头部略露在洞口外，手中拿着未被撕完的笔记本，被撕碎的字纸片随风飘落在洞外塘埂上和塘埂下的水田里。他腹部中弹，从山上下来的一路上，鲜血淌滴斑斑。观其痛苦和坚强行容，莫不流涕。

战事结束后，烈士的遗体，由山洼朱村望门朱维昌先生率领村人在夜间含泪安葬。早年参加新四军的朱先生在世时，长期为烈士护坟、祭祀。在安葬无名烈士时，朱先生指着路口说：把这位年轻人葬在这块上有青山，下有绿水的"风水宝地"，让来来往往的行人，永不忘记他是新四军的儿子；让坟头朝向西北，让他天天看到离这只有六里路的周家大山——那里，是新四军第七师所开创的皖江抗日根据地。

当年目睹者众，对无名烈士的身份，当时有种种猜测：

"眉清目秀，白白净净，长得这么标致，是个念书人，恐怕是新四军的什么官？"

"是念过很多年书，不然怎能写出这么一手好字？"

"他没有枪，是不是文书？——对，他知道自己撑不过去，活不了，所以才把记机密的本子撕毁了。"

"是当官的警卫员吧？他没有长枪，肯定有手枪——甩到塘里去了。"

……

1958年，无为县全县轰轰烈烈兴修水利，祈雨山下的朱家大塘放干水，要深挖塘土，筑高塘埂造水库，鼓足干劲的社员们，在靠近大塘埂壑坑的淌水洞边很深的淤泥中，挖出了一根大盖子长枪和一枚手榴弹。大家断言：这是无名烈士甩到水塘里的！这个烈士是好样的！他在去世之前，撕毁笔记本，将枪和手榴弹甩到塘里，"不给狗日的广西佬"（指当时桂系顽军），他是新四军的英雄！有人倡议：大家来挑塘土把烈士的坟加大加高些！

如今，虽经数十年雨打风吹，小草逢春复盖，这座土坟已相当矮小，但在漫山郁郁葱葱的松柏的映衬下，祈雨山下朱家大塘埂上新四军无名烈士的孤坟，好似一尊与祈雨山齐高的不朽纪念碑。——一个平凡的无名烈士的英灵，被祈雨山下无数的乡亲，一代一代地传颂着、铭记着、祭奠着。

（焦焕章）

浴血照明山[1]

照明山，位于无为县西北部的恍城山区，海拔154米。山北面为陡坡，山南面则坡度较缓。在它与北部群山之间的山坳里，有几十个小村庄，北距此山不远的上庄院子，就是新四军江北游击纵队司令部所在地。

照明山战斗的硝烟已经散尽，当年的战壕依然清晰可辨

1940年4月21日，国民党反动派的桂系顽军，保安第二支队司令吴绍礼率保安第四、八团，配合第二十一集团军一七六师一部4000余人，分别从无为的石涧、严桥及巢县的高林桥三个方向，向驻守在照明山牌楼一带坚持抗日的新四军江北游击纵队新九团第二营、第三营（欠一个连）、新八团第一营、纵队教导队（共约1300人）发动军事进攻，企图一举消灭江北游击纵队。

得知敌人进攻的情报后，江北游击纵队参谋长桂逢洲立即在照明山北召开连以上干部会议，研究敌情，制定战斗方案。桂逢洲估计：桂系顽军将以一个团的兵力从东边的石涧方向主攻，以一个营的兵力从严桥方向钳制；另一营从高林桥方向两翼策应。根据这种分析，当即对战斗部队做出布置：以缺乏军事训练、战斗经验不足、武器装备较差的纵队教导队留守照明山；以战斗力较强的九团二营和八团一营坚守在平

---

[1]参见《百年沧桑话无为》，第124页，安徽大学出版社，2006年11月。

顶山一线；以刘应举三个营两个连的由地方民兵改编的游击队在檀树衖即照明山左侧一线阻击敌人；以任道济率领的巢南独立团阻击从高林桥方向来犯的敌人。

4月21日上午8时许，桂逢洲再次召开营长以上干部会议，进一步确定战斗方案。会议正在进行，忽听到山下传来稀疏的枪声，桂逢洲立即停止会议，命令各部按原定方案进入战斗。同时派人四处侦察，原来只有严桥方向一处有枪声。这时，桂逢洲改变了原先的作战部署，错误地认为敌人不是从石涧方向而是从严桥方向主攻。于是，将原坚守在牛岭口和照明山一线迎击石涧来敌的二营调至照明山西北的涧北蒋村，阻击严桥方向的来敌。这样，照明山只有实力较弱的纵队直属教导队坚守了。

而事实是，狡猾的敌人并不是把主攻部队放在严桥方向，而恰恰是放在石涧方向。他们在严桥方向故意鸣枪进攻，意在造成声东击西的佯攻假象，实际上是掩护石涧方向大部队的进攻。敌人兵力部署是：吴绍礼亲率保四团、保八团，经福路口、石涧向照明山进攻；保六团和桂系顽军五二八团一个营驻守无城，一个营在严桥佯攻，一个营在开城、羊山一带向北进犯。

不久，敌人主攻部队迅速集结在照明山下，开始向照明山进攻。坚守照明山的纵队直属教导队只有一百多人，分散在长约四华里的阵地上，教导队只有一挺轻机枪，除半数战士持"单打一"的步枪外，其余战士每人仅配有两个手榴弹，武器装备实在太差。但即使这样，教导队的学员和警卫连战士们在敌众我寡、兵力悬殊的情况下，仍然利用居高临下的有利地形，英勇地阻击敌人。

战斗仍在进行。此前在涧北蒋村指挥战斗的桂逢洲迅速奔至照明山，但阻击严桥、高林桥两个方向之敌的部队，因未接到命令而不敢撤离阵地。等到接到增援照明山的命令时，照明山已经失守，殊为可惜。

照明山战斗一直持续到下午三时，教导队弹药即将告罄。敌人从稀疏的枪声中知道守卫阵地的新四军战士弹药快打光了，便组织炮火猛攻山头，很快便有两挺重机枪和两门迫击炮不断朝山头猛射。正在危急之时，桂逢洲端起轻机枪，屈起一条腿，半跪在阵地上朝敌人重机枪阵地英勇还击。突然，桂逢洲身子一歪，慢慢地倒在阵地上。在他身边阻击敌人的战友慌忙奔上前，只见桂逢洲的胸前满是鲜血。由于无法及时手术，桂逢洲不久就合上了双眼。

桂逢洲牺牲的消息很快传遍了照明山。战士们强忍悲痛，顽强地阻击敌人。战斗到傍晚，新四军伤亡百余人。为了保存实力，江北游击纵队政治部主任王集成命令部队趁夜色撤出了阵地。

（童毅之）

打洋行[1]

1940年5月的一天深夜，驻运漕镇的伪军突然侵入百官圩，包围了宋家村。经过挨家挨户破门搜查，抓住了中共无为县二区区委书记雷文等四人，在对宋家村进行了抢劫掠夺后，把抓住的四人带进运漕镇的日伪据点。

日伪军对抓住的四人，进行了严刑审讯，追逼交代各人的身份，强迫他们承认是共产党和新四军。但四位同志咬定自己是老百姓，敌人一无所获。我地下党组织发动了各方面人士具保营救，但敌人提出要两打（二十四支）驳壳枪，才可放人。这实际是要勒索一笔巨款。

位于含山县东关镇的日军洋行

当时中共无为县委书记胡德荣得知这一情况，焦急万分，认为必须营救被捕同志脱离虎口，这是不能动摇的，但需要巨款确是一大难题。思来想去，想到了一个人——李四顺。李四顺在巢湖及漕河的船帮中很有活动能量，同时又是个讲义气的

---

[1]参见《胡德荣回忆录》，第112~114页，安徽省新四军历史研究会，皖内部图书，2000年第119号

汉子，也有爱国思想，支持新四军。于是，胡德荣派人请来了李四顺。一见面，李四顺就豪爽地问胡德荣道："您这次找我来，有什么贵干？需要我出力的，您就说吧，这是看得起我。"

胡德荣说："这回请您来是向您求助，因为我遇上特殊的经济问题。"

李四顺听后，轻松地笑了起来："你们有兵有枪，还怕什么经济问题？"

胡德荣说："是的，我们有兵有枪，但我们是抗日的新四军，是人民的军队，既不能当土匪，也不能加重人民的负担。现在有几个支持抗日的好群众，被日伪军抓去了妄加罪名，要拿钱才给放人，否则就要遭到杀害。我们想拿出钱相救，所以想请您助我一臂之力。"

李四顺听了事情的经过，对日伪军的无耻行为非常气愤。他略加思索说："办法倒是有一个，就看您敢不敢干。"

胡德荣问："是什么办法，说出来研究。"

李四顺说："办法就是打东关镇的鬼子洋行。"

为了解除胡德荣的思想顾虑，他接着补充说："洋行是鬼子做生意的，发中国的财。设在据点附近，但洋行本身没有枪。游击队夜里进镇打洋行，据点里的鬼子就是知道了也不敢出来，认为是大队新四军。"

最后李四顺诚恳又蛮有把握地说："我派人给你们带路，保证你们进得去出得来，打洋行绝对不会出问题，你们就大胆干。"

胡德荣听了李四顺的一番建议，觉得此法可以一试。当即请他继续搞清东关镇据点的敌情，并具体了解洋行的活动情况。

送走了李四顺，胡德荣又陷入了沉思，感到打鬼子洋行仍有一定的风险性。东关镇据点是日伪军设在淮南铁路上的一个重要据点，进东关镇打洋行，这是真正的闯龙潭、入虎穴！但是为了营救被捕的同志，必须要冒这个险。李四顺的建议是真诚的，应当进一步搞清敌情，出其不意，可以险中求胜。只要谨慎部署，能进得去、出得来，行动迅速，目标明确，利用熟悉的地形，在夜幕的掩护下，可以避免危险，夺取胜利。

经过侦察，进一步搞清了东关镇日伪军据点和鬼子洋行的情况。在行动的这天夜里，由李四顺派来的人带路，部队悄悄地进入了东关镇，神不知鬼不觉，拐弯抹角走巷道，绕过鬼子据点，并组织火力对其进行了封锁。同时破门进入鬼子洋行，抓住鬼子商人，砸开钱柜取出全部现金，将室内存放的布匹、香烟、肥皂等日用商品全部取出，还拉出九头黄牛，全部顺利地运出了东关镇。据点里的鬼子虽然知道洋行被打了，但是他们不知来了多少新四军，所以只龟缩在据点里胡乱放枪，不敢采取任何行动。

　　打东关镇洋行成功了，对含和地区的日伪军也起到了威慑作用。夺取的日用品，给驻扎在无为地区的新四军沿江支队三连的指战员解决了不少生活急需。夺取的九头黄牛送给了李四顺，以表示共产党人的酬谢。所得现金伪钞，全部用于营救同志，最后终于救出了四位同志。

（童毅之）

诛凶范家湾[1]

1940 年 11 月间，我新四军江北游击纵队三支队五团三营营部、八连连部带两个排住在三板桥，一个排住在姚沟，两者相距不远。一天早晨，天刚蒙蒙亮，国民党桂顽五二八团分成两路：一路向姚沟，一路从李庄向三板桥，形成对我新四军包围态势。因敌我力量悬殊太大，八连边打边往东撤。国民党兵追到兴隆庵后，惧怕离兴隆庵不远的无为县城里的日本鬼子出动，就停止了追击。下午两点多钟，八连才在新沙停了下来，吃了一餐饭。吃饭之后，部队继续往东走，准备当晚到六洲宿营。

昔日无为县范家湾战场

部队沿江堤向东走了不远，迎面走来了一个三十几岁的妇女，她见来的部队是新四军，就大声地说道："新四军同志，你们千万不能再往东去了！我是下午从城里出来的，涂少琴已带人占领了前面的土公祠。"原来，当新四军上

---

[1] 根据新四军老战士陈金生口述整理。陈金生，无为县白茆镇人，曾任新四军江北游击纵队五团三营八连连长。

午在姚沟、娘娘庙与国民党桂顽打仗时，反共救国团团长涂少琴估计新四军必然要经过土公祠往六洲的方向撤，就带队伍预先占领了土公祠，企图配合国民党桂顽围追堵截，把新四军一口吃掉。新四军非常感谢这位妇女提供的情报，为避免从江堤上走暴露目标，便迅速将队伍隐蔽到临江一侧，边侦察边行进。

部队沿江堤向东走了一段路，负责侦察的战士报告说："前面发现敌人。"八连陈金生连长爬上江堤一看，只见反共团大约一个营的队伍，都穿着黄衣服，扛着日本鬼子的"膏药旗"（日本鬼子没有出动），若无其事地从江堤上向我方走过来。他迅即命令全连隐蔽做好一切战斗准备。当敌人的队伍接近我部时，陈连长突然高喊一声"打！"全连的步枪、机枪一齐向敌人开了火。因为反共团事先没有发现我们，突然遭到袭击后，队伍立即乱了套，慌忙向圩心里逃窜。陈连长命令全连"追！"战士们早就恨透了反共团。仇人相见，分外眼红，战士们个个像猛虎一样纵上江堤，一面打枪一面往圩心里追。全连两挺俄式轻机枪在江堤上占领了发射阵地拼命地射击。时已天黑，子弹的曳光清晰可见。反共救国团完全暴露在一片开阔地里，被新四军战士打死不少。当追到范家湾之后，因天已很黑，追得太远，县城里的日本鬼子如果来增援，我们难以对付，因此部队停止追击，剩余的敌人才得以拼命地往无为县城里逃去。

部队在范家湾打扫战场时，在一片坟地里看到了几具敌人的尸体。突然，一个战士指着一具穿着高筒皮靴的尸体对陈金生说："连长，反共团团长涂少琴被我们打死了！"战士们一听，一片欢呼。部队及时撤出战场，继续行军到了六洲。

第二天，群众听说新四军打死了涂少琴，无不拍手称快。老百姓把涂少琴的尸体抬到无为东乡去游街示众（涂少琴生于无为东乡，是这一带的大祸害）。为了感激新四军击毙了涂少琴，百姓纷纷用水桶挑着白酒，抬着整头宰好的肥猪送到六洲，慰问新四军战士。嗣后，八连在上级领导的安排和老百姓的支持下，继续留在无为东乡一带打游击。

（童毅之）

风雨刘家渡[1]

1940 年 3 月初，一支行商打扮的队伍，沿着江南曲曲弯弯的山路，迈开大步向长江岸畔走来。绵延山峦笼罩在浓雾中若隐若现；远处有翠竹在随风摇曳，苍松红枫，临水凭吊，水镜鉴影，迎风叹息。

走在最前面的是新四军第三支队干部曾昭敏，其后是 22 名护送的新四军战士，最后是新四军参谋长张云逸的夫

《抗敌报》发布"安徽无为襄安驻军抢劫新四军军款七万元，参谋长夫人亦遭扣押留"的消息

人韩碧和儿子张远之。他们奉命到庐江新四军江北指挥部参加工作，由于日寇对长江封锁很紧，几次渡江都没有成功，曾昭敏一行不得不在新四军兵站等待时机，直到 3 月 21 日夜才抓住契机渡江。过江以后，到达无为襄安镇附近，这里离新四军江北游击纵队驻地开城桥不太远，既可以走陆路，也可以走水路。走陆路比较安全，不需要经过国民党管辖区；走水路则要经过国民党设在襄安各处的哨卡。曾昭敏因

---

[1]根据新四军老战士张远之回忆录整理。张远之，开国大将张云逸长子，本文记录其亲身经历。

考虑到大家经过一夜的渡江颠簸和行军困乏，就决定雇用两只小木船前行，这样好让大家在途中休息。22日下午，船行驶到襄安附近的刘家渡，就遇到国民党保安第八团的一个哨卡的拦截。哨兵威逼两只小木船靠岸，对船例行检查。考虑到当时在国共合作的环境下，且此行是带有国民革命军的正式护照，曾昭敏准备接受检查。然而，他们并不了解此时无为新四军和国民党顽固派的摩擦已经相当激烈。国民党已多次扣捕和杀害新四军官兵及家属，达到公开反共的程度。曾照敏认为只要给他们看一看证件就可以放行，于是就嘱咐船工将船靠岸。开始只是两个哨兵对船检查，不一会儿，哨卡里国民党约有一个排的兵跑出来占据了岸边工事，置曾昭敏一行小船在其火力控制之下。见此情景，曾昭敏立即命令随行的丁副官带两个战士上岸交涉。交涉的结果是不能放行。曾昭敏随后前往国民党保安第八团的驻地，但进去以后发现已陷入狼窝，没有机会离开了。因为国民党军已紧紧盯上了曾昭敏一行随身携带的七万元军饷了。

在无为襄安镇，国民党军收缴曾昭敏一行的武器，并把同行的25人关押在一间大房子里。两天以后，国民党保安八团派一个连把曾昭敏一行押往无为县恍城，关押于省保安一支队司令部，省保安二支队司令吴绍礼一贯以反共著称，他下令收缴了新四军军饷七万元，甚至没收了韩碧戴在手上的一枚金戒指。此时，曾昭敏和同志们凭长期的斗争经历和对敌人残酷性的了解，已经意识到敌人是不会轻易放人的。曾昭敏这个经过内战、长征的老干部，深知敌人的残忍，估计自己会遭到敌人杀害，同时考虑韩碧母子也许能够生还，就将自己身上的一支派克钢笔送给张远之，嘱咐远之出狱后一定要拿起笔作刀枪，揭露国民党顽固派反共反人民的丑恶嘴脸。

4月，新四军江北游击纵队司令部派出纵队宣传科科长田丰赶赴无为县城，与国民党省保安二支队交涉张云逸夫人韩碧一行被无故扣押一事。经田丰与吴绍礼谈判，韩碧和张远之获释，但田丰和警卫员却被吴绍礼强行关押。数日后，田丰和警卫员以及无为四区区长朱麻被吴绍礼秘密活埋于无为城内张家山。

（王敏林）

"胡家后代都要当新四军！"[1]

1940年4月初的一个夜晚，被皖中抗日军民誉为"党外布尔什维克、鲁迅式的战士"的胡竺冰先生，在新四军第三支队医院里溘然长逝。闻讯赶来的第三支队指战员，凝视着这位为抗日事业鞠躬尽瘁的老战士泪眼迷蒙，耳边回响着他掷地有声的临终遗言："胡家后代都要当新四军！"

胡竺冰的临终遗言，表达了他爱祖国、爱家乡、爱人民的炽热情怀。1927年，在中国处于最黑暗的年代，他在《归寒鸟》一诗中写道："远村垂暮霭，山色欲朦胧。绕树归寒鸟，疏林听晚钟。松岗当户啸，枫叶染霜红。我欲归园圃，殷勤问老农。"诗歌体现了倦鸟还巢和归隐田园的心境，但这不仅仅是忧国忧

"党外布尔什维克"胡竺冰

民的悲鸣，而是一个立志报国的热血男儿，在沉沉黑夜里上下求索，"欲归园圃""勤问老农"，终于看到了光明，认识到只有共产党才能救中国。

夜阑人静之时，胡竺冰也常常掩卷沉思，他怀念如火如荼的斗争岁月，怀念家

---

[1]参见《安徽抗日英模谱》，第211页，安徽人民出版社，1995年8月。

乡的父老乡亲，渴望迎接新的革命高潮，他在《别慈闱》中这样抒怀："一夜北风紧，推窗大雪飞。孤山羁过客，三载别慈闱。拥被寒浸首，挑灯泪湿衣。隔床呼郑子[1]，毋己独沉眠"。胡竺冰在此直抒胸臆："一切黑暗终将冲破，光明大路就在前头。"

胡竺冰的临终遗言，深切地表达了他对新四军的挚爱之情。大凡在和别人的交谈中，或是在抗日演讲会、报告会上，胡竺冰总爱提及"新四军、鲁迅、世界语"，张恺帆戏称为是胡竺冰的"三部曲"。胡竺冰之所以爱谈新四军，是因为他和新四军指战员有长期的接触与交往，新四军领导到江北来，均从繁昌县渡江到无为六洲，并常常在胡家瓦屋下榻。从胡竺冰在家乡从事抗日救亡活动开始，就和新四军结下了不解之缘，他对新四军的铁军精神尤为推崇。而在无为活动的新四军江北游击纵队，是以无为儿女为主的子弟兵团，胡竺冰对他们钟爱有加，更具鱼水深情。

胡竺冰的临终遗言，表达了他对中国共产党的拥戴与崇敬。1938年9月，胡竺冰在新四军四支队手枪团的护送下就任无为县长。此时他深深感到抗日斗争的错综复杂，决心倾力依靠共产党。他安排共产党员参加县政府的各个部门工作，组成了由共产党员张学文为司令的无为县抗日人民自卫军，重建了由共产党员魏今非为主任的无为县抗日动员委员会，全县上下，一切权力都为共产党人及进步人士所掌控。这一切表明了胡竺冰真正是共产党风雨兼程的同路人。虽然胡竺冰担任无为县长仅28天，即遭到各种流言蜚语诋毁而被国民党安徽省政府革职，但他却更为共产党人光明磊落的行为所折服。他对无为社会各个层面坦言相告："我是为抗日当县长的，只要抗日的主张不变，我个人进退决不萦怀。"基于这个认识，他继续以不同方式履行抗日救国的责任，直至病魔缠身，倒在抗日征途上。

"胡家后代都要当新四军！"在胡竺冰临终遗言的鼓舞和激励下，胡家后辈有30多人参加了新四军，走上了革命道路。

（王敏林）

---

[1]郑子：指郑曰仁，皖江行署秘书长。

砸碎牢笼走蛟龙[1]

1941 年 1 月 6 日，皖南新四军为了团结抗日，奉命转移江北敌后开辟新的根据地。国民党反动派在消极抗日、积极反共政策的指引下，背信弃义地制造了震惊中外的"皖南事变"。国民党调动第三战区八万军队进攻新四军军部及其所属

关押张世杰的上饶集中营周田村牢房

部队9000 余人。我军将士虽英勇战斗，终因寡不敌众，遭受重大损失。张世杰当时是皖南特委秘书长兼军事部副部长，随部队一道转移，他在战斗中临危不惧，英勇杀敌，不怕牺牲，在弹尽粮绝后突围被俘，被押到江西上饶集中营，关进周田村牢房。

在集中营，敌人对新四军被俘人员滥施淫威，百般折磨。饿饭、罚做苦工、跑操、睡青石板，以致殴打、凌辱如同家常便饭，天天发生，稍有反抗，便遭残酷的报复。本来身体不错的张世杰经不住敌人的折磨，头发脱落，体力严重下降。就这

---

[1]参见《铜陵党史人物传》，第129~131页，安徽人民出版社，1993年6月。

样，敌人还让他与宪兵打篮球，拿他取乐。在敌人的淫威面前，他和战友们团结起来，同敌人展开一系列斗争。他和同志们成立了狱中临时党支部，多次举行静坐示威和绝食斗争，迫使敌人不得不做些让步，稍稍改善了一些狱中的生活条件。

一天，张世杰到医务室看病，无意中发现一张国民党的报纸，上面称"共匪重新组建新四军，陈毅任代军长"，他眼前一亮，下决心逃出魔窟，寻找组织。

张世杰经过多日观察，发现医务室管理最松，而且在村子边上，于是和战友陈茂辉一起寻机逃跑。4月24日下午，宪兵押着他俩去医务室打扫卫生，他们在搬水缸时发现了一个侧门通向外边，两人互递了一个眼色，又把水缸搬回原处，继续清扫。

天渐渐黑了，医生酒足饭饱后回到医务室，看看病人都睡了，自己也就回到住处休息去了。张世杰和陈茂辉躺在地铺上静静地等待绰号叫梅毒的宪兵来换岗，因为梅毒每天午夜接班后半个小时准会鼾声大作。果然，梅毒换岗不久就沉入梦乡。张世杰碰了一下陈茂辉，然后迅速爬起来，将被子里裹上一个草包，又在铺边放上一双鞋，像是仍有人睡在那儿。为了保险起见，他又故意弄出点声响，屋内仍是鼾声一片。他看着沉睡的难友，默默地向他们道别。然后两人蹑手蹑脚地摸到小侧门。张世杰从水缸里弄了点水，浇在门闩和门框上，示意陈茂辉先出去，然后自己也跟了出来，带好门。两人光着脚，一前一后向村外奔去，不一会儿就消失在夜幕中。大约走了一里多路，他们来到一条小河边。突然，后面传来一声枪响，接着又是一阵密集的排子炮声。两人赶紧躲进河边苇草中，一会儿，枪声渐渐停了，大地又恢复了宁静。看看敌人没有什么动静，两人起身趟过小河，向南奔去，一口气跑到一座山脚下。确认没有追兵后，两人兴奋地拥抱在一起，低声说："我们胜利了！"

他们翻过一山又一山，越过赣闽交界的武夷山，来到闽西崇安。一天，两人来到一个村子的小饭店，准备讨点吃的，却碰上一个乡公所的兵贩子。兵贩子一看两个陌生人，就盘问起来："你们不能走，跟我去区公所走一趟。"陈茂辉摇晃着以前与国民党部队打仗时负伤致残的手说："你何必要害我们呢！你看，我们打仗负伤了，才开小差回来的。"张世杰也用手摸着大腿，像是有伤痛的样子。这时，吃过兵贩子苦头的农民们都围上来指着兵贩子骂："你卖了这里的年轻人还不够吗？人家都残废了，你还想打人家什么坏主意？"兵贩子看自己很孤立，悻悻地跑开了。有个农民顺手从店里拿了两根结实的木棍交给他俩："逃不了，就用这家伙和他们拼！"还给了两人几个烧饼，催他们赶快走。他们一口气跑上了山。不一会儿，兵贩子带了两个人追了上来，他俩站在山上，挥舞着木棍，喝道："你敢上来，我就揍死你！"说着捡起石头朝他们砸过去，兵贩子看近不了身，只好退回去。

张、陈二人，从福建逃到浙江龙泉。逃难的人比比皆是，连浙江省政府的大小官员们都跑到这里来了。混乱的局面倒使他们两人的心踏实了。两人找了个小摊子，剪掉一丛乱草似的头发，又钻到城外小河里洗了一个痛快澡，回来后两人合计了一下，决定由张世杰扮成老板，陈茂辉扮成挑夫，寻来一根扁担和绳子，凑了一些杂七杂八的东西，又上路了。最终从龙泉经丽水、永康、兰溪，过富春江到淳安，经皖南最后到达新四军第七师所在的皖江抗日根据地中心区无为，终于结束了孤军奋战、漂泊流离的日子，再次投身到如火如荼的抗日斗争中。

（童毅之）

鲜血浸润交通路[1]

皖南事变发生后，中共中央发布重建新四军军部的命令，全军下辖七个师一个独立旅。其中的第七师于1941年5月1日在白茆洲胡家瓦屋正式成立。别看第七师根据地建立晚，部队力量小，由于奉行隐蔽发展的正确方针，在党的建设、地方政权建设和军事力量发展壮大等方面，很快都有不俗的进

在交通路上舍身忘死的交通员

步。特别是在发展地方经济，支援新四军军部和兄弟部队方面，赢得了"富七师、甲全军"的广泛赞誉。

从1941年底开始，七师就抽调精干人员，组成一支40人左右的特殊运输队。为了把大批钱物安全及时地送到苏北盐城军部，运输队员们穿着类似现代记者的工作背心，前后缝有大大小小装钱的口袋，便于携带现金和金条、银圆等。有时也带染料、药品等军需民用物品。这种背夹，既能人穿，也能马驮，能够视情况灵活处理。运输时，一般每人可带一万元以上的现钞，随身捆扎一两匹布匹。大家成了腰缠万

[1]参见《军旅生涯》，第202页，解放军出版社，1998年12月。

贯的"大富翁",却在长途跋涉疲劳饥饿时,舍不得花一分钱公款买食物充饥。饿了,只吃自带的炒米团(无为人叫欢头)。用水一泡涨成一大碗,其实根本不耐饥。他们的奉献精神,两次受到新四军军部的电报嘉奖。

从第七师师部无为三水涧,运送钱物到苏北盐城军部,路途并不算太遥远,但完成这种任务却很艰难。原计划在二、七师间的津浦路西建一条兵站线,但由于日军对津浦铁路线控制很严,国民党桂系顽军极力阻挠,兵站无法建成。从二师到军部途中,还有不少日军据点和国民党顽固派武装占领地区。所以,每次运输队经过这些地方,都是用武力强行通过。大家冒着枪林弹雨,冲过敌人封锁线,用鲜血和生命保护着钱物通过危险区。

据时任含和支队参谋长的张铨秀回忆,1942年冬,师部一次派出六名营团干部,率领两个连护送100多名民工挑运银圆、布匹、药品等物资,武装通过和县地区。当队伍到达南义集时,地方的同志告知敌人发现了这支运输队,可能会调兵在前方阻击。面对突发情况,紧急调用含和独立团的三、五、七共三个连,以加强护送力量,想趁日军未结集兵力前,抢先通过封锁线。

半夜时分前进到香泉、高皇店一线时,不断接到日军自南京、乌江向香泉增兵的情报。部队首长决定前面用两个连开路,左、右各一个连护卫,后面用一个连断后,全体搜索前进。到离滁河不远的花山脚下石灰张时,天近拂晓,大雾弥漫,敌我双方遭遇。三、五、七连应敌出战,另两个连看护军需物资。先是双方抢占制高点,敌人炮击过后轻重机枪一齐扫射,我方在三连长彭司宝的组织下,狠狠还击。一时间,枪声、手榴弹爆炸声、喊杀声,震荡山谷。激烈的战斗进行到午后,阵地上热浪滚滚,硝烟弥漫,战士们口干舌焦,饥饿难忍。附近的群众冒着生命危险,自发地给人民子弟兵送来了茶水和饭菜。敌我双方一次又一次拼杀,最后形成白刃战局面。新四军战士燃烧着满腔怒火,刺刀卷刃了,用枪托打,枪打坏了用石头砸。傍晚时分,日军的十几次冲锋,都被我军打退,伤亡惨重,再也无力进攻,终于夹着尾巴撤退了。

我三、五、七连全线出击,追歼残敌,战斗胜利结束了。这一仗,歼灭了日军七八十人,我方也付出了很大代价。老红军三连长彭司宝、五连长王志树在战斗中英勇牺牲。但经过浴血奋战,这批军需物资、钱款,毫发无损地运交给第二师部队。

(耿松林)

斩不断的地下交通线[1]

1941年5月初新四军七师成立，由于根据地建立晚，比较孤立，部队力量小等原因，奉行隐蔽发展的方针，先站稳脚跟，再向四周稳步发展。后来，第七师向西与第五师，向南与皖南支队及新四军苏浙军区，向东北与第二师及新四军军部积极联系与沟通，以求相互呼

巢合庐游击支队的地下交通站旧址——巢北大尖山

应与依托。此举在皖江抗日根据地的巩固和发展过程中，发挥了极大的作用。

1941年4月22日，新四军第五师张体学领导的鄂东独立团和第七师林维先领导的挺进团在宿松县首次会合。1943年秋，第七师沿江独立团三营徐绍荣部与五师挺进十八团张海彪部，在桐怀潜花山地区第二次会合。1944年下半年，第五师挺进团与七师沿江团在至德、彭泽地区第三次会合，两师的交通线牢固地建立了起来，实现了华中局和新四军军部提出的"不仅在军事上，而且在地方工作上亦能打通取得可靠联系"的战略要求。

1944年春皖南支队独立团组建，部分武装从江北无为渡江进入皖南，与皖南地区的数支游击队共同打击日伪顽势力。7月，在独立团的基础上组建临江团，部分主力分批从江北进入铜陵、繁昌等地，在各地方武装的配合下，连续取得一系列战斗

---

[1]参见《曾希圣传》，第185页，中共党史出版社，2004年10月。

的胜利。到10月份，以铜青南为中心、以南繁芜为中心和皖南山地游击根据地的皖南各抗日根据地连成了一片。同时，向西与沿江支队所辖的贵池地区连成一片，向东与苏浙军区、新四军第六师沟通了联系，实现了新四军军部的指示向江南发展，向敌后推进的战略目标。当年年底，皖南地委、皖南支队等机关人员从江北南迁到铜陵县舒家店，结束了坐镇江北指挥江南的历史。

而俗称斩不断、打不烂的地下交通线，指的是在和含巢地区第七师与第二师军部相互联系的交通线。

早在1939年11月，新四军江北游击纵队派遣第一大队大队长余龙贵、政委廖成美率队到达含山陶厂、和县南义一带，在赵鹏程游击队的配合下，建立了含和抗日游击区。1942年5月，含和独立团成立，先后拔除了和县螺蛳滩、百旺市、南义集等伪军据点，在和含中心县委的领导下，基本上形成了以和含、含巢、江和全三片互相联系又相对独立的抗日根据地。此时滁河以北为淮南抗日根据地，新四军第二师防地；滁河以南为第七师防地，归皖江抗日根据地。为打通彼此联系，在此前秘密交通线的基础上，和含中心县委在各地建立了交通站、点等组织，保证交通线的畅通。10月，含和独立团争取了江、和、全交界地带的八大禁、张家集等地的刀会组织，拔除了杨石巷、官渡等日伪据点。在此期间，除护送军部到第七师来往的负责同志外，还护送了两次大批量的军需物资，经第二师交往军部。1942年冬，第七师派张铨秀、龚杰等六位营、团级干部，率两个连从巢无中心区出发，护送100多民工挑运银圆、布匹、药品等送往军部，在含和独立团三个连的配合下，石灰张战斗歼灭日军七八十人，胜利完成护送任务。

在第七师建立初期，就有一条从巢湖南岸高林桥沿巢湖东北岸经合肥东乡西山驿、店埠、梁园、八斗岭到定远县第二师六旅驻地的交通线。因为要穿过日伪顽很多道封锁线，时断时续。为使其成为较安全的联络通道，1941年6月和8月，第七师先后两次派刘卫民、程明远到巢北地区发展游击武装。9月，第二师派严佑民、宣济民带一个武装排活动于合巢边区，建立了合巢工委。1942年7月，巢湖独立营在巢南成立，9月，在该营基础上成立巢合庐独立团。采取打击与争取相结合的策略，多数伪匪组织能保持中立，有的还为我所用，巢北抗日游击根据地得到了巩固。在肥东青龙厂一带，打通了与淮南抗日根据地的联系。1944年春，含和支队全力向江浦和全椒地区推进，执行"七师与二师打成一片"的政治任务。先后进军星甸庙、绰庙集、十村庙、陈家滩等日伪据点，扩大抗日根据地400多平方公里，新增人口15万多。日伪顽不甘心失败，从当年6月份起，多次向和含根据地"扫荡"，切断了第七师与第二师及军部的联系。含和支队针锋相对，多次粉碎日伪顽的进攻。1944年下半年，为打通第二、七、六师的循环交通线，扩大江和全游击区，江和全县委派党员和干部及少数武装人员挺进到江南敌后地区，先后在南京近郊的柳洲和江宁县的六郎、霍里建立党的秘密组织，并在当涂县的横山一带，与第六师建立了交通联系。1945年4月初，第二师、第七师路西战役指挥部成立，一系列的战斗均取得胜利，第二、第七师的交通线得到恢复与畅通。当时，和含抗日根据地逼近日伪统治中心南京；向东越江发展到宁芜铁路，与第六师相互策应；向北保持了与第二师的联系，承担了华中局、新四军军部向第七师、第五师派遣干部和武装部队的接应、护卫工作，同时也成了第七师向第二师和军部运送战略物资的通道；向西与巢无中心区连成一片，成了皖江区党委和第七师领导机关东面的安全屏障；向南与无为东乡的临江地区隔裕溪河相互呼应。

（耿松林）

助燃抗日烽火的货检处[1]

皖江抗日根据地和新四军第七师的建立发展与壮大，离不开财政经济的发展。一句话，没有钱什么事也干不成。为了解决根据地政权建设和民生需要，保障第七师部队的装备和人员生活，根据地各地政权一建立，同时也建立了货物检查机构，也就是税务部门的前身，其主要任务是征收税金，为抗日政权和抗日武装提供资金。

1941年时，皖江抗日根据地政府在无为境内设立了五个货检处，相当于后来的税务所，在所辖区域征收税金，主要税种为出口税、过境税和进口税。例如皖中第一货检处管辖地域是无为东南乡，这里是皖江最富庶的鱼米之乡，有歌谣唱道："无为洲，不怕干，收一年，要余三。"此处盛产稻米、豆类、小麦、禽产品、水

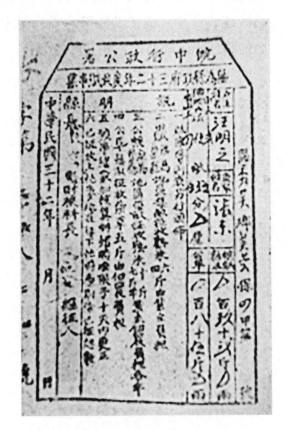

皖中行政公署货检处完粮串票

产品。这些农产品的输出，使出口税相当可观。同时，一处又位于芜湖对面，国民党防区从南京、上海运去的工业品、高级烟酒、布料、衣物、化妆品等日用品，很多是从芜湖经过第一货检处，再运到大后方，因此，过境税税源也很充裕。再者，

---

[1]参见《百年沧桑话无为》，第181页，安徽大学出版社，2006年11月。

当地人民群众和皖江根据地居民对日用工业品有很大的需求，货物进口税的收入当然是很大的一笔财富。最高时，每月税收大约6000万元（伪币）。其他各处收入税金也是"芝麻开花——节节高"。资金充足了，皖江根据地不但很好地解决了部队装备的后勤保障，而且还支援了军部和其他兄弟部队，新四军第七师因此被誉为"富七师"。

根据地的税收政策很开明，税率制定也合理，使经营者都有利可图。人民群众生活必需品，如食盐供应紧张时，立即停征盐税，鼓励商贩运盐进根据地。火柴是居民生活必需品，一直执行低税率5%。食糖，尤其是红糖，妇女坐月子必不可少，税率只有8%左右。布匹是军民都需要的，根据地还有一些家庭作坊式的纺织业，所以对龙头细布的征税点为15%左右，对于一般民众穿不起的绸缎、呢子，税率在35%左右。

在进口税中征税最高的是国民党官太太、小姐们用的奢侈品之类，如化妆品，珠宝首饰等，税率高达50%以上。

在出口税率中，大米、豆类、小麦、花生等农产品，一般在15%左右，家禽产品略高一点。

根据地政府执行的税率不是一成不变的，而是根据商贸流通的实际情况，适当予以调整。比如，原先根据地的香烟全靠进口，但它是消耗品，把税率定在20%左右。1943年以后，根据地有了自己的卷烟厂，生产"禾苗"牌香烟，为了发展自己的手工业，把进口香烟的税率提高一些，鼓励大家消费自己工厂生产的香烟。

对违反税收规定的商品，税务部门除了鸦片（毒品）之外，不采取没收政策。对逃税的商贩，只罚应征税额的一倍，主要以教育为主，使商贩有利可图，愿意到根据地做生意。

正确合理的税收政策，极大地促进了根据地的商品流通，使根据地富余的农副产品、土特产能顺畅地出口，避免谷贱伤农，又能从敌占区换回工业品，解决军民的需求。从商品流通的环节中收取的税金，充实了抗日政府的钱袋子，为抗日斗争和民生建设打下了坚实的物质基础。

根据地的税务部门（货检处、所）是准军事单位，执行税收任务的队员们配有武器。在战争环境中，随时会遭遇到敌人，特别在边沿区活动，有时还要与敌人战斗，队员们工作艰苦，政策性很强，对奸商的偷税逃税，予以打击，对合法经营的商家还要给予保护。在根据地的税务队伍中，有不少同志牺牲在敌人的枪口下。

残酷的战争环境，使经商也充满了风险，为了保证根据地商路畅通，税收稳定，根据地税务部门还专业成立了一支护商队。护商队从一个班的兵力发展到近一个排的兵力，配有长短武器。平时武装配合征税、押解税款。遇有商家运有大宗货物，护商队便武装押送，予以保护，保证外地商人到皖江根据地做生意不但赚钱还很安全。

在皖江区党委的领导下，根据地的税收政策，亲民爱民，放水养鱼，绝不搞杀鸡取卵的害民政策。它取之于民，用之于民，取得人民群众的信任与支持。百姓常常冒着风险掩护税收人员，他们深知，新四军收税是为了抗日，国民党收税是横征暴敛、中饱私囊。人民群众的支持是税收工作顺利开展的根本保证。

根据地财政收入的增加，使第七师部队的装备水平和后勤保障在全军名列前茅。抗日民主政府可以拿出财力进行民生建设，兴修水利，办学校抓教育，建医院保健康等。皖江抗日根据地呈现出一派欣欣向荣的祥和景象。诗曰：

货检收税为人民，政策合理讲公平。
积累资金助抗日，七师全军出了名。

（叶悟松）

英雄虎胆[1]

提起"神勇司令"蒋天然，无为人无不知晓。

蒋天然（1918年12月～2002年4月），绰号蒋小手，无为严桥镇涧北蒋村人。曾任国防科委6516工程筹委会主任。少年时在上海一家工厂学徒，手指被机器轧断，落下"蒋小手"的诨号。1937年，蒋参加新四军，次年加入中国共产党。1938年11月，新四军四支队开赴路东，蒋任江北游击纵队巢南军政领导组组长兼纵队侦察大队队长、政委。1941年5月，蒋任师独立营营长兼政委及七师师部西线情报站站长。第七师成立后，所需军粮严重不足。蒋为第七师借粮代表，在无、巢、庐三县借大米三千五百担，仅一个多月就完成借粮任务。

虎胆英雄蒋天然

1941年"皖南事变"前夕，国民党军桂系主力第七军及保安团、特务大队、还乡团共七万多人，兵犯无、庐、巢三县交界的皖中根据地，蒋天然奉命率江北游击纵队侦察大队，坚持以无巢为中心的皖中五县边区游击战争，国民党地方政府曾张

---

[1] 参见《岁月留痕》，第170～171页，中共党史出版社，2012年9月。

贴布告，以40万块龙洋的悬赏，收买"共匪"蒋天然的人头。在与敌伪顽的斗争中，蒋率侦察大队利用日顽矛盾，引诱日顽火并，并趁机将日寇占领的淮南铁路路段破坏。其后，蒋的侦察大队与段广高、顾鸿等领导的部队协同作战，在无为祁雨山一带一次就歼灭顽军数百人，其余各地的顽军别动队也逐一被歼灭。同年5月，蒋天然奉命率独立营拔除了尚礼岗、沐家集、祁雨山等三个日军据点。打死鬼子20余人，缴枪20余支及掷弹筒一个，伪军两个班携械投诚。同年6月，蒋的独立营又拔除了国民党军队盘踞在无庐交界的鹤毛据点，消灭桂顽一个加强排，俘虏30多人，缴枪40余支。

抗日战争爆发后，巢县南乡神权武装组织大刀会，会首项举鼎，设"堂口"118个，会徒有十万之众。1939年夏，江北游击纵队曾派部队去做争取工作，由于国民特务挑唆暗算，致使大刀会突向我游击队发起袭击，队长及大部分战士不幸遇难。1939年秋，蒋天然接受收编巢南大刀会的任务。张云逸指示说：由你作为全权代表。给你一个特务连，一匹马，两套新衣裳，打扮打扮。国民党有一个上校也在争取，你不打扮像个样子，人家看不起。接着张问：你蒋天然怕不怕，决心如何？蒋答，为党为人民，死而后已！张说：死不得！我们已死了一个大队长，不能再死蒋天然了。蒋遂身入虎穴，经过十分复杂细致的教育和斗争，项举鼎终于率众起义，同时杀掉了巢湖里姓马的土匪头子。

（程传衡）

一场漂亮的攻心战[1]

1941年5月，无为县成立了抗日民主政府，吕惠生被任命为无为县县长。这时，无为城区被日本鬼子占领将近一年了。新民区的东边就是无城，敌我伪蒋多方势力在新民区都有活动。广大的乡村地区有一大批国民党时期遗留下来的基层职员，还在担任保长、甲长。

为了团结一切可以团结的人士参加抗战，形成广泛的抗日统一战线，县政府积极开展

吕惠生发表演讲的会场一隅

敌区工作，争取这些保、甲长拥护抗日民主政府，参与抗日活动。1942年7月，县政府在新民区东王村王家祠堂召集会议，请全区36个保的保甲长前来参加会议，对他们进行爱国主义思想教育，把他们拉进抗日的队伍。

吕惠生县长出席会议，他身穿长衫，头戴毡帽，风度儒雅，满面笑容，给人一种春风拂面的感觉。他从容地走上讲台，向大家点头致意。吕惠生德高望重，乡亲们都称他为"吕三爷"，所以保甲长们都报以热情的掌声。吕县长侃侃而谈，给大家做深入浅出、充满爱国情怀的报告。他首先从"孝"字谈起。他说道："孝是中

---

[1]参见《吕惠生传》，第65~66页，江苏人民出版社，2018年12月。

国人民崇尚的美德，并有大孝与小孝之分。小孝是孝敬父母，大孝是孝敬国家与民族，为国家与民族尽孝，是孝之根本，比孝顺父母更为重要，更加光荣与伟大。自古以来，我们中国有许多为国尽孝的英雄流芳百世，为后代人景仰，他们是我们的楷模。今天参加会议的各位，都是我们中华民族的一分子，大家都应该牢记自己是炎黄子孙，都应该为国家和民族尽力尽孝，绝不能当日本鬼子的奴才，当人人唾骂的汉奸！"

他谆谆教导大家："目前日本帝国主义大举侵略我们的国土，杀害我们的同胞，妄图灭亡我们华夏民族，让我们当亡国奴，我们决不答应！"保甲长们被吕惠生的讲话牢牢地吸引住了，静静地在台下听讲。他们心潮起伏，很受教育。

吕惠生话题一转，说道："诸位先生，你们皆在敌占区担任伪职，从表面上看，乃是为敌人服务，但是，能不能说你们就是忘了民族，背叛了国家呢？我不这么认为，除了少数死心塌地甘为汉奸者外，绝大多数人还是爱国的。"台下的保甲长们听吕县长如此宽宏大度，体谅他们的处境，都感动地鼓掌致意。

他说："由于腐败无能的国民党反动派军队节节败退，把广大同胞和你们抛弃在日本侵略者的铁蹄之下，诸位为保全家属和生命财产，被迫接受伪职，是可以理解的。你们其中不少人担任保甲长后，对日本鬼子是出于应付的，叫作'身在曹营心在汉'，说明你们并没有忘记国家和民族，心中还存在着为国家和民族尽忠尽孝的愿望。我对此表示赞赏。"

台下的保甲长们听到此，心情无比激动，有的人已经热泪盈眶，自己身任伪职，吕县长还如此高看他们。有的人高喊道："吕县长，我们惭愧呀！"

吕惠生接着说："希望各位在任何情况下，都要保持民族气节，决不能助纣为虐、为虎作伥，做亲者痛，仇者快的事情。在尽可能范围内，为祖国、为民族做贡献，也为自己留条后路，只要你们为人民做了好事，共产党、民主政府是不会忘记你们的。"

接下来，吕县长又和大家畅谈了国际与国内形势，抗日战争的发展与前途，向大家宣传共产党领导下的八路军、新四军的抗日战绩。他指出：只要坚持抗战到底，日本帝国主义必败。全国人民团结起来，结成抗日民族统一战线，胜利一定是属于中国人民！

吕县长演讲，很少用讲稿，他只在香烟盒上写了几条提纲，便滔滔不绝地和保甲长们讲了两个多钟头。他以浅显的语言，诙谐的口吻，把抗日救国的大道理，像谈心一样，讲给大家听。保甲长们坐在台下，静心听讲，生怕漏掉一句。听到精彩处，情不自禁地鼓掌叫好，听到激动之处，忍不住喊起口号。这些身任伪职的保甲长们，在吕惠生县长充满激情与关怀的话语之中，体会到了抗日民主政府对他们的期望与信任，由衷地敬佩吕县长的虚怀若谷与体谅大度。

吕县长的讲话结束之后，保甲长们分组讨论。大家纷纷表示要牢记吕县长的教导与嘱托，做一个堂堂正正的中国人，为国家为民族为乡亲们多做服务。

一位保长说："今后再帮日本人办事，那就禽兽不如，死了都进不了祠堂！"

一个甲长激动地表示："我要靠拢民主政府，真心为国家为民族办事。决不当汉奸！"

保长们说："为了使乡亲们少受鬼子和伪军的欺凌，我们也要动脑筋糊弄鬼子，保护乡亲们和新四军游击队。"

散会了，保甲长们还围着吕三爷问这问那，恋恋不舍地和吕县长告别。

这场报告会给担任伪职的人员上了一堂生动的统战政治课，触动了这些保甲长们的灵魂，激发了他们心底存在的爱国情。在后来的抗日斗争中，不少保甲长站到人民一边，为新四军游击队送情报，保护抗日民主政府工作人员。有的直接参加了抗日队伍，成为抗日斗争中的坚强战士。吕惠生县长的报告会是一场深入人心的抗日宣传会，对游离于人民阵营之外的伪职人员是一场漂亮的攻心战，使一大批保甲长们认清了抗日前途与革命道路，从而走进革命队伍，使无为地区的抗日阵营在抗日民族统一战线的旗帜下发展与壮大起来。

诗曰：

一场演讲雨润春，伪营也是中国人。
三爷细言抗日理，统一战线激汉心。

（叶悟松）

火线上的文艺轻骑[1]

1941年新四军第七师成立后，师部打算建立一个文艺团体。开始以中共无为县委领导的宣传队为基本队伍，1942年2、3月间，改名新四军第七师政治部"大江剧团"，叶诚由58团政治处调来担任第一任团长，原宣传队长王克之任副团长。1942年底到1943年底，陆续从军部文工团和第二师文工团调来一部分文

战地演出中的第七师文工团

艺骨干充实到大江剧团，于是大江剧团又改名为新四军第七师政治部"文学艺术工作团"，简称第七师文工团。

文工团是师政治部的下属单位，具体工作由宣传部领导，开始由宣传部副部长殷及夫兼管，后来由周新武兼管。

文工团是一个文艺团体，却又像一个培训知识青年的学校。当时有很多自愿到根据地参加革命的各地知识青年，多数是中学生，少数是大学生，由于对他们的工

---

[1]参见《百年沧桑话无为》，第229页，安徽大学出版社，2006年11月。

作能力和特长不了解，所以先到文工团工作一段时间，以便考察了解。适合搞文艺工作的留下来，其他人则分配搞别的工作。这就决定了文工团没有固定人数，有时四五十人，有时七八十人。

文工团成立初期，由于人少，很多人都成了多面手。后来人多了一些，大致分为两部分：一是话剧队，傅圣谦曾任过队长。一是歌咏队（包括乐队），冯灿文、东峰等曾任过队长。音乐指导是管荫琛。作曲家吕其明、画家亚明当时就是文工团的成员。起初乐器仅有胡琴、口琴、锣鼓之类简单乐器，后来也有了小提琴等西洋乐器。

文工团的主要任务是进行抗日宣传，号召人民群众起来同敌人进行斗争。剧本、歌曲绝大多数是集体编写，而且速度很快，往往一个晚上就创作成功。为了及时反映斗争现实，编的"活报剧"较多，如《送郎参军》等。也把地方小调配上新的政治内容表演，还编秧歌剧。不演地方戏，也没有反映爱情内容的剧目。文工团曾演过几个较大的剧目，影响很大，如歌剧《农村曲》《银山下》（许平词，管荫琛曲），话剧《自卫队》，苏联话剧《前线》等。《前线》规模大。这是苏德战争后期，中央从延安向各根据地发来的剧本，师领导觉得很重要，就调动不少文工团以外的同志来参加演出。这个剧本的中心内容是批判骄傲自满、思想守旧。演出很受欢迎，对部队指战员有很好的教育作用。

文工团有时整团到部队或某地区演出，有时分成小分队深入部队和村庄活动。地点有远有近，远的到过和含、临江、沿江、无南等县。那时外出只带汽油灯、布幕及一些简单用具。有时演出缺少服装、道具，就临时向群众借。每到一处，用几根木杠和门板搭个台，点上汽油灯就演出了。部队和群众对文工团的演出非常欢迎，有时派人请文工团演出，演完了又送文工团回到驻地。特别是部队打了胜仗，或进行休整期间，更是热情邀请文工团演出。如果到根据地边缘地区去演出，就得把病号和体弱的同志留下，组织一个精干的小分队前往，以便行动迅速，因为如有敌伪军前来骚扰，还要参加战斗。

在演出、排练之余，文工团也分成若干小队，参加党的中心工作，做群众工作。比如发动群众减租减息，动员群众参军等。团内也有计划地组织学政治、学文化，尤其注意对青年同志的培养。根据地要打仗了（反"扫荡"或反顽战斗），文工团人员就要分散到部队去，参加作战或做战时政治工作。有的同志深入新兵连，协助对新兵进行政治思想教育；也有的同志参加对敌作战，还活捉过俘虏；还有一些同志被分配到各区发动群众搞支援前线的工作，如组织担架、抢救伤员、带领运输队运送弹药等。女同志大部分被分配到卫生队，帮助救治伤员。战斗结束，大家又集合到一起，进行排练和演出活动。

第七师文工团就驻扎在师部附近，过着供给制生活。一年发一两套单衣，几年发一套棉衣。每月发一次零用钱，用于买肥皂、理发等。伙食方面，一般都是菜汤下饭。当时的战斗生活虽然很艰苦，但是大家都过得很愉快，充满着革命乐观主义精神。

（王惠舟）

三女参军[1]

    王试之送女参军故事还得从他女儿们读书时说起。王试之，无为县无城人，1903出生，早年丧父，少年求学于无为进步人士金稚石先生门下。他思想进步，追求真理，同情革命，对旧社会的黑暗腐败现象深恶痛绝。他育有三个女儿，抗战前都在县城中学读书。长女王忠，原叫绪华；次女林茵，原名绪美；小女斯群，在家时名绪言。三个女儿正是青春年少，含苞待放，娉娉袅袅，大的18岁，二的17岁，老三尚未成年仅15岁。她们参军后都改了名字，其动因一来为适应斗争环境，二来表示她们从事革命的志向。长女取名王忠，即忠于革命；次女林茵，林木茂盛，绿草如茵，寓意在抗战硝烟中能迅速成长为一名真正的战士，同时，

小女斯群

"茵"为铺垫的意思，她愿做革命的一颗石子；老三斯群，意为从此就是抗日革命队伍群体中的一员，决心把自己的一切献给民族解放事业。

    王试之这三个女儿虽不能说是大家闺秀，但也绝非村妇，而是出身于"修身、齐家、治国、平天下"，重教育、讲斯文，诗韵翰墨熏染的读书人家。七七事变后，全面抗战爆发，日寇铁蹄深入，神州陆沉，偌大的城市乡村，无一处能安放一张课桌。王试之的三个女儿也都失学在家，无所事事，彷徨、失望、苦恼。

---

[1]参见《百年沧桑话无为》，第407页，安徽大学出版社，2006年11月。

　　王试之素与县里革命人士胡竺冰、吕惠生、倪化黎等过从甚密，受他们影响，思想上倾向于革命和共产党。1927年大革命失败后，共产党员张恺帆回到无为秘密从事革命活动，王试之称赞他："你的路走对了。"1933年，张恺帆在上海从事地下工作被捕，王试之得知后，秘密带信问候并送去所需食物与用品。抗战爆发后，张恺帆出狱回家，王试之去看望时，见他家住了很多客人（其中有后来成为新四军江北游击纵队领导成员的桂蓬同志），当即替张分担，将几位客人请到他家里住。

　　1938年，新四军江北游击纵队成立。王试之积极为抗日筹粮筹款，奔走呼号。当时他也在负责扩军工作，每天走村入户，四处奔波，然收效甚微。于是他想到空口讲白话，不抵一个实际行动。抗日爱国，参军爱国，可爱国万不可徒讲空话。他决心从自家做起，首先说服动员三个女儿报名参军，把她们送上抗日前线。

　　王试之走进女儿房间，把她们叫到自己面前，说，"为父今天和你们有话说。"三个女儿面面相觑，不知所以，都奇怪父亲为何如此？平日里斯斯文文，和颜悦色，与我们交谈时也多是"烛中把酒话明史，案上分茶说宋词"，少见有今日这般正襟危坐，一脸严肃神情。

　　王试之先咳了一声，转而亲切地呼唤着三个人的名字："绪华、绪美、绪言，你们都听着，你们都是我的最爱。从小为父就教你们读书识字，你们应知道，'读书不是读字，而是读理。'小时读书明理，长大才能保卫国家，治理和建设好我们的国家。你们也知道，为什么你们都闲在家里没有书读？这全是日本鬼子闹的。日本犯我中华，山河破碎，国土沦丧，人民流离失所，正是我中华儿女奋起拼搏之时。"说到这里，他微微轻叹一声，"没有儿子，可我有三个女儿，有三个爱国的知识青年，也一定会像古代花木兰那样，做巾帼英雄，杀敌报国。"

　　常言道，说话听音，锣鼓听声，此刻她们三人也都明了爸爸所说的大意。长女绪华站起来激动地说："我早就等着这一天了，只是未敢说。爸，你知道吗？延安毛主席说没有文化的军队是愚蠢的军队，而愚蠢的军队是不能战胜敌人的。现在全国有大批学生走出校园，投奔延安，寻找救亡之路。先前，我还想到延安去。国家兴亡，匹夫有责。爱国是高出自己生命之上最崇高的事情。这下好了，新四军敌后武装在扩军，我表态，我立即去报名。"二姐绪美见大姐表态，正合自己心意，也站了起来，拉着王试之的手，欢快地叫了起来："爸爸，我也要和大姐去，报名参军，杀敌报国。"在一旁的小妹这下可急啦，哭着依偎到王试之怀里。说："爸，你可不能偏心啊，要去我们三人一块去。"大姐听完三妹绪言的话，说道："爸爸，要我说，还是让小妹留下吧，她还小，部队可不比家里，谁服侍她？况且奶奶视她为掌上明珠，她要是参军，若奶奶哭闹起来，那会不可收拾。"

王试之爱怜地抚慰小女儿说："诗经有言，青青子衿，悠悠我心。无怪乎，古人云：'漫云女子不英雄''红颜谁说不封侯'。还是秋瑾说得好：'休言女子非英物，夜夜龙泉壁上鸣。'"他看着女儿们，也仿佛是在对自己说，"谁言'书生报国无长物，唯有手中笔如刀。'你们皆为读书人，都怀有一颗爱国心，在部队一定会派上大用场。"说到这里，他停了停，"抗战时期，成仿吾曾致函陈毅、张云逸，要求发一把手枪和一把提琴。说'手枪以自卫，提琴以教学。'陈毅阅函谓张云逸：'文人持戈，抗战必胜。'"王试之搂着三个女儿，"国家国家，卫国方能安家。我参与扩军工作，心里一直底气不足。今儿你们都以言明志，参加新四军，我腰杆子一下子就直了。你们真是我的好女儿呀！哎，还是我王试之有福。"他坦言，"陈毅将军都如此看待文化人从军，国家有希望，你们也定会大有前途的。"

此刻的王试之，兴奋激越，也多有不舍。然他终究是个有抱负的人，情浓而庄重，风雅而仁怀，秉持一种信仰，一种坚守革命的崇高情怀。

王试之自从听说新四军敌后武装扩军的消息，就一心想把三个女儿送去参军。现在女儿与他的想法不谋而合，唯独对老母不知如何开口。他深知母亲在家中有至高无上的权威，对这三个孙女又百般疼爱，如果知道孙女们都去参军，那将会是怎样一种局面？！犯愁之际，他把情况向和、含、巢、无各区联合办事处主任后奕斋同志及后的爱人，在敌后无为中学任校长的刘芳说了。一天，刘芳和后奕斋到王试之家看望老太太，聊家常，后来老太太渐渐转到"三个孙女能不能再念书，能不能找个小事做做"的话题。刘芳趁机进言："我就是办中学的，在我们那里读书，学生都分配了工作。"老太太一听就更高兴了。在一旁的王试之，悄悄地对刘芳说："刘大姐，看来问题不大了。"老人像是明白了什么，"不要瞒我，你和绪华她们说参军的事，我都听说啦。我有那么顽固吗？"其实，王试之母亲一贯尊重读书人，更明白事理，听说三个孙女是投奔新四军去，她心里也很是高兴。

王试之一下把自己的三个女儿都送去参军，这事当即在无为传为美谈，在当地青年中产生了积极影响，城乡掀起了报名参军高潮。1941年的一天，彩霞满天，王家三姐妹毅然投奔革命，参加了新四军。先是在新成立的无为县人民政府宣传队工作，后转入新四军第七师的大江剧团。在王家的影响下，周围的人家也多送子女参军。王试之妹妹的年仅15岁的女儿李惠如，也报名参加了新四军。

（程传衡）

运漕锄奸[1]

运漕，由于政治和地理原因，各种反动势力染指，帮派林立。中共无为县临江区委经过一段时期的艰苦工作，才使这里的党组织逐步恢复起来，利用打入日军红部特务组织的韦成木为党提供情报，从事革命活动。

韦成木在敌人营垒里，基本上弄清了日伪军里谁是死硬派，谁是可以争取的对象，为我党的统战工作提供了一些有益的情报。我方得知，有个绰号叫"杀人祖宗"的地方恶霸黄大雨和另一个恶霸裴某，都当了敌人谍报组头目，杀人如麻，坏事干尽。过去我方虽曾多次接触过，但他们仍死心塌地为敌效劳，是顽固不化之徒，如不镇压，对抗日活动极为不利。一次，韦成木送来可靠消息说，这两个

日军谍报组织所在地——含山县运漕老街

家伙将去鬼子铜城闸据点，临江区委负责人认为这是铲除两个坏蛋的极好机会。

那天下午，两个恶霸坐着轿子，耀武扬威地从铜城闸归来。警卫队长陈敬华带

---

[1]参见《和含抗日根据地党史资料选编》，第243~250页，中共党史出版社，1990年3月。

领几名战士扮成做生意的，从大路的另一头迎面走来。两顶大轿正被人抬着忽悠忽悠地在黄墩土道上一前一后走着，两个恶霸正坐在轿内悠然得意。谁知却有人上来掀开他们的"宝座"。起初，他俩把新四军的战士当作过路客商，见如此无礼，正要发作，但细一打量觉得不大对劲，企图进行顽抗。这时已经晚了，几个战士一拥而上，早将两个恶霸生擒了。

陈敬华等同志押着被绑的两个恶霸，乘着木船向区委所在地徐家拐角划去。到了后河，战士们觉得已经靠近我们的根据地，两个家伙又捆绑着，总不会跑掉，就在船上抽起烟来。这时，两个恶霸见机会来了，其中一个装出一副可怜相，小声小气地哀求道："反正我们跑不了，烟瘾上来实在难受，做点好事给我们一支香烟抽抽吧"。战士们递过去一支烟，可是，就在这一刹那间，他俩趁人不备，用劲将绳子挣断，跳入河里，拼命向运漕镇游去。这个地方距离运漕镇只有十几里路，天近傍晚，如不及时抓获，他们就会逃脱。陈敬华急中生智，带领战士跳下水去擒拿，他很快追上两个恶霸，和两个恶霸在水中展开了搏斗。两个家伙当然不肯轻易就擒。其中一个见陈敬华手中有枪，便拼命扑过来抢枪。陈敬华哪里肯放，迎上搏斗，两个扭作一团，时沉时浮，一会儿这个占了上风，一会儿那个占了优势，真是难解难分，惊险万分。陈敬华手里虽然有枪，但因离运漕不远，一来怕在水中射击不准，二来怕鬼子听到枪声，前来接应，只好在水里硬拼。当顽抗的敌人再扑上来时，他就势用枪柄向敌人头上砸去，那个凶暴的家伙顿时头冒鲜血，昏了过去。这时后面的几个战士也都赶到，经过半个多小时的激烈搏斗，两个恶霸终于被活活抓上岸来。

除掉了两个大坏蛋，群众无不欢欣鼓舞，拍手称快。接着，临江区委又乘胜前进，一举捕获铁杆汉奸贾辅民。贾辅民是运漕区伪区长，他上任以来，残酷镇压群众，残杀无辜，罪行累累，罄竹难书。此人不除，后患无穷。1944年夏天的一个中午，根据侦察到的消息和内部送的情报，贾辅民将去铜城闸会见鬼子，区委当即调动警卫队和地方民兵30多人，在途中伏击。同志们鸡叫三遍出发，到了中午，果然见伪区长贾辅民坐着一顶大轿，带着五个鬼子和一个班伪军，还有他的外甥随行护卫，前呼后拥，好不威风。他们以为这样就平安无事了，哪里知道，新四军早就做好了准备，一部分战士埋好了地雷，隐蔽在大路两旁，一部分化装成插秧的老百姓，专给这个区长"接驾"。

这次任务十分艰险，因为我方所处位置距敌据点不远，必须速战速决，加之天气炎热，战士们伏在凹地里，站在稻棵中，地面炙人，田水烫人，呼吸都感到困难。但谁也不管这些，一想到捉汉奸，什么都忘记了。汉奸贾辅民所乘轿子越来越近，战士们的心更加兴奋、紧张，还没等敌人走进伏击圈，就把地雷拉响了，炸得尘土飞扬，硝烟弥漫，敌人闻声溃散。顿时喊声四起，枪声大作，战士们像猛虎一般冲了上去。轿夫一见此情，吓得魂飞天外，摔掉轿子逃跑了。伪区长贾辅民一头栽进稻田里，弄得满身烂泥，但还是不顾一切地拼命逃跑。他刚一爬上田埂，就被我们的战士活捉了。同志们看到伪区长那副熊相，不禁好笑道："区长大人真是'坐轿子翻筋斗——不识抬举'。"伪区长同伪军纷纷举手投降。可正在这时，走在轿子后面的五个鬼子，听到枪声马上抢占有利地形进行顽抗。我们的战士随即举枪射击，只见有个鬼子枪响后倒伏在地上不动了，战士小李十分兴奋地飞步冲上去，准备缴枪，不料那个鬼子突然端起枪来射击，我们的小李牺牲了。陈敬华怒火满腔，高喊"替小李报仇"，带着战士把鬼子包围了，击毙了五个顽抗的鬼子。这一仗我们大获全胜，活捉了伪区长，缴获了五支长枪、两支短枪和一些弹药。

打击了首恶顽固分子，群众更加拥护我们，中间势力也逐渐选择我们，开拓了运漕地区抗战的新局面，基本上扫清了和含地区与第七师师部联系的障碍。

（童毅之）

三打塔桥[1]

塔桥，地处无为县城至襄安镇的中间地段，各相距20华里。日寇侵占县城和襄安镇之后，特地在塔桥设立据点，构筑碉堡，常驻一个班，以控制县城至襄安镇交通线，对皖江抗日根据地的南北交通，构成了严重威胁。为了拔除塔桥据点，无为县人民抗日自卫军总队多次做了研究，认为据点工事坚固，难以攻破，加之离县城和襄安镇较近，日寇可以及

三打塔桥时被摧毁的日军炮楼

时支援，因此必须速战速决，否则就会受到内外夹击。为此，无为县总队以强攻和智取，三打塔桥，并取得了两战成功，收复了塔桥。

第一次打塔桥是1941年秋，丁继哲领导无为县总队二中队，在欧大胜队长的指挥下发动进攻。日军凭借碉堡坚固和火力猛烈，固守待援。经过激烈战斗，县大队未能攻克。这次虽未打下据点，但打击了日军的气焰，二中队也受到实战的锻炼。

第二次打塔桥是1942年3月，新四军第七师派出57团主攻，丁继哲领导的无为县大队所属区武装中队配合行动。战前争取伪乡长设家宴"慰劳皇军"，郑福生参谋长率一支精干队伍埋伏在伪乡长家。酒宴开始后，日军大吃大喝，郑参谋长率队

---

[1] 参见《新四军人物传》，第27页，安徽省新四军历史研究会，2017年8月。

乘机出击，全歼日寇，捣毁据点，此战夺得长枪十余支，机枪一挺，掷弹筒一个。57团无一伤亡。县区部队分头警戒县城和襄安镇的援敌，保证了打塔桥的战斗顺利进行。

第三次打塔桥是1945年4月，无为县总队派第二连攻打，丁继哲是总队的副总队长。经过研究，利用伪保长的关系，乘日军要民夫重建据点工事之机，消灭敌人。二连连长魏明章、指导员吴中辉，率精选的战士23人充作民夫，由伪保长带进据点做苦力。他们每人带一把铁锹，干挖土的苦力活，暗自分工每两人对付一个日兵鬼子。日军见这些苦力干得很好，也就放松了警惕。这时魏连长、吴指导员一声令下，同志们挥起挖土铁锹，同时打向日本鬼子，如同砍瓜切菜一般，鬼子兵被打得脑袋开花，全部倒在血泊中。当即夺取了长枪、机枪、掷弹筒和几万发子弹，捣毁了据点。

驻在县城和襄安镇的日军，既感到害怕，又恼羞成怒，写信威胁，扬言要火烧塔桥周围60里。丁继哲向第七师司令部做了报告。根据新四军第七师曾希圣政委指示，给襄安的鬼子写了回信，表明我们已做好迎击鬼子兵的准备，叫鬼子兵有来无回。这时县总队在襄安据点外围埋下了大量地雷，迎接鬼子到来。其实日本兵也只是说说大话，实际是不敢轻举妄动的。

横步桥是从无为县城去往西北乡的要道，距县城十余华里。日寇在桥边也设立了据点，驻有一股日伪军，控制交通，对我抗日政府的新民区、南苏区不断侵扰。日伪军经常出据点进农村，抢掠肉蛋食物，寻找"花姑娘"带进据点。当地群众对日寇恨之入骨。

为了配合粉碎日伪军的围剿，丁继哲率无为县总队南苏区中队，对横步桥日军据点发起了火攻。战斗于夜间进行，战士们带着柴草、煤油潜入到据点的碉堡脚下，纵火焚烧，使日伪军措手不及，吓得丢弃据点，仓皇逃入县城。

（王敏林）

亲友从军记[1]

故事一

笔者表伯张合新，原苏塘乡人（现属赫店镇），和我父亲是姨表兄弟。我父亲生于1929年，听父亲说他俩年龄相近，想来表伯也是1920年代生人。由于家境贫寒，不得已"强把人家"（指到富户家当长工或童工）当小放牛

亲友之一左双山的从军地——凤家祠堂

子。吃不饱穿不暖，还要时常忍受主家的打骂。一日天气晴好，张合新不知不觉在草地上睡着了，醒来看不到牛的踪影。不得了了——做官掉了印！这可急坏了小放牛娃。自感大祸临头的张合新，觉得无论如何也无法向主家、向父母"交旨"（交

[1]根据新四军老战士张合新、耿业和、左双山口述整理。张合新、耿业和是无为县抗日自卫军队员，左双山是新四军第七师沿江支队卫生员。

差），就跑到新四军第七师去当兵。"最起码能够填饱肚子。"多年后，张合新在谈到自己当兵的事情时，既像是解释给别人听，也像是自言自语、自问自答。

后来，张合新随着所在部队一路打到福建，当上了团职干部。

再后来，张合新于1970年代转业回家乡，在县人武部任职。

故事二

说是我的堂兄，其实他比我的父亲还大十多岁。

他大名耿业和，又名耿忠，出身于农民家庭。幼时母亲去世，继母进门。十几岁的他不受待见，因为排行老二，被称为"二落索（垃圾）子"。皖江抗日根据地无为县南苏区组建游击队，耿业和欣然参加，是最积极勇敢的队员之一。1945年4月，游击队化装成民工智取塔桥日军炮楼，耿业和就是参加者之一。此战二十几个游击队员用铁锹拼杀掉11个日军，只有一名日军逃向无为城。据说因为跑得太快，心里又急，那名日军到无城后大口大口吐血。

中华人民共和国成立后，堂兄耿业和在县里多个部门任过职，也曾担任过县法院审判员。村里人每每讲到他时，总是说："灰粪堆（农家堆肥）也有发热之时。"

堂兄离休后，得享高龄。

故事三

2014年县新四军研究会奉命走访健在的新四军老战士，抢救性挖掘革命历史资料。笔者采访了曾任无为县人武部副部长，时任县新研会会长的左双山左老。左老幽默风趣，平易近人。我就是在他手里被发展为县新研会会员的。我算是左老他老人家的忘年小友吧。

左老是今枞阳县左岗人（解放前属桐城县）。十几岁参加新四军第七师桐东大队，后任部队保健员。据左老回忆，他是在第七师师部附近的凤家祠堂参加卫生保健培训班的。学员们席地而坐，膝盖上垫一块木板当课桌，听李兰炎等专家讲课。虽然条件艰苦，但每天都有收获，都有所进步，精神上十分充实愉快。

中华人民共和国成立后，左老先后在安庆116部队医院、宣城安徽省生产建设兵团第4师和无为县人武部担任领导干部。现年97岁的左老，精神矍铄，身体十分硬朗。

以上三人参军干革命的故事，回答了先前我心中曾有过的疑问：为什么八路军、新四军的队伍能够迅速发展壮大？道理很简单，因为共产党人以国家、民族利益为重，紧密团结、依靠广大劳苦大众，为民族求生存，为人民求解放，敢于斗争，敢于牺牲，因而具有十分强大的感召力。

（耿松林）

殄灭刘子清[1]

1941年夏，刘子清公然认贼作父，率部投靠盘踞在巢县的日军，由国民党桂系第十挺进纵队支队长的身份，摇身一变为汪伪南京政权中央军第一师少将师长，成为死心塌地为侵略军效劳、帮助日本法西斯屠杀中国人民的一条疯狗。为了对付"皖南事变"后新组建的新四军第七师在无为东乡一带的武装力量，刘子清这只得力鹰犬被日本主子派驻在汤沟镇。

刘子清又名刘占奎，祖籍湖北武昌，1906年生于江苏六合。青少年起习武练拳，长期浪迹江湖。成年后拜师投主，成为"三番子"头目，以凶狠残忍、狡诈

刘子清盘踞的汤沟老街

无耻闻名。抗战前因网罗同伙贩卖鸦片而入狱。抗战爆发，他从江浦监狱脱逃。南京沦陷不久，他纠集散兵游勇地痞流氓，拼凑成一支队伍，成为国民党全椒县的地方武装小头目。又混入我驻巢县的东北流亡抗日挺进纵队，任第三团团长。不久投

---

[1]参见《百年沧桑话无为》，第45~50页，安徽大学出版社，2006年11月。

靠国民党，多次兵犯定远、全椒、含山和滁县等新四军根据地，成为皖中地区反共反人民的急先锋。

此次改换门庭受此重用，刘子清受宠若惊，夸下海口："三个月内将无东一带的新四军、游击队全部消灭。"自从刘七月底进驻汤沟镇，这里立即变成人间地狱。他首先是借清查户口关押一百多名"嫌疑分子"，穷尽折磨，逼迫家属花钱保释。其次是抓周边青壮年，为其修筑工事。民工们在皮鞭加刺刀的威逼下，饱尝劳役之苦。大砍附近树木，修建起汤沟集镇、八股村、姚王庙三个堡垒和一道道带铁丝网的大栅栏。又采取高压手段成立保甲联防，发放"良民证"。群众出入哨卡，要接受盘查，有时还要搜身，遭受拳脚相加。至于苛捐杂税，逐户强索，更是到了肆意妄为的地步。

刘子清是个嗜杀成性的"人屠"，在盘踞汤沟的一年多时间里（1941年7月至1943年3月），共杀害600多人，犯下滔天罪行。共产党地下工作者王传开，新四军马长炎部情报组组长汪定铭，游击队员朱之巨，新四军战士湛成丙等同志，被捕后受尽诸如灌辣椒水、石灰水，踩杠子，坐老虎凳，吊飞机，敲牙齿，装进麻袋投江等酷刑。至于将无辜群众当活靶子开枪打炮，将群众用脚活活踩死，将全村房子烧光等，更是家常便饭。汤沟周边的农家女、商家女，甚至部属的妻女，只要被刘子清看中，无一能逃脱他的魔掌。

刘子清的兽行，大家恨之入骨。中共皖江区委和新四军第七师，决定对其严厉打击，坚决惩处，为人民纾困，为抗战鼓劲。

1942年，活动在无东的第七师57团和地方游击队，积极组织群众参军，迅速扩展队伍，采取多种战术，消灭刘匪有生力量。不到两个月，就连续拔掉了汤沟附近的数十座碉堡。同时，我地下工作者开展瓦解敌军工作。在汤沟，刘匪先后杀死团长、连长、卫兵等部属30余人。部属们人心惶惶，深知自己早晚性命不保。在我党政策感召下，刘匪所部先是个别人，后来发展到整排整连地向我方投诚。刘匪虽然严加防范，但淫威和残杀终究挡不住伪军们对光明的向往和追求。

1942年农历十一月初六上午8时，刘匪出动一个连的兵力，向汤沟镇以北月塘、楼梯村清剿而来。新四军事先得到情报，在月塘村埋伏，并做好了群众转移工作。当敌人进入伏击圈时，我军以密集的子弹射向敌人。战斗只用了一刻钟，就将这股敌人全歼。当年深冬，刘匪在修筑从汤沟至三汊河的公路时，毁坏了不少良田，群众恨得牙痒。第七师部队侦察得知敌人一个营的兵力押送数百名民夫，强迫他们修公路，每天上午8点钟左右去，下午5点返回汤沟。我地下武装，抓住这个机会，决定用三个连伏击敌人。此战敌无一漏网，连敌营长也当了俘虏，缴获了大量武器弹药。

1943年初春，皖南支队梁金华支队长亲自带一个连打伏击，刘子清的一个连外出抢劫，基本上被消灭掉。有一天刘部的参谋长刘锐双，带一个排从无为县城回汤沟伪师部，在临江坝被第七师部队当场击毙，伪军伤亡十余人。

刘子清在被动挨打和众叛亲离的绝境中，深感大势已去。他踞守汤沟以来，不但没有消灭新四军，反而被新四军打得落花流水。为了免于全军覆没，1943年3月，刘子清率部狼狈不堪地逃离汤沟，皖江抗日根据地的一颗毒瘤被清除干净。

抗战胜利后，刘子清再次摇身一变，充任国民党新编二十师第六团团长，继续向我巢县、六安、寿县等地猖狂进攻。渡江战役胜利后，刘子清潜伏到上海，并频繁往来于上海、香港之间，从事反共反人民的特务活动。1949年9月29日，刘匪被解放军淞沪警备司令部缉获，于10月底押送皖北行署，转交巢湖专署公安处收审。1950年1月26日下午，在汤沟镇召开的万人公审大会上，新生的人民政权代表人民，处决了双手沾满人民鲜血的大汉奸、大土匪刘子清。

（李俊平　耿松林）

传家风与打巴根[1]

皖江抗日根据地无为中心区，人民群众亲切地称呼行署主任吕惠生为"泥腿子专员"和"穿草鞋的县长"（1941年5月任无为县长）。尤其对吕惠生的廉政作风和优良家风赞誉有加。

在吕惠生居家堂屋两侧，悬挂着他手书的"勤能补拙，俭以养廉"的条幅。20世纪30年代，吕惠生出任无为县政府建设科科长，在"朝为田舍郎，暮登天子堂"的社会里，吕惠生谋到这样的美差，可谓发财有望，升官有期。然而吕惠生都秉公办事，对官场黑暗深恶痛绝。他平素过着极为清贫的生活，总是言传身教，以良好的家教教育孩子们健康成长。

吕惠生夫人沈自芳与子女合影

一次，侄儿吕慎祥身着长衫，袖里塞块手帕，俨然一个纨绔子弟。吕惠生见状，立即沉下脸训斥道："我这里不是公馆，不配你们这些公子出入！"训得吕慎祥面红耳赤。

---

[1]摘自《吕惠生日记》，无为县档案馆（抄录稿），案卷号：19·20。

在吕惠生的晚辈中，经常传诵着他的这样几句话："一粥一饭，当思来之不易；半丝半缕，恒念物力维艰"；"人遗子孙以财，我遗子孙以清白"；"人皆因禄富，我独以官贫"；"人说上代做官，下代敲砖，我的其明（吕惠生长子）是无砖可敲的"。足见他居身清白，不营财利，不与世俗苟同。在吕惠生家风、家教的熏陶下，年仅12岁的长女吕晓晴、11岁的长子吕其明参加新四军淮南抗敌剧团，8岁的次子吕道立参加新四军第七师大江剧团，优良的家风。促进他们在革命熔炉中成长。

1938年，吕惠生母亲病逝，为办丧事，吕惠生与兄长吕兰生发生争执，结果是吕惠生说服大哥，依照老百姓习俗办丧事，一切从简。送葬时兄弟二人穿着孝服，扶送灵柩，安葬于无为城南吕家巷。墓前正中摆放新四军江北游击纵队送来的挽幛，在爆竹声中结束了这场"红帽喜事"（无为农村俗称七旬以上老人去世为"红帽喜事"）。

1941年5月，无为县成立抗日民主政府，吕惠生出任无为县长，住在西乡牌楼上庄院村。无为县政府成立之初，粮荒漫延，经济十分困难，吕惠生下决心以屯垦解决粮荒，他提出包括自己在内，每个抗日民主政府干部都要开荒地五分至一亩，每人种菜七厘。到1942年5月，无为县抗日民主政府一年内仅开垦公荒即达7000余亩。

吕惠生还把在政府机关的廉政作风带到家风传承上来。在他影响下，夫人沈自芳每天清晨，手拿锄头，肩背竹筐，步履维艰（旧时妇女因裹足成小脚行动不便）地走出家门，去田间地头，沟渠塘埂旁"打巴根"（巴根草，又称牛筋草。旧时农村群众用铲和锄，将巴根草连根铲起，拍打掉根部的泥土，再放到太阳下晒干，用作烧火做饭的燃料）。一次，侄儿吕慎根看望三叔吕惠生，在离村不远的地方看到三婶在打巴根，心头不由一热，赶忙抢过去帮忙。事后吕惠生问侄儿，你在家打不打巴根？吕慎根无语。晚饭时，吕惠生似乎看透了侄儿的心事，语重心长地告诉他："我在这里是为老百姓办事，你三婶打巴根是劳动，是我家家风，也是自力更生。"吕慎根对三叔肃然起敬，下决心传承家风，多做对抗战有益的事情。

吕惠生夫人打巴根的事，很快传遍了四方乡邻。县政府机关所有干部家属纷纷效仿沈夫人，每天出门打巴根，自力更生很快在皖江抗日根据地中心区蔚成风气。

（王敏林）

大个子刘二嫂[1]

大个子刘二嫂原名刘桂珍，三十几岁，在抗战时期被群众选为石涧区纯疃乡妇女抗敌协会的主任。她为人正直、随和、胆大心细，做事干练，深得纯疃乡广大妇女的拥护和信任。村民们都喊她"大个子"（意思个子高大）或者称呼"大个子主任"，以致连她的名字都忘记了。其实她的个子只

大个子刘二嫂带领纯疃乡妇抗会员做军鞋

有一米五左右，是个矮个子，不知什么时候人们说反话喊她"大个子"，久而久之，她也就乐享了这个绰号，连在区民兵中队当副中队长的丈夫也大个子长、大个子短的喊她。你别说，有时绰号也有它的好处。

在整个石涧区，纯疃乡的妇女抗敌工作开展得最好。无论是生产劳动还是妇女做慰劳第七师部队的布鞋，纯疃乡的妇女们常常得到区里的表扬。她们纳的布鞋底厚实，鞋帮耐穿，做工也讲究，在部队的战士中和全区都很有名气。无为县妇女抗联的女干部常到纯疃乡蹲点，帮助和指导她们开展工作。

---

[1]根据新四军老战士吴志坚（女）口述整理。吴志坚，老红军，抗战时期任新四军第七师师直机关党总支书记。

　　1942年冬天，第七师师部决定送一些军用物资支援在苏北的新四军军部。师部特别指示无为县要纯疃乡速做200双布鞋，在春节前送到三水涧的师部。离春节只有个把月了，大个子主任接到县里的指示后，便迅速走村串户，落实制鞋任务。纯疃乡各村的妇女们在大个子主任的带领下，白天糊鞋帮，夜晚纳鞋底，很多妇女常常在油灯下纳到深更半夜，手指都被针戳破流血……幸好当时是冬闲季节，千赶万赶，她们硬在腊月二十三赶做好了250双有大有小的布鞋，比原计划还超出50双。当送到师部后，受到师部首长们的表扬。他们拿着这一双双做工考究的布鞋，无不欣赏赞叹。这样，纯疃乡和大个子主任真是高山打鼓——响声在外，不仅区、县有名，连师里也传开了。

　　这人一出名，有时也有坏处。驻无为县城的日军宪兵队和黑头鬼子（伪军）也从群众的传说中知道了纯疃乡有个大个子妇女主任抗日很积极，便想把她捉住杀害。1943年春天某日，一队日军和上百名黑头鬼子在翻译鲜于谦的带领下突然包围了纯疃乡的几个自然村，他们把包括大个子在内的妇女们都集中到场基上，看看妇女中谁的个了高大，然后抓住带回县城审问。其中有一个三十几岁的妇女个子较高，黑头鬼子立即把她抓出来，恰恰这妇女是前几天才从城内到农村走亲戚的。她一出来便冲着鲜于谦喊道："姨夫，怎么抓我？我是前天来看望姑奶奶的。"鲜于谦一见是侄女，忙对宪兵队小田队长用日语说："小田队长，她是我的姨侄女，住在城内，不是大个子妇女主任！"小田看了看场基上几十名妇女，和翻译咕噜了一会儿，鲜于谦对妇女们说："根据情报，你们这里有个大个子妇女主任和我侄女一样高，她人很坏，经常做些反对皇军的活动，刚才小田队长说，要抓到她刺啦刺啦的（杀的意思）。看来，今天她不在，过几天我们再来抓她！"说完，他带着侄女和宪兵队、黑头鬼子回县城去了，妇女们都为大个子主任捏了一把汗，幸亏有这个好绰号大个子转危为安。

　　1943年4月，日军和黑头鬼子对皖江抗日根据地中心区严桥山区"扫荡"，中心区的第七师部队转至外围进行反"扫荡"斗争，一些中心区的干部也转移至外围村庄的群众家里隐蔽。师直机关党总支书记吴志坚奉命转移至纯疃乡，就住在乡妇抗主任大个子刘桂珍家。吴志坚是陕西人，老红军。她三十几岁，中等个儿，穿着灰布军服，梳着齐耳的二道毛头发（参加抗日工作的妇女干部、战士都是这种发型），皮肤白白的，说话一口陕西腔。这与无为农村妇女们红黑的面庞、梳着巴巴头、穿着大肩褂子的形象截然不同。刘二嫂叫吴志坚换上无为农村妇女的服装，每天早上洗脸后稍微抹些锅底灰，改改脸色，要她少出门，不与生人说话。一日，乡里递步哨[1]传来情报，说鬼子在山区"扫荡"，已经得知一些干部转移到外围村庄，区里叫各地做好准备，以防日军和黑头鬼子来搜村。第三天下午，传来内线情报，说日军听汉奸告密，纯瞳乡转来了一位新四军女干部，决定明日下乡"扫荡"，捉拿新四军。刘二嫂听说后十分着急，忙与吴志坚商议对策。此时若要再转移，恐怕也来不及，她要吴志坚在鬼子叫人集中时，尽量往妇女中间挤，千万别说话。最后，刘二嫂望望吴志坚的头发，猛然大叫一声："不好！差点出大祸。我们妇女们都梳着巴巴头，就你一人剪成二道毛子头，鬼子不一下子就认出你是新四军的干部吗？我马上叫全乡的妇女都把头发剪成和你一样的。"于是她下午连晚上跑遍全乡的各个村庄，动员妇女放下巴巴头，都把头发剪成二道毛。隔日，三十多名鬼子和一部分黑头鬼子在翻译的带领下到纯瞳乡"扫荡"。他们挨门逐户搜查，主要查看妇女们的头型和肤色。查到大个子刘二嫂家时，吴志坚端坐在锅槽底下烧开水，在光线不好的锅槽下，她的脸在锅洞里火光的映照下，黑红黑红的，与本地妇女们一模一样。一连跑了好几个村子，妇女们都是二道毛子发型。鲜于谦感到奇怪，就问一些妇女："你们以前都是梳巴巴头，现在怎么都成了二道毛子呢？"妇女们几乎回答一致："梳巴巴头太麻烦，不如二道毛子用梳子刮几下就行了，乡下人事情忙，没工夫。"经过几个小时的挨户搜查，未发现什么女干部模样的人，鬼子们只得悻悻地回城了。

（蒋克祚）

---

[1] 递步哨：抗日根据地群众组织的岗哨，分路段传递敌情，当地称此岗哨为"递步哨"。

渡口脱险[1]

1942年5月，铜陵敌后县委书记朱农接中共皖江区委通知，和铜陵游击大队政委王卓一道，赶赴无为县严桥，参加皖江区党委整风班学习。一个月后，学习结束，朱农和王卓在无为石板洲渡口上船，准备坐船渡江到铜陵胥坝观音阁渡口上岸。

那天，雨雾迷蒙，江面昏暗，朱农一抬头，猛然发现滩头站着六七个荷枪实弹的日本士兵，正虎视眈眈地盯着渡船。朱农一看势头不对，和王卓交换一下眼色，两人赶紧把整风学习文件及有关材料悄悄投入江中，以免党的机密落入敌手。其实，这几个日军士兵并不是冲着朱农、王卓来的，而是奉命来拦截运送皮棉到江南的船只。只是他们来迟了一步，运皮棉的

朱农脱险的无为县石板洲渡口

船已经开走了，却恰好遇到了朱农一行乘坐的这条渡船。船一靠岸，鬼子兵就端起"三八大盖"，气势汹汹地跑上船来，喝令船上的人交验"良民证"。王卓因没有携带"良民证"，被日军五花大绑地扣押下来（后来被第七师沿江地下交通站站长章家元设法营救出狱）。朱农眼见战友被捕，心中如刀割一般，但他不露声色，神情自若。当鬼子走到他面前时，朱农拿出早已准备好的无为县"良民证"晃了晃，

[1]参见《铜陵革命斗争故事选》，第104页，安徽文艺出版社，1995年12月。

122

"太君，我是从无为县城来的，是到铜陵坝埂头'大东洋行'做买卖的。"鬼子接过证件瞟了一眼，朝朱农点点头："你的，大东的买卖，好！好！我们一道开路开路的。"此时，朱农才知道这几个鬼子是从坝埂头日军据点来的。心想：这下坏了，狡猾的鬼子是从坝埂头日军据点来的，不去不行；去了，那里有汉奸，我的身份立刻就会暴露。怎么办？朱农正在寻思脱身之计，一阵叫卖声打断了他的沉思。"卖香烟、洋火、桂花糖——"只见一个小商贩手摇拨浪鼓、肩挑货郎担由远而近，匆匆向渡口赶来，他是第七师沿江地下交通站交通员晋克芳，一见朱农情况危急，立刻连声吆喝以引起鬼子注意。几个日本鬼子一见，张牙舞爪地跑上去抢糖果、花生米吃。朱农看在眼里，不由得灵机一动。他熟知日军秉性，一要吃，二要女人。于是趁日军吃兴正浓，开口道："太君，我开路开路的。"鬼子在货担前你夺我抢，狼吞虎咽地吃着，听朱农开腔，不耐烦地把手扬扬，"你开路开路的。"只见朱农从容地走下渡船，迈开大步，身影隐没在江边的芦苇丛中……

很快，铜陵日军司令部得悉曾在石板洲渡口盘查截留敌后县委书记朱农的消息，但被他凭一纸无为县"良民证"逃脱，日军少佐大发雷霆，大骂部下无能、饭桶，说天天抓朱农，抓到了又放了。下令今后凡是查到持有无为县"良民证"的人统统都要送到日军司令部审查。

（王敏林）

裕溪口劳工营暴动[1]

巢湖水经裕溪河流入长江，入江处自然形成了一个集镇，名叫裕溪口，是淮南铁路早年的终点站。丰富的淮南煤炭资源多半经此由长江运往各地，这里便形成了一座繁忙的装卸码头和一个硕大的贮煤场。

关押在裕溪口劳工营里的劳工

抗日战争时期，侵华日军为掠夺煤炭这一战略资源，霸占了码头和煤场，裕溪口成了人间地狱。在码头东南，有一条蜿蜒小路通往一块野草丛生的荒滩。荒滩三面临水，形如一个孤岛，四周架设着带刺的铁丝网，日军的瞭望台昼夜监视着岛内的动静，关押在此充当苦力的劳工更是苦不堪言。

1942年4月，日军从江苏省第一监狱提解了二百名"囚犯"，从南京老虎桥押至下关东站再转运至裕溪口。这批人里不少是新四军战士以及县区乡各级地方政权的干部、也有主张抗日的国民党军队中的官兵。他们一到裕溪口，便遭受无休止的

[1]参见《永恒的记忆》，第195页，当代中国出版社，2004年6月。

且极其残酷的奴役，于是决心豁出命来和鬼子拼个你死我活，以求得继续生存的权利和革命的自由。

劳工营里的共产党员吴阿根、陆志祥、曹桂根、邵守中等自发成立了临时党支部，发动、联络劳工，暗中准备发动暴动。前两次暴动虽然夭折了，但临时支部同志们心中的反抗怒火没有熄灭，而且暗中准备更加细致。

10月3日深夜，劳工营一个流氓逃跑被日军抓获，被连夜拷问，并上报芜湖日军宪兵司令部。此人知道一些准备暴动的内情，若是让他供出实情，后果不堪设想。时间紧迫，形势逼人，不允许再有丝毫犹豫。临时支部立即召开紧急会议，决定就在当日午饭鬼子防卫疏松时，在煤场、码头发动暴动。这确实是个良机，因为经过多次观察，发现午餐时大部分日军都在营地里用餐，在煤场、码头警卫的日军最多只有五人，便于发动暴动。

4日上午，陆志祥趁出工的机会，把举行暴动的决定通知了有关人员。为了不让日军生疑，劳工们仍像往常一样地当牛做马，监工的皮鞭仍在呼啸。人们咬紧了牙关，心里却蓄满了仇恨和力量，他们时而相对而视，时而发出会心的微笑。不知不觉地到了中午歇工的时候，鬼子掸去身上的灰尘，把五支步枪斜靠在岗亭壁上，悠闲地坐在条凳上吃起午餐来。劳工们在场地上席地而坐，风卷残云地抢先吃完午饭。然后，临时支部几位同志暗中带头，领着其他劳工从四面八方靠向岗亭，煤场气氛顿时紧张起来。鬼子正吃得高兴，忽然发现周围囚犯们的举动有些异常，一个鬼子立刻跳起来狂吼道："你们想干什么？通通的散开！"

鬼子的厉声吼叫，等于无形中在给大家发出行动命令。在这生死关头，劳工们一拥而上，把久蓄在心头的仇恨，化成一股巨大的力量，一个个像饿虎扑食一样，分头揪住身边的鬼子没命地踢打，其余百余名出逃的囚犯也放开脚步，从沿江浅滩绕过了铁丝网，飞一般地朝西狂奔。霎时间，煤场里腾起冲天的尘雾，劳工们有的在与日军作殊死搏斗，有的向牢笼外飞奔。正在煤场里引导大家外逃的邵守中被一身材矮小的日军发现了，他哇里哇啦嚷着向邵守中奔来。邵守中挥拳朝那日军腰部猛击，日军当场即被打死。这时，另一日军持枪赶来，身旁另一劳工眼疾手快，顺势夺下其枪支并扣动扳机，这个赶来帮凶的日军被打穿腹部，跌跌撞撞只跑了几步，就在煤场码头边上咽气。眼看着又一日军毙命，邵守中本想及早逃离虎口，但转念一想，煤场上可能还有没有逃走的劳工，就又重新奔回煤场，看到那里只剩下三个人，是陆志祥和曹桂根两人正在痛击一鬼子，顷刻间，这个鬼子就被击倒在地。这时，枪声突然大起，大家都意识到时间万分紧迫，齐喝一声："快跑！"三人同时向旷野飞奔。跑出三百米左右，背后枪声已响成一片，日军的增援部队跑步赶到煤场，在煤堆顶上架起机枪疯狂地扫射。好在镇边上民房林立，鬼子机枪的火力严重受阻，所以逃离的劳工竟奇迹般地无一伤亡。

裕溪口劳工营暴动引发的枪声惊天动地，也惊动了新四军第七师所属的无为地区游击健儿，他们当即派出侦察员外出侦察。就在逃出虎口的劳工们正要渡河却又无法渡过时，侦察员知道了实情，于是做了精心安排。当日下午三四点钟时，就有部分劳工到达游击队，随后又陆续来了一百多人。看见眼前久别的亲人，逃出的劳工激动万分，大家不约而同地高呼："暴动胜利了！我们自由了！"

（童毅之）

"三闸"纪事[1]

"三闸"指的
是陈家闸、黄树
闸、季家闸，位于
无城镇北郊。陈家
闸在陈闸行政村季
村自然村，黄树闸
在黄闸行政村姚巷
自然村，季家闸在
无仓路仓头段。该
水利工程灌溉三闸
大圩内的十万亩农
田。

"三闸"工程之一陈家闸

现今的三闸虽有部分堤段损毁，但主体仍然保存较好，有的进行了改建，基本
上还在发挥着作用。

1942年7月，皖江抗日根据地皖中行政公署成立，毕业于北京农业大学的行署
主任吕惠生，就把兴修水利摆上了工作日程。他在全区农业会议上指出："经营农
业，不能不讲水利。闸是圩田作灌溉排水用的，堤坝是抵御河水江水的。这些设施
必须健全起来，然后我们就可以把水运用得任意自如，就必然年年得到丰收。"基
于此，1943年7月，皖江抗日根据地中心区军民在粉碎日军的二次"扫荡"之后，
开始在全境范围内修建涵闸斗门。此时的三闸大圩已逐渐形成，圈圩垦植进入鼎盛
期。但由于圩口或圩势倾斜，河道多弯曲，遇有暴雨，洪水直泄，流聚内圩，易于

---

[1]参见《岁月留痕》，第108页，中共党史出版社，2012年9月。

形成涝灾。吕惠生亲自率领水利委员会负责人到大圩踏勘，制定了"蓄洪分举，分流疏导"的建堤方案。经过一年的艰苦奋斗，到1944年6月，三闸工程如期竣工，成为调节圩内十万亩农田水位的吐纳咽喉。

三闸工程是敌后水利建设的壮举，是无为人民在严酷的战争环境中，为抗日救国大业所做出的历史贡献，是抗日民主政府"利为民所谋"的具体体现。

可是，三闸工程这个浸透无为人民劳动汗水的水利枢纽，在新四军第七师北撤之后，却成为国民党反动派屠杀共产党人的刑场，激起无为人民对国民党反动派的痛恨和反抗。

1945年10月，新四军第七师奉命撤出皖江抗日根据地，以季道为队长、盛宏轩为指导员的巢无人民自卫军，坚持地下武装斗争，活动于大方、小方、柑子树、银屏巢无交界地区。这时，国民党176师占领巢县、无为。国民党军政特务遍布巢县、无为。农村恢复保甲制度，对隐藏新四军者实施"一家不报、十家连坐"。许多共产党员和革命志士及其亲属惨遭杀害，巢（县）无（为）地区处在一片白色恐怖中。

为了稳定群众情绪，打击敌人的嚣张气焰，巢无人民自卫军在无为黄埠圩和巢县秀芙东杨村一带散发传单，告诉人们，共产党没有放弃皖江地区，党的队伍依然存在。随后，自卫军在银屏山后洞对面的项举龙家召开党支部会议，研究对敌斗争方式，决定将自卫军分成三组，每组九人，一组活动于银屏山区和石涧埠北部，组长为张汉权；二组活动于石涧埠南部和新民区，组长为董维朝；三组活动于恍城、南苏一带，组长为汪智泰。自卫军负责人分别随三个组活动。各组每星期天到青苔衔王家大屋碰头一次。

同年11月15日，一、二组人员化装成商贩，到陈家闸一带，会见皖江行政公署留守处负责人胡治平。由于行踪为国民党特务侦悉，盘踞在石涧、黄雏、运漕的国民党军队一个营计三个中队，采取远距离奔袭，将巢无人民军一、二组19人全部包围在陈家闸朱龙村。由于敌众我寡，突围失利，除吴栋平、刘昆山、董维朝、胡治平侥幸逃脱外，其余15人全部被俘，捆绑至陈家闸上，敌人先用刺刀将他们捅伤，然后集中枪杀，陈尸闸口。队员季昌年被俘后，破口大骂，敌人将其枪杀后，竟割下头颅，挂在仓头碉堡上示众。季昌年父母托人情，才将人头买回安葬。巢无人民自卫军遭此重创后被迫解散。

1947年2月，共产党员沈斌、蒋海云、俞继应、汤先林等，重聚银屏山婆婆洞，恢复巢无人民自卫军，继续坚持地下武装斗争，不断打击国民党反动派。

今天，在陈家闸石壁下方，镌刻的"一九四四年立"字样，依然清晰可辨，它既见证了中国共产党人全心全意为人民服务的功绩，也控诉了国民党反动派血腥屠杀革命志士的滔天罪行。

（童毅之）

皖中青年抗日宣教团[1]

在艰苦的抗战岁
月，有一支活跃在皖江
抗日根据地的青少年工
作团体——皖中青年抗
日宣教团。它是在党的
领导下，向根据地人民
进行抗日宣传的青少年
宣传教育工作队。

皖中青年抗日宣教团在下乡演出后与当地群众合影

这是一支由热血青
年组成的队伍，35人左
右，男女生都有。在艰
苦危难的环境中，进行
抗日救亡宣传。宣教团的驻地无为西乡恍城陈家祠堂的牌楼，是一座破旧的老戏台，
无门无窗，四面敞开。当中一大间就是戏台，是队员们上课、听报告，排练节目的
场所，两边的副台，就是队员的卧室了，男队员住左边，女队员住右边。

白天打背包当板凳或席地而坐听课，晚上则打开背包睡地板。当时提倡艰苦朴
素，向工农学习，队员中大多是青年学生、知识分子，于是，头发长了不去理，衣
服破了不愿补。小小年纪搞得胡子拉碴，破衣烂衫，认为越艰苦越光荣，越邋遢越
像工农。领导看到大家的状况哭笑不得，给大家讲艰苦朴素与军容风纪的关系，向

---

[1]根据新四军老战士阮万钧口述整理。阮万钧，安徽芜湖市人，1942年参加新四
军，曾为青年抗日宣教团团员，任第七师机要处三科科员等职。

工农学习并不是不修边幅，生活随意，而是从思想上改造与提升自己，成为一名真正的新四军战士。

宣教团是一支抗日宣传队。他们走到群众中，宣传党的抗日救国主张，宣传减租减息政策。队员走到不管哪个村庄，便放下背包，找农户借来一张方桌，站在桌子上向农民群众开展宣讲。讲国际形势，全国抗日战场的成果，讲减租减息的好处。动员广大群众自发地参加抗日活动，支援前线抗日将士。这些简单易懂的宣讲，受到了乡亲们的欢迎。

宣教团是文艺工作队。队员们是一群活跃的学生兵，他们都有一些文艺细胞。课余，队里随时排练短小精干的文艺节目下乡演出。一次他们到石涧一带去演出，村子里用几张八仙桌搭起戏台，供队员演出。他们演出的节目是群众喜闻乐见的秧歌、小话剧、凤阳花鼓，小倒戏、唱门歌等。农民群众扛着板凳，扶老携幼去看宣教团的演出。演出结束，群众还拉着队员们去家里做客，用花生、瓜子、糖打蛋来招待他们。群众还送锦旗鼓励宣教团文艺宣传队。在皖江黄丝滩水利工地上，他们自编自演的《黄丝滩大合唱》，受到修堤军民的热烈欢迎。《黄丝滩大合唱》从这里唱遍根据地。

宣教团在残酷的战争环境中，也经受了战火的考验。1943年3月17日，日军对新四军第七师根据地进行大"扫荡"，宣教团也被敌人包围，情况十分紧急。这天天降大雨，早春的天空雷电交加，宣教团一行在倾盆大雨中准备突围，团长命令团员阮万钧和小张走在队伍前面，当尖兵侦察敌情。如果发现敌人，就挥动白毛巾向后面的队伍发出警报，队伍立即隐蔽。

当晚，全团由陈家祠堂出发翻越照明山时，有一名队员掉队，副团长董子俊带领十名队员回去寻找，第二天再翻越照明山时，被日军俘虏（宣教团当时未配武器）。因董团长身上带有印章、饭票等物品，被日军抓到安庆日军据点，他英勇不屈，被日军杀害。其他人因年纪小，身上没有可疑物品，在据点当了几天民夫，"扫荡"结束后，都安全返回。

第二天早上，宣教团团员们在山区的一位老乡家吃饭，忽然村外不远处又响起了歪把子机关枪的声音，大家知道鬼子开始进攻了。团员们立即放下饭碗，执行团领导的命令，分散隐蔽突围。团员分成几个小组，分头出击，找地方隐蔽。有的藏在草堆里，有的躲在牛棚中，有的藏到粪窖中，只要能藏身的地方，都成了团员们的隐蔽处。日军在附近折腾了一天，烧房子，抢粮食，祸害老百姓。第二天，枪声停了，鬼子和伪军都撤了，团员按约定，分头回到肖家村集合。所幸的是，分散突围的团员们都到了集合点，没有伤亡。大家在敌人的"扫荡"中能安全地突围归来，都激动地抱在一起唱起新四军军歌。

经过战争的考验和社会的实践锻炼，宣教团的团员们后来都成了新四军第七师和皖江区党委机关的骨干，革命队伍中的栋梁之材。诗曰：

抗日青年打先锋，宣教足迹遍皖中。

打仗学习两不误，栋梁之材人称颂。

（叶悟松）

"两曾"脱险仙人洞[1]

　　"两曾"是无为人民群众对曾山、曾希圣两人的尊称。当时，曾山是中共华中局党委委员、组织部部长，曾希圣是中共皖鄂赣边区委书记（后称皖江区党委）、新四军第七师政治委员。他们两人在无为的银屏山区经历了一场磨难，差一点身陷敌手，在无为党组织的积极营救下，化险为夷，演绎了一段扣人心弦的惊险传奇故事。

　　1943年3月中旬，日军调动南京、江浦、铜陵的一一六师团为主力，配合一一五师团一部，兵力8000余人，发动远途奔袭，以分进合击的战术，包围皖江抗日根据地无、巢中心区，进行突然袭击式的大"扫荡"。17日晨雾未散之际，日军对中心区新四军第七师驻地牌楼、大余岗等地发起闪电式攻击。第七师虽然早有防备，但部队主力分散于沿

曾山、曾希圣避险的仙人洞

江、皖南、和含等地。中心区仅留下师直独立团唯一主力。当时，在师部所在地团

---

[1]参见《安徽文史资料全书·巢湖卷（上）》，第274页，安徽人民出版社，2007年8月。

山礼堂正在召开皖鄂赣边区（后称皖江区）党委扩大会议，华中局党委委员、组织部部长曾山来皖江视察并做重要讲话，区党委书记、第七师政委曾希圣做工作部署。就在曾希圣做工作部署时，十万火急的军情通报直送会场。会议立即停止，在万分危急的情况下组织反"扫荡"突围战斗。

当晚，狂风怒吼，大雨如注。新四军第七师独立团经过四个多小时的浴血奋战，将日军的"铁壁合围"撕开一个口子，护卫着师部和边区党委成员冲出包围圈，安全地进入银屏山区。银屏山区位于无巢中心区北部，境内群山起伏，山高林密，在军事上易于隐蔽。两曾首长分析形势后认为，日军在中心区未找到我军主力，必定向银屏山区扑来，师直独立团如正面与之抗击，兵力悬殊，将遭到重大损失，即使胜利也是惨胜。独立团指战员大都是红军时期的老战士，是宝贵的革命财富，应该保存实力，跳出敌军的追击围堵，到外线作战，袭扰敌军，战果会更好。该方案得到独立团负责人的理解和支持，建议立即行动，部队在敌军进山前运动下山。

为避免与日军进山部队发生遭遇，独立团利用熟悉山区地形优势分路穿插。为减轻部队的负担，两曾决定，他俩与其他党政人员及师部后勤人员一律就就地分散隐蔽，身边负责警卫任务的特务连也随独立团一并突围出去。对两曾首长的决定，独立团团长熊应堂心中十分不安，部队突围出去，若首长留下来遇险怎么办？但两曾首长的决定无丝毫商量的余地。独立团只得服从命令，进行临时整编，全团兵分两路，立即启程，由中共银屏区委派出向导带路下山。除一路在姥山受阻激战，胜利渡过巢湖外，其余均未发生重大的战斗，全团战略转移比预计的顺利。

独立团出发以后，曾山和曾希圣两位首长放心了大半，只要部队未遭到损失，抗日的武装保存了实力，这就是伟大的胜利，至于他们个人的安危已算不了什么。两曾随后带着警卫员和机要工作负责人李务本、段洛夫、王诗桥等随行人员，找个向导往银屏山的深处走去，准备找一处便于隐蔽的地方，躲避日军进山搜捕的部队。银屏山山峦起伏，山路曲折难行，很多悬崖沟壑，是典型的喀斯特地貌，山中还有不少大大小小的溶洞，也便于人员的隐蔽。两曾决定找一个大些的溶洞，带着队伍藏进去，躲过鬼子搜山就安全了。

两曾首长询问本地向导，附近可有能藏身的山洞？向导说，离仙人洞不远了，可以钻进八仙山下的仙人洞隐蔽。仙人洞是银屏山区最大的古溶洞，传说是崔子颜、吕洞宾等神仙修炼之所，因而得名。在洞口的悬崖峭壁间，生有一株人称"天下第一奇花"的千年白牡丹。仙人洞与奇花相映生辉，使仙人洞蒙上了一层神秘的色彩。仙人洞内有黑洞亮洞之分，黑洞内伸手不见五指，进洞必须燃火把，洞内多钟乳石，奇形怪状，各有千秋。亮洞长达数华里，弯弯曲曲，高低起伏，洞内有条暗河，终年水流不息，暗河的中部有一巨大天台，爬上天台，上面就是天窗，人到此处，可以重见天日，窥视蓝天，因此又有"一线天"之称。

两曾首长听到有此去处，便商定去仙人洞隐蔽。于是，一行人顺着崎岖的山间小道，艰难跋涉，往八仙山走去。当夜，他们找到仙人洞，点燃火把，钻进洞里，往深处进发。洞内遍布的钟乳石上挂下联，犬牙交错，狭窄处仅能匍匐进入，洞内隐蔽性很强，是隐蔽人员的好去处。这支小队伍全部进入仙人洞之后，两曾松了一口气，目前算是暂时脱离了险境。

19日早晨，日军部队分头进入银屏山区，占领了项家山、任家山等大小十个村庄，因为未能找到新四军主力，恼羞成怒，在山村里烧杀抢掠，使美丽的银屏山区变成了恐怖的人间地狱。

此时，留在银屏山区，组织群众隐蔽疏散的中共无为县银屏区区委书记李德友，得知两曾首长未随部队撤离山区，而进入仙人洞隐蔽的消息时，心一下子提到了嗓子眼上，顿时忐忑不安，焦虑万分。仙人洞是银屏山最有名气的溶洞，几乎人人皆知，况且，两曾进入仙人洞的消息自己得知，潜伏在银屏山区的敌特汉奸也肯定会知晓，一旦报告给搜捕的鬼子，那么，围堵仙人洞，再用恶毒的手段如放毒气、灌毒烟等，两曾首长带领的小分队将如笼中之鸟，难逃敌军的毒手。这样的后果，李德友难以想象，果真如此，将是整个皖江抗日根据地难以承受的。

李德友想，目前最紧要的是立即赶到仙人洞，在日军到达之前，说服首长撤离。他拿起铁铲和粪筐，扮作拣粪的农民，一路向山里奔去，一边打探和了解情况，一边找尚未撤离的游击队和民兵做帮手一道进山。最后在董家山村找到基干民兵董兆福、董兆松、董兆城三兄弟，紧急商议营救两曾首长下山的办法。他们决定带上绳索，由明洞一线天的天窗把人员营救出去。他们等到黄昏，分头带着绳索衣物等先躲进山林，待到夜深人静之时，赶往仙人洞会合，然后进洞展开行动。

到达洞口，李德友与董氏三兄弟打着火把，进入了仙人洞。警卫人员问明情况后，带着李德友去见两曾首长。见到两位首长安然无恙，李德友悬着的心放下了一半。他向首长汇报了日军进山"扫荡"的情况，估计明天日军即将展开大规模搜山，仙人洞在明处，众人都知道，已经没有隐蔽的优势了。恳请两曾首长立即撤离山洞，另找隐蔽的去处。两位首长听李德友一番话语，想到难测的后果，不由得惊出一身冷汗，也深知形势的危急，便同意立即转移。他们换上董家兄弟带来的村民服装，丢掉多余的物品轻装简行，董家兄弟先行攀上天台一线天，爬出天窗，然后放下绳索，把两曾首长与小分队一行人员带出仙人洞。

出洞后，一行人在李德友等人的带领下，从人迹罕至的小路前行，避开村庄和敌军，隐身潜行，不留蛛丝马迹。董家兄弟自小生在山里，对银屏山区非常熟悉，由他们当向导是最安全不过的。他们一路翻悬崖、踏天涧、过丛林、涉浅滩，在夜色里悄然急驰。准备进山"扫荡"的敌军在山口、路口都布有岗哨，一行人有时就在敌人的鼻子底下摸黑通过。有时距敌军不过百米，大家悄无声息，迅速通过，虽险象环生，但也有惊无险。

一行人翻山越岭走了半夜，天快亮时，到达银屏山最南边的柿子树村。到这里已经跨出了敌人的包围圈，小分队安全脱险了，李德友终于松了一口气，放下心来。李德友事先安排了区委委员季学道在村子里接应，准备好饭菜，烧好热水，只等他们到来。两曾首长一行到达目的地就像到了家，紧张的心情松了下来。一行人吃饱喝足，稍事休息之后，曾希圣指派李务本、季学道继续护送曾山部长到和县、含山地区。他自己留在山外，立即成立反"扫荡"指挥部，部署新四军第七师所属部队开展反"扫荡"斗争。至此，两曾首长彻底摆脱了敌军"扫荡"的险境，给银屏山仙人洞又增添了新的传奇故事。诗曰：

抗日烽火燃银屏，仙人洞中困两曾。
遇险疾走一线天，蛟龙入海又领军。

（叶悟松）

垦荒闷湖洲[1]

抗战胜利不仅取决于艰苦卓绝的军事斗争，"抗战经济"也是重要支柱。1941年到1945年，新四军第七师及皖中党政机关集中在无为地区，面对日伪顽疯狂的军事进攻和经济封锁，根据地军民以极大的智慧发展自给自足的"抗战经济"。

1941年，无为县抗日民主政府成立。一天，县长吕惠生把王试之和倪化黎两人找去，同他俩说："今天我们建立了政权，部队要发展壮大，所需供给要人民负担，我们都是无为人，要多为桑梓做点事情。无为江边荒滩很多，如太白洲、闷湖洲等，如将这些沙滩开垦出来，就可多收粮食，增加抗战力量。政府打算成立一个垦荒局，由你们两位负责，最好从闷湖洲开始。"他们俩欣然接受了任务。他们带了一名通

无为县抗日民主政府垦荒局局长王试之

讯员，住在闷湖洲附近农民家里，建立了垦荒局，王试之任局长，积极筹备开垦闷湖洲的工作。闷湖洲实为闷湖窑芦滩，是长江无为姚沟镇境内多年淤积的荒滩，位于长江无为大堤外侧。那里芦苇丛生，江滩茫茫，早年一片荒芜。清宣统元年，有当涂人王祖培来闷湖窑芦滩垦殖。芦苇亦为沿江居民生计的来源，当地绅民曾先后

---

[1]参见《百年沧桑话无为》，第408页，安徽大学出版社，2006年11月。

五次联名向官府禀控，要求蓄芦保堤，反对垦荒耕种。抗战前多次有人尝试开垦，然为垦荒事屡起纷争，险些酿出人命案。这次王试之他们虽是代表政府来开垦，但人民政权初建，当地封建势力仍很猖狂，加之离敌人据点很近，江面上常有日本军舰行驶，随时都可能遭到敌人骚扰和敌舰、飞机扫射。所以开垦之初，困难是很多的，其中最主要的困难仍是当地封建势力的阻挠。这些不法分子用造谣、恫吓等手段暗中进行破坏。农民群众慑于封建地主往日的权势，不敢出来投标开垦。针对这种情况，王试之和倪化黎就白天到田间地头，晚间到群众家中谈心交朋友，有时还在菜油灯下召集三五人开小会，宣传人民政府垦滩意义和政策：三年不交公粮，不收税。并研究决定：把垦地分成三等，分等论价出售，甲等每亩70元，乙等60元，丙等50元；对一时无钱缴纳地价款的，可延迟到收获一季再缴款；对阴谋破坏的少数地主不法分子，晓以政策，并给予严厉警告。农民群众都纷纷前来投标垦荒，不到一年时间，便把沉睡百年的闷湖开垦成肥沃的耕地，成为当时皖中抗日根据地第一块开垦成功的土地。

王试之的垦荒局成功地组织闷湖窑荒滩的开垦，对发展皖江根据地的"抗战经济"是有贡献的。垦荒局1941年5月成立后不到两年时间，根据地党政军民累计开垦荒山、荒滩7万余亩。部队、机关开荒生产杂粮、蔬菜，已能部分自给或基本自给。

（程传衡）

血战花桥毛公山^[1]

1943年3月17日，新四军沿江支队大队长梁斌接到侦察员的报告：敌人一路由银屏山向严家桥新四军第七师师部所在地进犯，一路向湖陇沿江支队部所在地进犯。梁斌立即命令住在尚礼岗、花桥一带的独立大队积极准备作战。18日凌晨，独立大队二中队未等天亮就提前吃早饭，东方刚泛鱼肚白时，流动哨报告看到毛公

当年血战花桥毛公山的抗日战场

山有信号弹，又发现前面有敌人。不一刻就听到敌人的枪声，同时听到我方哨兵回击的枪声。说时迟，那时快，独立大队一、二、三中队以迅雷不及掩耳之势，迅速进入各自阵地。三中队用从鬼子那里缴获来的日式轻机枪猛烈扫射冲来的敌人。一中队则在右翼侧射敌人。战士们沉着应战，互相掩护，交叉射击，有力地压制住了敌人。

敌人前行到离我阵地四五十米时，突然卧倒不动，接着便听到炸雷般的声音，

---

[1]根据新四军老战士马步云口述整理。马步云，安徽南陵县人，抗战时期任新四军第七师沿江支队文化教员、政治指导员等职。

原来是敌人首先向我阵地打炮。大约过了七八分钟，敌指挥官挥舞着军刀，哇啦哇啦地吆喝，驱赶着一群兽兵狼嚎着向我阵地冲来。

这时我们的战士们握紧拳头，目瞪前方，暗暗发誓："狗娘养的，你冲上来，老子要你的命！"队长也在招呼："同志们，等敌人近点再说，我们打它个落花流水！"

二中队中队长骆志祥和最前面的战士紧密注视着敌人的每一步行动。当敌人距阵地前沿约十米，进入手榴弹最有效的火力范围内时，他一声命令："同志们，快打呀！"一个战士首先跳出战壕将捆在一起的两颗手榴弹使劲地掷了出去，手榴弹顿时在敌群里开花，一瞬间炸得敌人血肉横飞，引得战士们齐声高呼："打得好！打得好！"紧接着各种火力像暴风雨般射向进攻的敌人。浓烟笼罩着阵地，敌人被打得晕头转向，哇哇嚎叫。敌人第一次进攻很快被打退。

但敌人不甘心失败，准备了一段时间又发动了第二次进攻。这次比上次更惨烈，双方进行了白刃战。我英勇的指战员们怒目圆睁，气冲霄汉，有的用大刀猛砍敌人，有的用刺刀猛戳敌人，有的赤手空拳与敌人搏斗。在激烈的战斗中，敌人伤亡惨重，一个指挥官也丢了性命，最后不得不狼狈逃窜。

此时，另一股敌人又向我发动了猛烈的攻击。三排排长黄××虽身负重任，仍不下火线，高呼："打倒日本帝国主义，冲呀，杀呀！"最后因流血过多而英勇牺牲。战士们同仇敌忾，化悲痛为力量，与敌血战了几小时，虽然消灭了大量敌人，终因敌我力量悬殊，我们的伤亡、消耗极大，加之弹药将尽，支队部决定暂时避开敌人包围圈，独立大队分散活动，继续与敌人周旋，牵制敌人。

支队首长首先对部队做了简短的动员，随后各党支部、党小组又开了简短的动员会，同志们一致表示："只要有我们在，就一定能粉碎敌人的'扫荡'。"小战士徐无福左肩受了轻伤，还在流血，保健员给他包扎后劝他下去休息，他就是不肯。这时中队长又命令他下去休息，小战士不仅没有下去，还天真地问中队长："你不是讲轻伤不下火线，重伤不哭吗？"看着既可爱又淘气的小战士，中队长只好让他随部队行动。

夜幕渐渐地降临了。独立大队的三个中队以排为单位，在群众的掩护下，发起反击，趁夜色冲出敌人的包围圈，继续进行反"扫荡"的战斗。

（童毅之）

耿家油坊脱险记^[1]

1943年3月，新四军第七师和含支队在和县宣布成立。没过几天，日伪军纠集日军8000余人、伪军3000人，兵分数路合击我无巢中心区，妄图将我党政军领导机关和第七师主力，一举消灭在银屏山一带。为配合师部和兄弟部队反"扫荡"，和含支队副司令马长炎率支队部分主力，向敌

当年和县的耿家油坊

人侧后进军，扒铁轨、炸桥梁、剪电线、毁车站，切断敌人交通运输线，袭击巢县、林头、东关等敌据点，毙伤日伪军100多人。

日伪军向我皖江根据地"扫荡"被粉碎后，十分不甘心。6月间，正当根据地群众包粽子迎接端午节到来时，驻守在含山、和县、姥桥的日伪军1000多人，兵分四路向和含根据地中心区南义集、耿家油坊一带杀来，企图消灭我和含领导机关。和含支队留下独立大队五中队在此地与敌周旋，其余部队跳到外线打击敌人。

敌人每到一处，烧杀奸淫无恶不作，把老人捆起来推到火里烧，把婴儿用刺刀

---

[1]参见《马长炎传》，第248页，安徽人民出版社，2000年3月。

挑着往火里送。马长炎爱人卢前玉，无为县白茆洲人，担任支队机关党组织指导员，此时正在耿家油坊村干耿新超家生孩子。此前，她的通讯员任少华到独立大队三连当兵去了，耿新超带领群众坚壁清野，向安全地带转移了。卢前玉产后的第二天，日本鬼子就来了。年过半百的耿妈妈听到鬼子刮风一样的枪声，眼看着鬼子烧房子的冲天大火，急得满头大汗团团转，几次说："卢大姐，这可怎么好，马司令怎么还不来？"卢前玉躺在床上吃力地擦枪，做好了与敌人以死相拼的准备。她平静地说："大妈，老马带兵打鬼子去了，你不要管我，快转移吧。敌人来了，我拼死两个够本，拼死三个赚一个！"好心的耿妈妈不忍心丢下她们母子，又无法解除危难，"扑通"一声跪在神龛前，不停地请求观音菩萨保佑。

关键时刻，马长炎警卫员蒋其好前来帮忙，先将耿妈妈送到安全地带隐藏起来，又回来抱上孩子，保护卢前玉母子俩艰难地突围。

卢前玉布巾扎头，腰插驳壳枪，一手拄着青竹竿，一手捂着肚子，跟跟跄跄地跟在蒋其好后面走。他们翻山越岭，过沟淌河，穿过敌人多道封锁线。突然狂风大作，暴雨倾盆，道路比浇了油还滑。卢前玉不时摔倒，挣扎着爬起来再走。饥饿的婴儿，被雨一淋，哭得更厉害。卢前玉想给孩子喂口奶，但由于几天没有吃东西，一口奶水也没有，孩子哭得更凶。卢前玉心如刀绞，泪水与雨水交流，心一横决定丢下孩子。她将婴儿放在草堆旁，用衣服盖好，一步三回头，含着热泪步步东去。蒋其好不忍心执行这个命令，走了一程又回头将婴儿抱着赶路。晚上过封锁线时，他们又碰上了敌人巡逻队。狭路相逢勇者胜，他们掏出"快慢机"，向敌人射去，一下子撂倒七八个。当敌人省悟过来时，他们已经消失在黑暗中。为防止婴儿啼哭，蒋其好用一个手指头放在他口中，让小家伙别哭出声来……

（耿松林）

胡治平兄弟智救王雨田[1]

在与日伪军的斗争中，无为县交通联络站站长胡治平不断为第七师提供情报，为粉碎日军"扫荡"做出了重要贡献。胡治平与其胞弟胡守濯深入虎穴，巧与日伪军头目周旋，经过斗智斗勇，终于从日伪军监狱中救出黄农夫妇。

黄农，原名王雨田，河南大学医学院毕业，保送北京协和医院研究生，会德、英语。1937年到延安，改名黄农，在军委卫生部工作。1938年调新四军军部小河口后方医院。不久，调任第三、五支队军医处主任。皖南事变后，调第七师任卫生部长。中华人民共和国成立后，调外交部工作，恢复原名王雨田，曾出任我驻民主德国、联邦德国等国参赞、大使。1977年12月因病逝世。

智救王雨田（黄农、第七师卫生部长）的无为县交通联络站站长胡治平

2001年国庆节期间，84岁的新四军老战士、王雨田夫人张惠新率子、媳回无为访问，笔者陪同张老一行参观新四军第七师师部、卫生部等地旧址。城内万字会旧

---

[1] 参见《隐蔽战线上的斗争》，第486页，当代中国出版社，2003年11月。

址院内一棵古树，引起她回忆当年与黄农一起被敌人关押的难忘岁月。她向笔者惠赠《王雨田大使纪念文集》一书，还讲述她在合肥拜访营救她与黄农脱险的胡治平同志（2003年8月逝世，97岁）的事情，生动感人，令笔者深受教益。

王雨田被俘

日本侵略军多次对驻无为一带的新四军第七师进行"扫荡"，由于第七师的交通情报工作做得好，早做预防，大多损失较小。其中损失最大的是1943年3月17日，日军对无为的"扫荡"。这一次日军从南京、芜湖、铜陵、安庆等地抽调兵力6000余人，分八路突然向皖江根据地首脑机关所在地——无为县严桥、恍城地区进行奔袭"扫荡"。由于日军此次进攻行动诡秘，封锁各路交通，连伪军也不通知，新四军第七师突遭袭击，以致伤亡200余人。其中牺牲的有：皖中参议会副议长陈可亭、皖中水利委员会负责人叶玑珩、第七师供给部长郑行福、师直党总支书记曾宪忠等；被俘后殉难的有：师供给部副部长郭仪鸿；下落不明的有：第七师卫生部部长黄农及爱人张惠新。中共皖江区党委书记、第七师政委曾希圣和前来皖江根据地检查工作的中共华中局组织部部长曾山，也经历风险，几遭不测。在粉碎这次日军"扫荡"后，华中局来电严肃批评："此次七师在反'扫荡'中重大疏忽……今后必须接受此种血的教训。"

正当曾希圣为"扫荡"中牺牲、失散的人员焦急之时，无为县交通联络站站长胡治平向他汇报了第七师卫生部部长黄农夫妇的下落消息，曾希圣紧张的心情稍微得到了一些缓解。

原来在"扫荡"前，黄农结核病复发，和已怀孕的妻子张惠新（卫生部保健科长），在恍城区陈家祠堂休养。在反"扫荡"突围时，因行军不便，被组织安排随当地群众转移。躲进一个较为隐蔽的山洞里。第二天，日军反复搜山时，这个山洞被发现，20余人全部被俘。日军对所俘人员严加审问。黄农虽身穿便衣，但毕竟与农民不一样。日军把他捆在一棵大树上，用长枪抵其胸口，边恐吓边审问，但黄农毫不畏惧，按照事先与张惠新商定好的口供说：我叫王雨田，是从上海来安徽求职的医生，因生病在乡下休养。日军不信，找来一个军医追问："你是医生，那肺炎应怎么治疗？"黄农对答如流，并且还讲了治疗肺炎的新方法。日军虽然抓不住什么破绽，将其他人员释放后，还是不放心地把黄农夫妇带到红庙镇，关进一家店铺内。恰巧，这家店主正是无为县交通联络站的情报员，趁日军不注意时，黄农便将被俘、审问等情况告诉店主，托他速与组织联系。胡治平在得到情报员的报告后，遵照县委指示，速向区党委汇报。

虎口救人

曾希圣得此情况后立即指示胡治平说，黄部长是从延安来到新四军的高级医务干部，你们一定要通过敌伪关系，不惜代价，设法营救，这虎口救人的工作要迅速果断。于是，胡治平当即赶到无为县城郊，开始紧急的营救工作。

无为县交通联络站在城内有几条情报线，胡治平的弟弟胡守濯便是一条主渠道。胡守濯的公开身份是无为县万字会的负责人，是开展慈善工作的头面人物，实际担负搜集城内日伪上层人物的情报工作。他与伪无为县县长吴振璜、日军无为县行动队队长鲜于谦（朝鲜人，日军翻译）等人亦有交往，并利用这些人有的贪财，有的想留条后路的愿望，通过他们担保和释放过一些抗日人士。

胡治平到城郊后立即约见在城内的弟弟，与他共同商讨营救黄农的办法。他俩根据此次日军"扫荡"十分秘密的情况分析，黄部长可能关押在日军的手里，这对营救工作十分不利，因日军随时都会加以杀害。他们商量结果是：第一步先把黄部长夫妇转移到伪县政府监狱，第二步才开始实施营救工作。为了能及时商讨对策，胡治平暂住城郊，约定每天下午兄弟见面交流情况。

胡守濯回城找到鲜于谦探询情况，得知王雨田夫妇确实关押在后新街的日军行动队监狱内，是被从安庆调来无为"扫荡"的日军抓获的。因为怀疑他是军医，所以看管较严。胡守濯说："王雨田是我的亲戚，确实是到乡下去养病的。"并请鲜于谦一定要帮助保释。

鲜于谦原是随父逃难到中国东北的朝鲜中学生，后被日军征召入伍当翻译，本身亦有亡国之痛。他在无为娶了姓江的姑娘为妻，所以经常与无城上层人士交往。他答应胡守濯的要求，设法将王雨田夫妇从日军手里保出来交由县政府处理。随后，胡守濯又到鲜于谦的家里，要求其妻子帮助家乡人说说好话。

这时，关押在监牢里的黄农夫妇还不知道外面营救的情况，黄农健康状况日见恶化，咳嗽痰中带血，卧床不起。日军查房时，张惠新事先刺破手指，将血滴进已有血丝的痰里，故意加重病人的病情，日军见此情况，怕传染都离得远远的，连问话时都用手捂着口鼻。

不几日，安庆的日军返回原驻地，经过鲜于谦的疏通，黄农夫妇果然被移交给伪县政府监狱。这时，胡守濯以亲戚的名义探监，但黄、胡二人并不相识，胡守濯在狱中也不便多说，在临走时，他在黄农的手里塞了一张纸条。黄农打开一看，原是"我们正在设法营救"七个字，顿时，他感到一股热流暖遍全身，病情也像好了许多。胡氏兄弟商定的营救方案取得了第一步的胜利。

营救工作第二步开展得如何，伪无为县县长吴振璜是关键人物。吴早年毕业于保定军校，辛亥革命时，他还是个威震一方的有功之士，后在无为闲居作寓公。1940年7月日军侵占无为县城后，吴振璜先是到乡下躲避，后在伪安徽省政府的劝说和金钱的利诱下，于当年9月出卖灵魂当了汉奸县长。吴振璜与胡治平兄弟早就相识，他知道胡治平是新四军，也知道胡守濯身在城内万字会，心在城外新四军。吴对新四军是既恨又怕，恨的是新四军的抗日斗争使他卖国行径难以得逞，怕的是他土生土长，全家老小皆在无为，担心身家性命难保。胡氏兄弟根据吴振璜这些情况，决定大胆地对吴振璜开展工作，要他设法营救王雨田夫妇。

吴振黄贪财是出名的，胡治平在向曾希圣汇报后，筹措了一些金条交给胡守濯。一天，胡守濯到县政府找到吴振璜，说有个亲戚在这次日军"扫荡"中被俘，关在县政府监狱，请县长给予关照释放。吴说是知道由行动队转来的医生，但尚未审理，不便释放。胡守濯在临走时放下金条，说这是王雨田家中送来的感谢费用，请县长各处打点，早日放人，以免家中着急。

过了几日，胡治平见毫无动静，便与其弟商议下步应如何行动。因吴振璜还有些家人住在新四军控制的乡下农村，决定直接找吴谈判，料想他也不敢扣人加害。一天晚间，胡治平兄弟俩来到吴振璜家。吴在惊恐之余，假装不认识胡治平，而问胡守濯："这晚上万字会里还有什么急事？"

胡治平答道："今天是我陪弟弟来的，吴先生怎么不认识我了？好吧，明人不说暗话，我是为被你们关押的王雨田夫妇而来的，他俩是我们从上海请来为根据地群众看病的医生，也是我们的亲戚。现在鬼子已经把人移交给县政府了，大权在你手里，务请设法释放。"

吴振璜停顿了一会才说："这次所俘人员主要由日军审讯处理，我的权力有限。"但他答应帮忙疏通，还说要尽量为家乡人做些好事。这时，胡守濯告诉吴振璜说，他到监狱看望王雨田时，见他病情严重，须抓紧治疗。临走时，胡治平告诫吴振璜说，你是见过大世面的人，日本鬼子不会长久的，这次捉到的人，应该都释放，要为自己留条后路才好。

几天后，吴振璜派人找胡守濯，说县政府监牢有几个生病的犯人，决定转移到万字会关押和治疗。万字会是慈善机构，常常请医生为一些无家可归和无钱看病的穷人治病，但却还没有关押过病人。胡守濯还在考虑吴振璜玩什么花招时，警察已把王雨田夫妇押送到万字会，由警察值班轮流看守。胡守濯一边请医生为王看病，一边热情招待看守的警察，他觉得王夫妇离释放的日期不远了。两天后，又突然押来被日军"扫荡"时抓捕的两名女同志，一是第七师卫生部的药房主任，一是师教导队的干部。四人在根据地里朝夕相处，但在万字会里警察面前却装着互不相识，内心却是高兴激动不已。

此时，胡守濯经常向黄部长报告各方面的信息。一日，胡守濯得到消息，说明不日吴振璜与日军要做最后审问，要他们四人做好准备。次日，张惠新等三个女同志被带到伪县政府，吴振璜和一个日军及翻译鲜于谦简单地审问了几句，她们都按事先商定的口供作答。回到万字会后，胡守濯说吴振璜答应过几天就放人。

正在焦急等待的时候，吴振璜见胡守濯，说有人密告万字会关押的那个男子是第七师的大干部，日军尚不知晓，但他目前不敢释放，再另寻办法。突如其来的变化使胡守濯觉得夜长梦多，他急忙找到胡治平商议办法，二人研究，决定再找鲜于谦帮忙。

鲜于谦只知吴振璜和日军都同意释放王雨田等人，他亦不知道王是新四军第七师的什么人，胡守濯找他时只说："有人想敲诈吴振璜，他现在不敢放人，最好从日军手里释放，这样别人也抓不到吴的把柄。"鲜于谦说，这事好办，过几天有一个日军小分队要到南京去，王雨田不是从上海来的吗？对外就说由日军押到上海去，叫小分队把王雨田带到芜湖放掉算了，这样就与吴振璜毫无关系了。

胡治平得此信息后，立即向师部报告，请师部指派在芜湖的地下交通人员做好接应工作。几天后，日军派人到万字会用竹凉床把黄农抬上卡车，他和张惠新随小分队到达芜湖。说第二天到上海，正巧当晚芜湖市区发生爆炸，第二天日军和黄农夫妇到达火车站，但不准中国人上车，日军上了火车，把黄农夫妇留在车站。我第七师在芜湖的接应人员很快找到了黄农和张惠新二人，随即送他们回到无为县恍城区的第七师司令部。同时，关押在万字会的另外两位女同志也被释放，立即就由我们营救人员接回到师部。

（蒋克祚）

大江银行与大江币[1]

皖江抗日根据地成立不久，为了尽快打破敌伪顽的经济封锁，走出财政经济困局，打赢金融贸易战，开创皖江地区抗日斗争新局面，1943年6月，根据地成立了大江银行，领导根据地的金融工作。

当时，在根据地内市场上，流通的钞票还

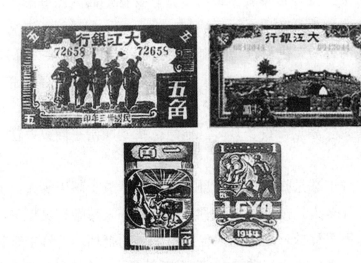

大江银行发行的大江币

是国民党几家银行发行的"法币"，甚至还有汪伪银行的伪币，严重干扰和侵袭根据地的财政金融市场。为了坚决地把"法币"和伪币从根据地市场挤出去，皖江区党委要求大江银行发行自己的抗日钱币，用自己的钞票占领自己的金融市场。

印制钞票，说起来容易做起来难。从部队和地方抽调十多位有印刷技术懂机械的同志创办印钞厂，先是用石版印刷，用脚踏的圆盘印刷机试印纸币。印制的钞票有1元、2元、5元、1角、2角、5角面额。这种简陋的工艺无法满足发行需要，然后又请艺术家吴耘用坚硬的木材刻制印版，但一块印版也只能印刷两万张左右。印制钞票，还需要专门的纸张，能防伪、耐用。造币厂又在根据地一个叫大俞村的山

---

[1] 参见《安徽文史资料全书·巢湖卷（上）》，第720页，安徽人民出版社，2007年8月。

沟里建了一个小型造纸厂，专门生产印钞用的纸张。厂长是位有造纸技术的老红军，他和工人们用山上的楮树皮，加工浸泡后取其纤维，捞出纸浆。用民间土法上马，生产出了质量很好的造币纸张。

艺术家吴耘先生为抗币票面设计了漂亮的图案，如根据地的山水田园、水利工程、新四军战士的形象等等，受到根据地军民的喜爱。由于造币厂工人和技术人员的精心制作，发行的抗币在市场上基本没有发现被伪造假冒。由于抗币由根据地大江银行发行，所以，根据地军民都亲切地称它为"大江币"。至1943年底，大江币在皖江根据地就基本上占领了中心区的金融市场，挤走了"法币"和伪币。

从金融理论上讲，银行发行钞票要有充分的黄金、白银储备作后盾。皖江大江银行发行钞票，也是量力而行，以根据地政府散存在老百姓家里的粮食、棉花、各类土特产（根据地藏粮于民的政策举措），以及集中在公家手中的食盐等物资为实物储备，以此取信于民。因此，大江币的信用远比"法币"和伪币高得多。但是，由于技术原因，大江币的发行量远远满足不了根据地市场上的货币流通量，还无法完全地把旧币挤出根据地。

为了扩大抗币的印刷量，上海的地下党想尽办法找到和动员印刷技术高超的技术人员，请他们去根据地印钞厂工作，招聘了印钞厂各个工种的技术工人。通过关系，购买了对开胶版印刷机，从汪伪印钞厂和中华书局搞到一套印钞票花边的底版。又四处购买了柴油机、切纸机、发电机、电动机等机械电器设备，通过地下交通运输线，把设备和人员分批运进皖江根据地姚沟印钞厂。

新印钞厂设在姚沟汉江中的一块洲地村庄[1]，四周是水，只有一座小桥连通，隐蔽性很强。厂子里新老职工80多人，都是党组织挑来的优秀骨干。新设备到厂后，大家齐心协力加班加点安装调试，不到一个月就成功开印。由于印刷机动力是柴油机，机器轰鸣，又要排烟，很容易被长江中巡弋的敌舰发现。大家动脑筋想办法，给印刷机装上手摇柄，改为人工驱动，从根据地调来20多名身强力壮的民兵，轮班上岗，用人力摇动机器，无声无息地进行印刷操作。新设备上马仅一个月时间就印完30令制钞纸、各种面额的新版大江币约100万元。

根据地人民群众信任大江币，纷纷把手中尚存的旧币全部拿出来兑换大江币。大江银行用收集到的"法币"、伪币一部分到敌占区采购根据地急需的军民用物资，一部分运到上海、南京日伪银行通过关系兑换黄金、白银、美元、日元，供上级机

---

[1] 洲地村庄：在村庄中设厂，具有一定的隐蔽性。

关和特殊工作环境使用。

到1943年底，大江币成了皖江抗日根据地市场流通的唯一货币。

1945年9月，新四军第七师奉命北撤，为了保护根据地人民群众的利益，大江银行立即停止大江币发行，并全部回收大江币。用军政机关、后勤部门无法带走的物资和公粮、食盐等，动员人民群众购买，快速回收大江币。收回的纸币集中销毁，最大限度地保证根据地人民群众在新四军北撤后的生命财产安全。现在我们在革命文物陈列馆看到的大江币，是根据地人民群众冒着生命危险珍藏的珍贵文物。诗曰：

大江银行大江币，人民用来最实惠。

不怕贬值和假冒，它比金银更珍贵。

（叶悟松）

神通广大的"51号兵站"[1]

电影《51号兵站》讲的是新四军利用一切有利因素，开展经贸活动，为我军和抗日根据地输入急需物资，积蓄财富，用于抗日和民生的故事。新四军第七师贸易总局在抗战时期所进行的经贸活动，比电影更富传奇，叫人叹为观止。

第七师贸易总局对外称"集成号商行"，是第七师的"51号兵站"，在与敌占区芜湖隔江相望的汤沟镇上有大量的贸易往来。老板叫蔡辉，也是第七师贸易总局局长，懂经济、有谋略。在敌伪顽的封锁下，如何使新四军手中有装备，根据地军民吃穿用

设在无为东乡汤家沟的皖江贸易总局
（对外称"集成号"）旧址

有保障，抗日民主政府财政收入有提高，是摆在蔡辉面前的首要任务。

根据地对面的芜湖号称中国的四大米市之一，粮源是江北无为等地产粮区的输入。大米等农产品是支撑米市的支柱，集成号决定从"米"上做文章，部署部队封江，江北的大米、棉花等农产品一律不准私自过江，大米的出口由集成号垄断。如此一来，江南敌占区芜湖、铜陵、繁昌等地陆续发生粮荒，导致南京、上海等地粮

---

[1]参见《安徽文史资料全书·巢湖卷（上）》，第716页，安徽人民出版社，2007年8月。

价飞速上涨。日伪军的军粮供应日趋紧张。

负责采购军粮的日伪政府驻芜湖的代表楠木和伪商会会长汪子栋压力大增，再筹不到军粮将脑袋不保。严峻的形势迫使他们想办法走出困境，通过有关人物牵线搭桥，汪子栋要求与集成号老板见面商谈。蔡辉等人要的就是这个机会，双方约定在二坝中路的一处秘密地点见面，开始了艰苦的谈判。几轮谈下来，双方达成秘密协议，汪子栋为我方采办炸药、雷管、枪械等军用装备，还有钢材、五金和机械设备，加上日用工业品，如食盐，火柴、电池、药品等等。我方用粮食、棉花、桐油等作价支付，叫以货易货。这种贸易方式我方占了大便宜，日本顾问楠木认可汪子栋与我方的贸易协议，因为他们完成了粮食采购任务，也算向南京方面交了差。

这种以货易货的贸易方式也很奇特，在双方约定的时间地点，双方装货的船只在预定的江面上靠帮，然后迅速卸货装货，神不知鬼不觉完成一笔交易。当然交货的时间都在夜间，我方收到货后，迅速将船开到江北秘密码头，接应的军民迅速卸货，人挑肩扛，独轮车推，把货物立即送往根据地中心区。

以货易货贸易一旦开始，贸易的范围不断扩大。芜湖方面供应的品种扩大到电讯器材、无缝钢管（可以造炮）、专用纸张（印钞用）、医疗器械、布匹等，这些都是我军和根据地十分紧张的军民用物资，有些是花钱也买不到的东西，根据地得到这些宝贵的战略物资，如虎添翼，新四军第七师的装备水平和战斗力得到明显的提高。

运送这些十分敏感的战略物资，楠木和汪子栋也十分小心谨慎，把重要物资伪装成一般货物，使用可靠的运输工具和人员运送。双方合作到后期，他们甚至用千吨级的军舰给根据地运送军需物资和武器弹药。合作到如此程度，与我方集成号的老板和员工们进行艰苦细致的统战工作是分不开的。

集成号的神通还体现在在金融方面做出了难以想象的成绩。他们通过楠木成功地打通了与南京日伪金融机构的联系，把我军在战斗中缴获和贸易流通中收到的大量伪币，秘密运到南京，购买我军和根据地急需的物资。集成号的员工把大量的"法币"用麻袋装起来，用楠木和汪子栋提供的汽车，堂而皇之地运到南京银行兑换成美元、日元，购换金条、银圆，再存入南京银行，以便将来使用。

集成号商行不懈努力，在与楠木、汪子栋做生意的同时，耐心细致地说服他们，争取他们对抗日战线的同情，帮助我军做一些有益的事情。后来，他们主动的给我方提供情报，告知鬼子"扫荡"的消息，使根据地居民能及时转移，减少损失，避免伤亡。集成号货栈里堆放的粮食来不及运走，员工们机智地贴上汪子栋给的日伪标签，成了日方的货物，骗过了"扫荡"的日伪军。

集成号商行是新四军第七师的聚宝盆，皖江抗日根据地神通广大的"51号兵站"。正是他们的艰苦奋斗，机智勇敢，不懈努力，为皖江抗日根据地的建设，新四军第七师的发展壮大，做出了巨大的贡献。他们的传奇故事比电影《51号兵站》更加精彩。诗曰：

七师有个集成号，做起生意呱呱叫。
打仗经商两不误，鬼子送枪又送炮。
生意场上筹帷幄，统战工作也不弱。
装备物资虎添翼，抗日战场逞英豪。

（叶悟松）

正义之师引领大刀会走向抗日^[1]

1939年秋，新四军江北指挥部指挥张云逸在庐江东汤池，传达了中央军委副主席周恩来在皖南军部所做的要我们向皖东、皖中发展的指示。他说："巢南是皖中的战略要地，但已被大刀会所把持，如何把大刀会争取过来，这是创建皖中抗日根据地必须解决的一个重要问题。"他还告诉我们，前不久，曾派魏兆雨大队长率两个连去做争取工作，但在楚

巢南大刀会会众

歌岭遭到国民党顽固派暗中操纵的姥坞嘴大刀会的突然袭击，我军损失严重，魏兆雨光荣牺牲。我们一定要抓紧时间做大刀会工作，走在日伪和国民党顽固分子前面，绝不能让它变成反共势力。

大刀会原名黄旗会，因悬挂八卦杏黄旗，会员披黄飘带而得名。又因每人备一把长刀，也称大刀会。这种封建迷信组织的政治态度十分复杂。以项举鼎为首的项、任、刁、张四姓为一派，倾向新四军，赞成抗日。任家山的任绍堂，是巢南五县边界有名望的士绅，民族感较强，是项举鼎信得过的人。最反动的是姥坞嘴的堂长郑

---

[1]参见《百年沧桑话无为》，第37页，安徽大学出版社，2006年11月。

旭初，不抗日只反共，是国民党特务，与项举鼎矛盾很深。

针对上述情况，我们决定先做任绍堂的工作，再争取项举鼎。对郑旭初则进行揭露、孤立，并伺机打击。

一、打开缺口　争取任绍堂

巢南大刀会因受国民党挑拨，敌视新四军，自袭杀魏兆雨后，所有路口实行严密封锁，发现可疑人进入辖区，格杀勿论。

因大刀会所需要粮食都要外购，我们就安排特务连在邻近的严桥柑子树村开设商店，廉价供应粮食、布匹、食盐等，并大量收购土特产。又在靠近封锁线开设了各种小店铺。这样，群众对我军产生了好感，一些大刀会成员也主动来与我们接触了。

就在这时，项举鼎派到我方来做生意的商人，被土匪抢去货物，还被打死两人，抓走三人。项举鼎大为恼火，要我部救出商人，夺回货物。我们用"调虎离山"之计，一面把大股土匪引到白湖加以歼灭；一面派部队攻进姥山匪穴，夺回被抓、被抢的人及货物交给了项举鼎。项感动地说新四军讲信用。

我们还通过严桥区青抗理事长、游击队长任醒凡去做任绍堂工作。几经周折，任绍堂终于同意由任道济、任醒凡陪同新四军江北游击纵队统战科科长蒋天然前来任家山和自己会晤。

会晤中，蒋天然耐心向他解释我党抗日民族统一战线的方针、政策，还送他一本《抗日救国十大纲领》，并诚恳地说："团结一切抗日力量，一致抗日，是我党抗日民族统一战线的精神实质。我相信先生会明辨是非，分清敌友的。"

敌特发觉了这个秘密，就蓄意破坏我部与大刀会关系。一次，敌特在任家山大沈村打死一名大刀会会员，割掉另外两名会员的耳朵。这个特务被抓住后，一口咬定是"蒋科长派人来干的"。正巧蒋天然带着两个人从桃花岭下来，只听一声锣响，埋伏的会员一拥而上，蒋被五花大绑抓进大沈村祠堂，就要拿他开刀祭灵。蒋大声叫沈堂长出面，要和凶手对质。一见面，特务根本不认识蒋天然，假象捅破，任家山大刀会对我们更加信任。

我们还寻机打击敌人，一次在曹家山口伏击战中，我们全歼敌人，并缴了十几条枪。任绍堂高兴地说："新四军人少打仗有本事，处处保护老百姓。"一天，蒋天然应邀和任绍堂彻夜长谈。蒋分析摆在他面前的三条路：一是投靠国民党，但国民党根本无力保护你；二是投靠日本人，对你这位有民族气节的人来说，根本不会考虑；三是唯一正道，跟共产党合作抗日。至此，任家山向新四军敞开了大门，争取巢南大刀会的工作出现了转机。

二、争取项举鼎　借路抗日

一番工作以后，任绍堂派人持他亲笔信护送蒋天然去见项举鼎。会面的项家山刀枪林立，摆开了五里路的"欢迎"场面。在一间陈设简单的客厅里，项摒退手下人，开门见山地问："对魏兆雨大队长流血事件，新四军真的不归罪于我吗？"蒋天然当即回答："这次事件是姥坞嘴郑堂长受顽固派特务的欺骗、挑拨所为，账要算在他们头上！请项指挥不要轻信谣言了。"

谁知，就在这个节骨眼上，国民党第五战区联络官派人伪装成新四军，把东关的日军引进大刀会堂口，烧杀抢掠，还抓走许多村民。我们当即向项举鼎说明真相，决定夜袭东关，江北游纵政委黄岩和参谋长桂逢洲亲自指挥。很快就消灭了东关的日伪军，救出被抓村民，这对项举鼎和整个大刀会都有极好的政治影响。

项举鼎对我党的政策和新四军真心抗日已经深信不疑，经过六次深入会谈，与我达成：新四军可借用其所控制的通道；活动人数可在五六十人；与大刀会接触，须经项总指挥允许；项总指挥提出的所需粮食，新四军如数供应等四条协议。通道打开了，我军接连向日军进攻，打了几个大胜仗。项举鼎命令会众杀猪宰羊为我们庆功，大刀会群众称赞新四军不愧是老百姓的子弟兵。

三、排除干扰　建立巢南独立团

巢南大刀会和新四军关系密切，引起了日、伪、顽的极大恐慌。他们加剧了破坏活动。

他们阴谋的第一步是搞垮项举鼎，由郑旭初取而代之。他们指使姥坞嘴大刀会反动分子到处造谣："新四军送给项举鼎200担大米，买通总指挥解除封锁线。"使项举鼎受到中伤，处境孤立，指挥失灵。我们立即说明真相：大米是新四军救济大刀会穷苦群众的，向新四军开放封锁线既是为了抗日，也是为山区群众购粮方便。误会顿时冰释，项举鼎的威望提高了，我军与大刀会的团结更增强了。

第二步是派人拉拢、收买项举鼎本人，要他参加伪政权。项早有警觉，借"神堂审案"，迫使来人李老板供出真情，交出反动传单和信件，将其处决，又处决了大刀会内部的一些汉奸。接着又在一次伏击战中，将日军军官池田及其12名爪牙一网打尽。

不久，我们建议项举鼎将有枪支的会员编成联防队九个支队，项任总指挥，每个支队均有我军两三个人担任政治、军事教官。联防队已完全服从新四军指挥。

1940年2月，经张云逸、何伟、黄岩批准，蒋天然作为新四军代表，项举鼎等九人作为大刀会代表，共同签署了联合抗日十条协议，大刀会改编为新四军江北游击纵队巢南民众抗日自卫总队，项举鼎为总队长，蒋天然为新四军驻总队代表。同时拥有枪支的大刀会四个营改编为新四军江北游击纵队巢南独立团，任道济任团长，蒋天然任团军政委员会书记兼政治部主任。半年时间，我们改造巢南大刀会取得重大成果。

1940年4月，国民党军队向我新四军江北游击纵队进攻。大刀会中的反共分子也重新抬头。中共和含巢无中心县委书记林岩等奉命于7、8月间又深入巢南山区，进一步开展彻底改造大刀会的工作。

四、秘密建党　争取基本群众

林岩等进入巢南山区后，吸取以往经验，提出了"抓住一个村子，摸清大刀会内幕"和"发展一个党员，建立一个支部"的措施，在中心县委所在地的陈家山口发展党员，建立支部，然后再向各村发展。到1941年年底，巢南各会堂口，都有我们的党员，甚至有党支部。党员们教育会员要痛恨日寇，不为反动阶级卖命。

我们还对大刀会会员家属进行说服教育，很多会员自动脱离大刀会，很多地方的大刀会解体。

五、争取上层　控制大刀会领导权

1941年初，中心县委在多地举办党员训练班，布置在堂长、副堂长、指挥中发展"特别党员"。同时，又争取到由共产党员担任大部分大刀会的副会长、副堂长甚至是堂长、会长。

紧接着，发动党员和广大会员群众，推选林岩担任以陈家山口为中心的总堂名誉会长。这样，我们的党组织就基本上掌握了大刀会的领导权，有力地利用大刀会掩护我党我军的活动。

六、因势利导　彻底改造大刀会

接下来，我们着手建立区、乡抗日民主政权和农民抗敌协会，掀起了抗日救亡热潮。有的地方大刀会完全被农抗会取代了。后来，巢南区委根据中心县委的指示，及时布置了各支部动员全体党员，发动群众主动撤堂子，缴大刀。对极少数投靠日伪顽的反动会首，则坚决镇压。很快巢南封建性的大刀会组织，彻底改造成为一支抗日武装力量，很多大刀会成员更是踊跃参加了抗日游击队。

改造巢南大刀会的艰巨任务胜利完成了。山区的面貌也发生了可喜的变化，昔日黄幡飘扬的封建大刀会王国，完全变成红旗招展的抗日根据地！

（王惠舟）

逆境造弹[1]

新四军第七师成立以后，部队日益发展壮大，对日伪顽作战频繁，急需武器装备。战斗所缴获的战利品有限，远满足不了部队的需求。新四军要解决武器装备，只有两条路，一是作战夺取敌人的武器补充自己；二是自力更生，自己修造武器装备。1943年秋冬之际，新四军第七师成立了兵工厂，开展武器装备的修理和制造。

根据抗日战场的敌我装备对比，我军明显处于劣势，手中只有少量的轻武器，以步枪为主，能够大量装备的只能是手榴弹。所以当时八路军、新四军战士们

新四军第七师兵工厂旧址

身上的装备都是一支步枪，一副子弹带，一副手榴弹带。在装备处于劣势的战斗中，手榴弹是一种在近距离可以大量杀伤敌人的轻武器，受到指战员们的欢迎，第七师兵工厂的主要任务是大量生产除子弹外的手榴弹。

---

[1]参见《安徽文史资料全书·巢湖卷（上）》，第734页，安徽人民出版社，2007年8月。

手榴弹分木柄手榴弹和香瓜手榴弹。木柄手榴弹技术含量低，拉着火投出去，前面的铁疙瘩炸开杀伤敌人就算合格，但是当时兵工厂机械设备欠缺，技术人员少，更没有生产原料，要想生产合格的手榴弹谈何容易。第七师首先从军部调来毕业于浙江大学化学系的大学生乔坚和技术人员孙见三、叶长根等，加入兵工厂，和兵工厂工人一道立即着手研制生产手榴弹。

手榴弹弹体由生铁铸造。兵工厂请地方政府动员根据地人民群众捐献生铁，群众把家里的铁锅，寺庙里的大钟，破旧的铧犁等都送到兵工厂，一个乡政府还运来一尊太平天国铸造的铁炮。又在地方党组织的帮助下，找到一个造锅作坊化铁的大风箱和炼铁炉。化铁需要焦炭，工厂的干部职工四处寻找求援，在兄弟部队帮助下，从淮南搞来了焦炭。然后请木工师傅制作浇铸手榴弹弹体的木模，开始点火炼铁，浇铸弹体，经过多次试验，成功地制出了第一批手榴弹弹体。木柄由木工师傅制作，木材在土车床上车好，中间穿孔，可以穿导索、装引信，尾部车上螺丝口，旋上盖子，木柄便完工了。

手榴弹里必须装填炸药，才能炸开弹体形成破片杀伤敌人。兵工厂自制炸药很有经验，用洋硝、硫黄和木炭碾成粉末，按一定比例混合，便成了炸药。工人们把炸药装入手榴弹的铸铁弹体之中，再插入导火索，装上木柄和拉火引信，一枚手榴弹就组装完毕。

装好的手榴弹要到靶场实验，测试爆炸后的效应[1]。可是参加试投的战士投出的手榴弹迟迟没有爆炸，或延时爆炸，使参试的战士负了伤。技术人员冒着生命危险拣回检查，原来引信不过关，不能准确引爆炸药。乔坚鼓励大家："不要灰心，继续试验，改进引信，我相信一定能成功！"

工人和技术人员把缴获的手榴弹引信拆下来，分解开，与自己生产的引信，从材料到制作工艺反复对比分析，终于找到了毛病，合格的手榴弹引信生产出来了，装上手榴弹，在试投时，颗颗炸响，试制手榴弹取得了初步成功。

在试爆时，大家发现弹体爆炸后，破片数量少，有时像香瓜掉地上一样只碎成几瓣，破片大，散布的面积也小，所以杀伤力不够。乔主任又带领大家对弹体结构攻关。

首先要加大弹体中炸药的爆炸力，技术人员对自制的炸药进行试验优化，找到最佳配比，装填后试投，效果不错。再者对铸铁弹体的材料、形状、壁厚等进行改

---

[1] 效应：武器制造后试验的效果。

进，经过七八个月的反复试验，终于生产了50多枚质量比较稳定的手榴弹。再去试投时，手榴弹爆炸的威力大、弹片碎片数量多，散布的面积等指标与缴获的手榴弹不相上下。参加试制手榴弹的工人和技术人员欢呼雀跃，通过近一年的艰苦努力，终于造出了合格的手榴弹。

随着根据地对外经贸的发展，大量的机器设备，钢材、煤炭、炸药、雷管、导火索等军用品源源不断地运进来，兵工厂的手榴弹等产品质量空前提高。这些根据地自己生产的手榴弹深受新四军第七师指战员的欢迎，在与日伪顽的战斗中，手榴弹成了战士手中的利器，炸得敌人闻风丧胆。诗曰：

根据地里兵工厂，昼夜隆隆机器响。
造出子弹手榴弹，炸得鬼子叫爹娘。

（叶悟松）

抗日根据地也有卷烟厂[1]

香烟的原料是烟草，烟草进入人类社会则始于原始社会的拉丁美洲。当时的拉丁美洲人还处于以采集和狩猎为主要生产活动的时期。人们在采摘植物时，尝到烟草的辛辣，并有醒人的香气，能提神解乏，便把它当作刺激物，形成嗜好。

香烟的最初形式是将烟叶晒平后卷起来，点燃吸食，这就是雪茄的雏形。再将烟叶晒干切成丝，纳入通气的器具中吸食，是烟斗的起始。还有将烟草制成粉末与各类药物混合，制成吸入鼻中的鼻烟。有我们中国人发明的大烟袋，把烟丝塞入烟锅中抽吸。有水烟，烟雾通过水烟筒里水的过滤，还可减少毒性，可见中国人的聪明睿智。最后，为了方便和时尚，英国人发明了卷烟，烟叶经

禾苗烟厂生产的禾苗牌香烟烟盒

烘干炮制之后，切成细丝，卷入特制的烟纸中，切成整齐的卷烟加以包装，再配以火柴和打火机，从此，卷烟成了人们的日常消费品。香烟生产销售产生的巨大利润，是政府财政收入的一个重要来源。

---

[1]参见《百年沧桑话无为》，第180页，安徽大学出版社，2006年11月。

现在抽烟是简单不过的事，商店到处有售。而在抗日战争初期，我们皖江根据地的广大军民抽的烟都是来自敌占区。断断续续进来的香烟价格高，一般的百姓和指战员们是抽不起的。在战争环境中，新四军广大指战员不允许酗酒，抽烟成了他们唯一的嗜好。抽烟是排解战斗的压力和浓浓的思乡之情的途径。

在新四军第七师司令部驻地，有一次曾希圣政委去院子外散步，看一个警卫战士拣地上的烟头抽，曾政委说："你怎么拣烟头抽啊？"

战士说："烟瘾上来了，没烟了，拣个烟头过过瘾。"曾政委看在眼，记在心，也没说什么。

又一次，曾希圣见到一个战士在摘树叶，曾政委便问他摘树叶干什么，那战士回答："晒干当烟叶抽。"曾政委说："树叶怎么能当烟抽呢？"

战士说："政委，我们买不起香烟。想家的时候点支树叶烟也可以消消愁！"

曾希圣回到机关，召集师里的几位领导，商量解决部队指战员和根据地群众的抽烟问题。曾政委讲："大家不要把抽烟当成小事，它是直接关系到提高部队战斗力和凝聚力的大事。我提议，根据地立即筹建卷烟厂，自己生产香烟，保证军民的香烟供应。"其他首长都表示同意，因为他们中也有"烟鬼"。

筹办烟厂的任务交给了根据地财经委经贸局。厂名叫"禾苗烟厂"，厂址设在恍城陈家祠堂，他们想办法从上海搞来卷烟设备，然后四处采购烟叶，保证了烟厂生产的需要。烟丝的制作是个技术活，经贸局和厂里领导想办法引进卷烟制烟技术人才。他们打听到芜湖有制烟的师傅，就用高薪请来。

卷烟厂解决了原料与技术问题后，生产走上了正轨。生产出两种商标的香烟，一是禾苗牌；二是邮船牌。禾苗牌烟标图案是一株破土而出的禾苗；邮船牌烟标是一艘破浪前行的帆船。由于禾苗烟厂生产的烟质量好，口味也不错，根据地周边的老百姓也都买禾苗烟厂生产的香烟抽。

邮船牌香烟档次稍高一点，烟丝质量、制作工艺都稍高级一点，香烟的口味比禾苗牌要好一些。主要外销，以增加根据地的财政收入。

说起根据地干部战士抽烟的事，非常有趣。基层干部战士烟瘾大的每月发给五包烟根本不够抽，然后用每月发给的津贴来买，每月一元津贴用完了，有的把生活用品，什么鞋、袜、毛巾、牙膏、牙刷都用来换烟抽。这些"烟鬼"们除了军装被子外，一无所有，都成了穷光蛋。

发的烟不够抽，只有想办法到烟厂"开后门"。要一些"跑条烟"，就是机器故障时出的废品烟。这种烟长的长、短的短，用篮子装着送到机关、用剪子剪整齐，大家分着抽过过瘾。禾苗烟厂生产的香烟受到广大新四军指战员的欢迎，大家评价这两种品牌香烟比敌占区大厂生产的老刀牌、紫金山牌等香烟还好抽。

香烟能提高部队战斗力不是一句笑话，在残酷的战斗间隙，艰苦的战备训练时，一支香烟既能解乏，又能提神。当指战员们打退敌人的一次进攻，一支香烟大家轮流抽一口，战斗意志更加坚强，再凶恶的敌人也可以战胜。诗曰：

禾苗烟厂顶呱呱，"禾苗""邮船"人人夸。
香味堪比"紫金山"，抗日军民就爱它。

（叶悟松）

"小莫斯科"严家桥[1]

严家桥是无为西乡一个小镇。位于银屏山和金宝垣山以南，龙吼山以东，恍城照明山和团山以西，马缨山和眠牛山以北。四面环山，地方偏僻。据说清代就有，面积不大，仅有几十家小商店，连同居

依山傍水的无为县严桥镇

民，人口不上两千，街道简陋，商业不旺。北端有一座高大的东岳庙（解放战争中被国民党军队烧毁），群众称为"小东庙"（因北有大东庙、东有老东庙）。至抗战时期，从1938年开始，巢无两县相继沦陷。周围乡镇，如盛家桥、魏家坝、开城桥、襄安等，多被日伪或顽军占据。

新四军江北游击纵队和第七师创建无巢根据地，逐步扩展为皖中、后改为皖江根据地。皖江区党委和第七师师部驻在团山李、三水涧村，师直单位，如保卫师部的特务营与教导大队驻在涧北蒋村，锄奸部驻在锺家桥村，卫生部驻在平顶山北华表村小陈家祠堂，供给部驻在横山南边大项村，参议室（即敌工部）住黄家庄，大江报社设在区党委附近凤家坝村，后迁界牌山张家洼村。皖江行署设在小俞家祠堂，

---

[1]参见《蒋伯举文选》，第128~134页，政协无为县文史委员会，1995年11月。

署直单位，如财经处设在俞太四村，参议会与水利委员会设在倪家店村，大江银行设在响山油坊冈，禾苗烟厂设在陈家衖陈家祠堂。无为县政府设在上庄院子陈家祠堂。县直单位中粮赋局设在何家山周家湾村，严桥区政府设在蒋洪村。上述部队和机关驻地，距严桥最远的只有十几里，最近的才三五里，每天派人上严桥街采购物品，而四方较远的民众，不愿到敌区或顽区市场，也都到严桥买卖商品。于是严桥生意兴隆，一跃而成为根据地的重要市场，每日上街的人熙熙攘攘，络绎不绝。

尤其是根据地的党政军领导人，如区党委书记兼第七师政委曾勉（曾希圣）、代师长谭希林、副师长傅秋涛、参谋长孙仲德、政治部代主任王集成、区党委组织部部长李步新、锄奸部部长李丰平、宣传部部长周新武、供给部部长李兰炎、卫生部部长黄农、皖江行署主任吕惠生、无为县县长陆学斌等，亦常到。有时因戎装莅临，有时因出巡微服路过，但他们都只带一至两个警卫人员跟随，从无前呼后拥、戒备森严的排场。区党委有时还借东岳庙作会场，召开群众大会，首长到会做报告。在皖江区党委所在地三水涧和皖江行署所在地小俞家祠堂之间的孙家祠堂，原有十五间房子，分三进，中间隔两个天井，门前空场地有十几亩大，是孙家老坟地。约在1942年春，皖江行署将孙家祠堂改造成"皖江大礼堂"，可容纳一两千人开会，祠堂外面空场地又可作露天会场，开万人大会都可以。两次皖江参议会就是在这里召开的。代表们住在涧北蒋村，距会场很近。第七师师直、皖江行署所属单位，也经常在这里开会。大江剧团演出也常在这里排练或演出。如话剧《前线》，就集中了第七师所有有专长的演员。部队和地方干部分期分批观看，后来也演给群众看，可以说是皖江地区一次很大的文艺活动。《前线》是批判骄傲自满、保守思想的苏联剧本，对部队和地方干部教育作用均很大。逢节日，大江剧团也演出歌剧《农村曲》《雾的重庆》《银屏山下》《小朋友捉日本鬼子》等自编节目。这个礼堂在当时发挥了很大作用（一九五〇年后改为平定小学），因此，当地群众把严桥称为"小莫斯科"。据此可以说明它是根据地的一个政治和经济中心。

（耿松林）

军民携手灭蝗虫[1]

蝗灾，是指蝗虫大量繁殖，毁灭农作物的灾害。蝗虫民间俗称蚂蚱，在田间地头，草丛中时常可以看到，它属于昆虫纲，身体一般呈绿色或黄褐色，咀嚼式口器，后腿强大，适于跳跃，还能短距离飞行，主要以禾本科植物为食。蝗虫种类很多，全世界有1万余种，如飞蝗、稻蝗、竹蝗、棉蝗等。是农林业的主要害虫。平时独

消灭煌虫，刻不容缓

居，不成灾害，有时在环境、气候等外因影响下改变习性，开始群居生活，大量繁殖，集体起飞，形成令人生畏的蝗灾，对农业造成极大的危害。

在抗日战争时期，1943年春夏之交，皖江抗日根据地中心区的无为与巢县的交界区域，发生了严重的蝗虫灾害。临江的白茆区和无为的石涧区也发现了大量蝗虫。当时的新闻报道说，蝗虫飞来之时，遮天蔽日，如一片乌云飘来，连太阳光都被挡住，群蝗飞起之声，如飞机临空，轰鸣而来，连地面的猫狗都被吓得退避三舍。

---

[1]根据1945年5月17日《大江报》报道。《大江报》，中共皖江区委机关报，原件存安徽省档案馆。

蝗虫落下的地方，方圆数十里如盖上了厚厚的毯子，覆盖的蝗虫有数寸之厚。再飞起之际，地上的庄稼、蔬菜，能吃的绿色植物被一扫而光，剩下的只是一些苦艾之类蝗虫不爱吃的植物。农民辛辛苦苦种在地里的庄稼，被不计其数的蝗虫啃食殆尽，造成大面积绝收，一年的收成瞬间成了泡影。如此下去，根据地的军民吃的穿的都成了大问题，灭蝗工作成了根据地的头等大事。

蝗灾发生后，皖江区党委立即发出指示，要求全区党政军民学各部门、各阶层立即行动起来，全力投入灭蝗战斗，从蝗口夺粮，彻底剿灭蝗虫保丰收。

部队和机关的工作人员深入蝗灾区，对群众进行宣传教育，讲解蝗灾的生成和危害，破除封建迷信。不要把蝗虫当做什么"蝗神""神虫"烧香膜拜、祈求太平，对待蝗虫，应该像消灭日本鬼子一样，坚决干净彻底地予以剿灭，才能保住田里的庄稼。

全员动员以后，一支支灭蝗大军向蝗灾泛滥地区进军，开展灭蝗战斗。大批人员手持扫帚、树枝、破衣服之类的工具，对蝗虫进行扑杀，漫山遍野的人群，排成一排，挥舞工具将蝗虫扑打在地，然后将扑杀的蝗虫堆成一堆，架上火焚烧，最后挖坑掩埋。在蝗虫数量大的地区多派人手上山下地，形成局部的扑杀优势，反复扑杀，尽量使一个区域较彻底地灭蝗。灭杀完成的田块，插上红旗，以标志灭蝗的成果。

在发生蝗灾的地区，请有经验的老农民带着大家找蝗虫产卵的地方，一旦发现蝗虫卵和幼虫，立即进行剿灭。

新四军第七师指战员也积极参加灭蝗，他们利用作战训练的间隙，每天派出数百人的队伍上山下地扑蝗，和当地的农民群众一道扑灭蝗灾，还告诉广大农民群众，"日寇是大鬼子，伪军是二鬼子，蝗虫就是三鬼子，我们要坚决消灭他们，才能保证粮食丰收！"有子弟兵一道灭蝗，使农民群众的信心更足，干劲更大，灭蝗的成果更加喜人。

指战员们参加灭蝗战斗，扑杀，挖卵、铺草烧蝗，一样不落，给地方人员做出了榜样，受到农民群众的赞扬，大家说："新四军的同志打鬼子厉害，灭蝗也过劲！"

参加灭蝗的指战员一天下来烟熏火燎的，加上扑蝗时满头大汗，随手一抹，人人成了大花脸。有的人烧蝗虫时被大火燎着了头发，燎光了眉毛，更是滑稽可笑。大家你看我，我看你，不由得笑疼了肚子，这种革命乐观主义精神感染了每一位灭蝗人员。

灭蝗之后的地区，受害的田地必须立即根据季节进行庄稼和蔬菜的补种，能种瓜的种瓜，能种豆的种豆，能种杂粮的种杂粮。使春耕和秋种尽可能地不受影响。

　　当地的抗日民主政府还组织变工，加强地区间的劳力互助。扑蝗时人力不足，从其他区乡调劳力过来，补种之时，发动群众组织劳动互助，突击耕种，通过有计划的调剂劳力，使蝗灾的损失降到最低。

　　蝗灾虽然扑灭，防灾仍然重要。生成蝗虫的地区大都是干旱、多年无水灌溉的畈地。抗日民主政府组织人力兴修水利，引水灌地，泡松土壤，使蝗虫失去产卵的温床。

　　鼓励农户多养鸡、鸭、鹅等家禽，放养到山间地头，这些禽类是蝗虫的天敌，蝗虫是鸡、鸭、鹅的美味，有它们的制约，蝗虫自然无法大量繁殖成灾了。

　　由于抗日军民齐心协力剿灭蝗虫，使发生在根据地的蝗虫灾害降到了最低，保证了丰收，人民群众的吃穿没有受到大的影响。诗曰：

蝗虫铺天盖地来，吃尽庄稼成祸害。
无为军民齐动手，抗日灭蝗抗天灾。

（叶悟松）

磨盘山上擒敌酋[1]

磨盘山，南北走向，由四个山头组成，北濒巢湖，东北靠近银屏山，为我巢无根据地西面之重要屏障。1943年11月22日，国民党第八游击纵队第二支队2000余人，向我磨盘山阵地猛烈进攻，到了下午阵地失守。16时许，56团首长派作战参谋到1营传达命令，在黄昏后派出小部队对磨盘山之敌实施夜袭，目的是打乱其部署，顿挫其锋芒，迟滞敌人次日的进攻行动。1营副营长肖选进主动请战，率领2连、3连于当夜执行任务。

7时许，天已全黑，没有月亮，十米开外看不见人。肖选进率领二连、三连200余人由顶头山出发，向磨盘山前进。到了磨盘山东山脚下，对二连连长说："你们连自东向西向磨盘山迅速隐蔽接近，力争实施奇袭。奇袭不成，迅速转为强攻，在三连的协同下坚决歼灭

勇擒国民党第八游击纵队
第二支队支队长郑其昌的肖选进

---

[1]参见《安徽文史资料全书·巢湖卷（上）》，第520页，安徽人民出版社，2007年8月。

敌人。"接着，他又带领三连继续沿山沟向南前进了约500米，向三连连长说："你们连从这里由东北和东南两个方向夹击磨盘山无名高地，也是运用偷袭的打法，二连在那边策应你们，我的位置在二连，有情况随时派人报告。"

肖副营长随即离开三连向二连走去。当时他判断二连可能快到磨盘山山坳口了，便从无名高地东北侧向山坳口斜插上去，以便与二连会合。随行的有四名通讯员、四名侦察员，由于他们装备重，走得慢，肖副营长跑得快，天黑观察不便，隐蔽接敌又不能大声联络，走了百余米，随行的八人都没有跟上来。走着走着，将到山坳时，突然听一声喊："你是谁？"接着又连续喊："站住，你是谁？"肖副营长心想，坏了，这是敌人的警戒，二连的人执行奇袭任务，不会这样大声叫喊。他机警地回答："是自己人，你们是哪一部分的？"敌人又喊："你站住！"同时听到猛拉枪栓声音。他边走边沉着地说："我是自己人，不要乱开枪！你们是哪一部分？"敌人答："我们是二支队的！"这时他已走到警戒的跟前，发现前后左右有十几个敌人，都把枪口对着他。他仍保持刚才的语气，随机应变地说："我是528团一营营长，前来支援你们，消灭这里的共匪。"接着问："你们支队长在什么地方呢？我要见见他。"敌人见他是一个人，身上背的驳壳枪和他们的守卫一样，又是从南面走来，真把他当成自己人，就向北一指说："在那边吃饭呢。"肖副营长沿着他手指的方向看去，东北约100米远处亮着很多灯，有不少人影在闪动，既已身陷敌境，想跑也跑不了，只能到了那边见机行事，就大摇大摆地向敌吃饭的地方走去。

走近一看，见灯下吃饭的人一大片，约莫有千余人，乱糟糟的，大概是敌人占了磨盘山，有些得意忘形了吧。肖副营长问："支队长在哪儿呢？"有一敌人用手一指说在那儿吃饭呢。他走近一看，此人披着大衣，个儿不高，胖胖的，端着碗正在吃饭，就很礼貌地说："支队长，我是528团一营营长，奉团长命令前来配合你们作战，消灭这边的共匪。今天晚上，我们176师准备向共匪周家大山阵地发动总攻击，消灭那边的共匪。"听他说完，敌支队长打量他一下，连声说好，又扒了一口饭。肖副营长见到大约有十几个敌人坐在一起，就想这边敌人太多，对己不利，于是灵机一动，说："我们的部队在山下边集结，准备从右边攻打共匪。你们从左边打，这样好不好？我们到那边看下地形好吗？"敌支队长把碗筷一放，爽朗地说："好啊！我们走。"说着就站起来，一起向山梁走去勘察地形。有两名壮实的卫士跟着走了大约200米，肖副营长指着两名卫士对支队长说："我们协商一下这次战斗的打法，为了保密，不便让他们听着，叫他们离我们远一点。"支队长不假思索，叫卫士远远地跟着。

　　这时，又走了几十米，回头已不见卫士的身影。肖副营长心想机会来了，此时不动手，更待何时？当机立断用右手把左轮手枪向上一顶，用左手很快将枪取出，又用右手用力锁住敌支队长的脖子，由后向前猛向下压，同时小声而又严厉地对他说："不要喊，不然我就毙了你！"敌支队长乖乖地被制服了。肖副营长又拖着他向前走了几十米，估计这里正是二连同志偷摸上来到达的位置，就高声大喊："二连冲啊，敌人支队长已被我抓住了！"此时，二连指战员听到肖副营长熟悉的声音，就向磨盘山上冲上来。先是一阵枪声，接着又是一片手榴弹爆炸声，再就是肉搏拼杀声，一下子把敌人打蒙了。这时，三连也迅速从左侧向主峰合围过去。战斗从22日21时打响，到23日凌晨二时，经过五个小时，毙伤敌营长以下500余人，俘敌支队长以下400余人。

　　敌支队长郑其昌被俘后曾感叹说："我万万没有想到，你们一位军官孤身深入我阵地内，出其不意将我擒获，他的智慧和胆识令我佩服。"

　　由于磨盘山战斗出奇制胜，生俘敌支队长郑其昌，缴获了敌进攻的整个作战计划，为我军粉碎敌人的进剿企图创造了条件。敌人也因二支队大部被歼，支队长被俘，作战计划泄露，凶焰下降，不得不于24日主动退却。

（童毅之）

刘其彬智除张玉业[1]

1943年日军在东乡"扫荡"时，张玉业被日军宪兵队逮捕，他是日本汉奸政权无为县县长吴振璜的外甥，家住农村，二十几岁，念过几年书，曾参加抗日工作并加入中国共产党。在日军宪兵队的严刑拷打下，张玉业背弃信念，沦为叛徒、汉奸，并经其舅舅吴振璜作保，参加宪兵队，和吴振璜一样死心塌地地为日军卖命。他经常随宪兵队出城搜捕共产党员和抗日干部群众。由于他在无为中学念过书，好几个在抗日游击区工作的同学也被他出卖而遭逮捕。张玉业叛变仅三个月，就带领宪兵队抓了党员、干部十余人，如不及时地除掉这个罪大恶极的叛徒，无为县抗日根据地的党组织和抗日军民，可能还要遭受到更严重的损失。

在无城隆兴饭店，刘其彬智除叛徒张玉业

---

[1]根据新四军老战士胡德荣口述整理。胡德荣，抗战时期任无为县委书记。

中共临江县委经过认真研究后，决定把除奸任务交给临江团的侦察参谋刘其彬。县委书记胡德荣找刘其彬谈话时说："这个叛徒对我们破坏太大了，你和几个侦察员商量一下，采取什么方法稳妥地把他除掉，商议好具体计划后我们再决定。"

刘其彬，38岁，中等个子，抗日部队临江团鼎鼎大名的侦察兵，胆大心细、机智勇敢，他个人和侦察员们为临江团做过战前侦察、抓活舌头、打埋伏，获得过团部的多次表扬。这次县委交给的任务，他感到既困难，又有信心。对张玉业，他认得，但不熟，张却不认识他。刘其彬在与几个侦察员们商讨了方案后给胡书记做了汇报，胡德荣认为方案可行，并交代了无为县城内三个地下党的联络点，望他们谨慎行事。

四月上旬，刘其彬带着吴亮、倪小平两位侦察员穿着长衫、怀揣"良民证"从无为大东门进了城。无为城，刘其彬太熟悉了，他自小就在城郊长大，九街十三巷，哪里没溜达过？他们先到米市街第一个联络点——何记蛋行。他们以跑单帮、做鸡蛋生意的行商身份出现。在蛋行的客房与何老板接头后，他们迅速去了草市街的长安客栈住下，听第二联络点的张老板介绍了无城日伪军的活动规律、治安状况及对付伪军、宪兵队检查的办法。张老板说：你们要多了解张玉业的情况，隆兴饭店的老板季学思太了解他了。他是我孩子的二舅舅，也是党员，人可靠。于是刘其彬三人就随张老板去了前新街的隆兴饭店吃饭，说明了来意，经季老板的介绍，他们知道了张玉业叛变投敌后的主要情况。

自张玉业投靠日军宪兵队后，唯恐临江县委要惩处他，所以除了参加宪兵队的一些活动外，一般都不外出走动，惶惶不可终日。他舅舅吴振璜为了安慰他，特地在前新街离宪兵队不远的地方找了一所房子，并给他物色了一名妓女，长期住在一起。但张玉业并不开心，常到街上不远处的隆兴饭店喝闷酒。一来二去季老板就与他混熟了，也掌握了他的活动规律。刘其彬与吴亮、倪小平二人商量后，决定利用张玉业到饭店喝酒时溜进他家，等张喝完酒回家，在他家里把他干掉，当天他们就摸清了张玉业家的位置。

刘其彬进城后的第四天下午，季老板到长安客栈找他们，季说张玉业中午遇到他时，说晚上去喝酒，就在晚上行动。

当晚擦黑，张玉业进入隆兴饭店，季老板热情地把他迎入雅座，叫小伙计炒了几样下酒好菜，张一人独饮几杯后，季老板进室相陪，两人称兄道弟，碰杯猜拳，张玉业心情十分愉快。此时，刘其彬也在饭店大堂一角吃饭，他见季老板进了房间，便侧身离去。

刘其彬与吴、倪二人会合后，三人敲开了张玉业的家门，那妓女见三人身着长衫，看起来很有身份，忙问三人何事，说张在隆兴饭店喝酒，等一会儿就回来，招呼三人进入堂屋坐下。这时吴亮一个箭步上前勒住女的颈脖，用手帕捂住其嘴，倪小平用绳子将她捆住带入内室。

　　大概过了一个多小时，张玉业被季老板连劝带央，灌进了七八两白酒，有点晕乎乎地回了家，刚进大门，被刘其彬用脚一勾，吧嗒倒下，吴亮立即用手帕捂住他嘴巴。两人把张玉业拖进堂屋，用匕首当场处决了这名叛徒。为怕连累他人，吴亮从怀中掏出事先准备好的张玉业罪状盖在他的身上，落款为临江侦察大队，这个万恶的叛徒得到了应有的下场。

（蒋克祚）

抗日丰碑惠生堤[1]

1943年3月，皖中地区反"扫荡"斗争空前紧张，新四军第七师部队连续粉碎日军的两次"扫荡"。5月底，根据地军民反"扫荡"斗争稍稍缓和，长江水患又告急，黄丝滩江堤面临全线崩溃的紧急灾情。报灾的信函雪片般地飞上了皖江行署主任吕惠生的案头。

惠生堤主堤段设立了纪念碑

灾情紧急，吕惠生立即带领行署有关人员赶赴黄丝滩江堤，迅速组织民工护堤抢险。政府号召老百姓就地取材，扛门板、打护桩，扎芦苇捆、柳条捆等，堵水漏、管涌，压石头，填土夯实。经日夜奋战抢险，黄丝滩江堤转危为安，暂时消除了险情。

黄丝滩江堤抢险之后，吕惠生便思考如何彻底根除水患。黄丝滩江堤是无为大堤堤段中最薄弱的，堤身单薄，又逢急流险滩，近百年中，该段江堤多次出险，淹没农田房屋，江北人民流离失所。历代也曾修过，但大都挖肉补疮，敷衍了事，未能从根本上解除黄丝滩堤段的隐患。吕惠生纵览无为史志中有关黄丝滩水患的记载，

---

[1]参见《吕惠生传》，第70页，江苏人民出版社，2018年12月。

以及历任官员对治水的见解，认为"惟弃地让水，迁堤筑坝，切近可行"，就是退建江堤，避开急流险滩，才是根治黄丝滩水患的万全之策。

1943年7月，皖中参议会批准了由吕惠生亲自起草的《关于兴修黄丝滩退建工程的报告》，决定由吕等13人组成皖中水利委员会，负责统筹全区水利建设。吕惠生经实地勘察，提出兴建黄丝滩新堤的线路规划，自汤沟的三支笔至二坝的孙家土地庙，这一走向，避过了急流险滩，挤压农田、拆除房屋最少。该规划迅速得到批准。

在工程预算时，为减轻人民负担，吕惠生提议：政府决定，修堤费用不由民众负担，以过境税作抵押，发行公债，由政府全部偿还本息。预算方案得到与会者的一致同意。

新堤开建前夕，吕惠生召集工程局全体同志开会，确定新堤图纸。会后，又带领工程局同志现场勘线，嘱咐大家在施工中"少压农田，避开险段，拉直全线，争抢时间"。特别强调："工程质量千万不可疏忽，任何粗心大意，我们将愧对与日军浴血奋战的新四军战士，愧对子孙后代！"

在吕惠生领导下，抗日民主政府先后动员了无为、临江、湖东、含山、和县、巢县、铜陵、繁昌等地区数十万民工先后奔赴新堤工地。新四军第七师部队的指战员，也在战斗和训练的间隙参加修堤劳动。军民共同建新堤，劳动热情高涨，人人争当先进，力争上游。

春节期间，民工们回家过年，但各县民运工作队和新四军第七师的部分指战员仍在工地坚守岗位。除夕之夜，吕惠生与行署的几位首长，冒着凛冽的寒风，到工地慰问。吕惠生端起一杯开水，以水代酒，与工地上的新四军指战员、民运工作队员们互致问候，与他们在简易的工棚里度过了除夕之夜。

吕惠生反复要求工程技术人员，必须讲究科学方法，保证工程质量。铺设砂石、回填土层要保证厚度，分层夯实。新堤每段工程完工，随即进行绿化护堤，种植大量植被，以防水土流失。吕惠生常常在工作之余，利用晚上时间上工地巡察。他打着手电筒，一处处地检查工程质量，用铁钎子插插堤身，遇有夯土松软，压实不到位的地方，他都叫来工程技术人员，第二天必须按要求返工，保证质量。

吕惠生不但关注工程进程，而且十分关心民工的生活。从根据地各个厂家调来衣被、毛巾、肥皂、香烟等物资，发放给民工，改善民工的生活工作条件。民工回家过年，有几个月的工资尚未付给，吕惠生马上与财经处协调，想方设法拨出钱款，让民工们领到工资，高高兴兴地回家过年。

吕惠生在工作之余，走上工地，脱下军装，挑土、打硪和工地的军民一起劳动。看到吕主任身体力行，大家喊起了号子，力量倍增，浑身充满了干劲。

黄丝滩新堤与敌占区芜湖隔江相望，日军的飞机经常飞到工地上空侦察骚扰。皖中区党委、第七师派大量部队参加修堤，打退敌伪的武装袭扰，为新堤建设提供了重要保障。吕惠生戏称日军飞机是为工地武装警戒呢！

1944年5月3日，黄丝滩新堤全面竣工，用时212天，人工21万人次，耗资大江币5000万元。新堤全长7.5公里，如一条长龙俯卧于长江北岸，保护着身后七县一市人民生命财产安全。

为表彰吕惠生为建设黄丝滩新堤所做出的杰出贡献，参议长金稚石先生提议，皖中第二届参议员代表大会通过，皖中区党委批准，决定将该堤命名"惠生堤"，它的另一层含义更体现了共产党和人民政府兴修水利"惠及民生"。诗曰：

黄丝滩头水患深，修堤惠生亲领军。
数万军民齐奋战，惠生堤成惠后人。

（叶悟松）

巧改碑文唾日寇[1]

1943年3月，日伪军8000余人对皖江抗日根据地无为中心区进行"大扫荡"。新四军第七师各支队英勇作战，打死打伤日伪军500余人，取得了反"扫荡"战斗的胜利。在无为西北边陲的严桥镇一带因"扫荡"毙命的日军士兵尸体被堆积在照明山麓，由日军驻无城警备

照明山麓，巧改碑文唾日寇

队奉命火化、掩埋。警备队士兵一个个哭丧着脸，抬运尸体、浇油焚化、扫骨灰、掘墓穴。间隙之时，有的"哇哩哇啦"痛哭流涕；有的捶胸顿足、仰天唏嘘；有的默默无语，望着东方的天空，呆滞出神。他们惊恐不安，不知哪一天自己会有同样的下场。曾经屠杀过仓头民众的日军无城警备队队长滕木看着眼前一切，心头虽然忐忑不安，表面仍镇静如常。他在现场一边指手画脚、训斥、监督着火化、掩埋等事宜；一边盘算如何振作士气。骨灰掩埋后，他命令士兵用山石、黄土堆垒成一个高而圆的墓冢，并令人取来一块木质的大牌子竖置墓前。

---

[1]根据新四军老战士王光钧口述整理。王光钧，抗战时期任中共无为县五区区委书记，新四军第七师19旅联络科科长。

第二天清晨，滕木集中了驻无为日军宣抚班、报道班的全体日军，来到墓冢前举行吊唁仪式。他授意翻译用毛笔在大木牌上端书写了"忠魂碑"三个大字，在木牌正中处又书写了这样的碑文：

　　　　欢呼声里出乡关，一死奉公遂不还。
　　　　赫赫遗勋辉千古，忠魂镇坐照明山。

　　写毕，他叫翻译毕恭毕敬地朗诵一遍，接着命令部下匍匐在地，向着"忠魂碑"致哀。礼毕，滕木站在队前，提高嗓门，唾沫横飞地重复着日本武士道精神和"大东亚共荣圈"的梦呓……

　　由于日军对无巢抗日根据地无为中心区的残酷"扫荡"，设在巢无边境蒋家冲的敌后无为中学被迫停办，学校的师生员工因此分散隐蔽。辍学的无为中学学生曹正德和佘世昌目睹日寇和汉奸的暴行，恨得咬牙切齿，他俩热切地期望着新四军第七师狠狠打击日寇，早日洗雪任人欺侮的屈辱。

　　一天，曹正德听说日军在照明山焚尸埋骨的事，不禁长出一口怨气。他随即联系同学佘世昌，并约定黄昏后一道去照明山看个究竟。

　　他俩悄无声息地来到照明山，看到日军坟墓，拍手称快。可是看到墓前滕木授意所写的碑文，顿时义愤填膺，怒不可遏。佘世昌狠狠地向"忠魂碑"吐了一口唾沫。曹正德愤愤地说："这些埋在深坑里的日本鬼子，侵略中国死有余辜。滕木竟然大放厥词，欺世盗名，真是可恶至极！"归途中曹正德沉默不语，分手时，他将心中的盘算吐露给同学佘世昌，并相约明日再去照明山。

　　初夏之夜，一轮下弦月在流云中散发出朦胧的光，蝙蝠低飞，蛙声轻鸣。高林桥敌伪据点不时晃动着站岗日军幽灵般的身影。夜色中的照明山越发显得莽苍苍、灰蒙蒙。此刻，在日军墓地旁闪现出两个人影，一个手持铁锹在荆棘间猫腰挖掘，警惕地注视着周围的动静；另一个人影紧贴在日军"忠魂碑"上，窸窸窣窣地用刀刮字，用字填写。刀笔娴熟，轻捷麻利。顷刻，这两个人影会合一处，迅速地闪进树丛中，一会儿便无影无踪。他俩，正是曹正德和佘世昌。

　　下午，炽热的阳光照在日军驻无城警备队队部的窗子上，窗上玻璃反射出的光亮格外刺目。滕木正接着电话得意地向上级汇报他撰书碑文、安慰军心的事。这时门口传来一名士兵气咻咻的报告声："报告队长，你立的'忠魂碑'的碑文被中国人改掉了……"滕木听后勃然大怒。

经过一个多小时的颠簸，滕木和翻译以及几名士兵汗涔涔地站在"忠魂碑"前，滕木双手叉腰，眼睛滴溜溜扫视着那改写的碑文。

惨呼声里出乡关，送死中原骨不还。
寂寞遗灰埋千古，孤魂号泣照明山。

顷刻间，滕木的脸色由白变红，又由红变白，他颓然坐在一块石头上，嘴里不停地念叨着："无为老百姓狡猾狡猾的、狡猾狡猾的……"

巧改碑文唾日寇的事，不几天便传遍无为城乡。街头巷尾、村前屋后，老百姓们喜形于色，纷纷竖起大拇指说："改得好！"

（王敏林）

奇袭赵桥镇[1]

芜湖县赵桥镇距无为恍城区100多公里，1944年10月，恍城区区大队一个小分队利用伪军内部策应，长途奔袭赵桥伪军碉堡，取得缴获长枪29支，俘伪军27人的战果。

这年将割稻子时，远在皖南打长工的俞四保回到无为县恍城区的老家看望父母，他在和同龄伙伴汤先林、俞维应（两人均在区警卫连当战士）谈心时，说自己现在不在地主家打长工了，是在芜湖县赵桥镇的伪军据点当伙夫（炊事员），外地人在那里净受人欺，自己想回家当民兵，不想在那里干了。

赵桥镇

汤、俞二人把俞四保的想法向区队副李锡峰做了汇报。李找俞四保进一步了解情况。据俞四保介绍，赵桥是芜湖至宣城公路上的一个小镇，驻有伪军一个排，共

---

[1]参见《隐蔽战线上的斗争》，第482~485页，当代中国出版社，2003年11月。

32人，有一挺轻机枪、一支手枪、29支步枪。这个排的排长是个死心塌地跟鬼子跑的汉奸。三个班长中有一个是排长的亲戚，其余的人大多数过去游手好闲，现在当黑头鬼子，也是干一天算一天地混饭吃。一班长大老张是广西人，身体壮实，讲义气、脾气大，但枪法极好，能百步穿杨，排长和另外两个班长都怕他三分。俞四保说只有大老张与他处得较好，伪军们常常埋怨他饭菜做得不好，大老张总为他打抱不平。

李锡峰劝俞四保不要回来，仍留在赵桥，并要求他回去后主动与大老张拉好关系，然后再联络其他人，等待时机成熟时，和他们一道带着枪回来参加抗日部队。

俞四保返回赵桥后，曾几次托人带口信，邀请汤先林等人去赵桥玩玩。李锡峰和汤先林等研究分析，认为俞四保在那边工作可能有了成果，估计去了没有什么危险。10月上旬，恍城区队部派汤先林、俞维应二人前往赵桥与俞四保联系，了解他在那里的工作进展。见面后，俞四保高兴地说："我回来后，与大老张处得很好，我俩已结成拜把兄弟。我说我的家乡有新四军，到时候我俩带几支枪到无为去。大老张说要干就干大些，带几支枪走没多大意思！他说叫我联系新四军，派些人来把全排都端掉，他做内应。我自己拿不定主意，才叫你们来。"

汤先林、俞维应一听也拿不定主意，答应回去商议后再答复。汤、俞返回无为后，立即把从赵桥方面得来的情况向区队部和区委做了汇报，区委又向无为县委和第七师师部做了汇报。分析情况后，上级认为可以派个小分队远距离奔袭，还可带上师部给皖南支队临江团的介绍信，必要时可由驻繁昌的部队策应。区队部对袭击赵桥的方案做了具体细致的研究，确定由汤先林、俞维应等九人组成小分队奔袭赵桥。

10月下旬的一天，汤俞带领小分队队员从挑城山区出发了。从无为到皖南沿途经过游击区和敌占区，附近还有日伪军的碉堡，长枪不能带，所以九人只带了六支短枪，化装成农民，分几批行走，中午到达长江北岸汇合过江，晚间便到达驻于繁昌县山区的临江团某部。

临江团领导给他们介绍了从驻地到赵桥的情况，要他们特别注意其中有三四十里路要通过一个圩区，此地是敌我的交界地带，村村都有大刀会，不少堂口十分反动，经常盘查路过人员，没收枪支。并关心地说你们九个人要解决伪军一个排很不容易，没有十分把握不要动手，以免无谓牺牲。

第二天，汤先林和另一名队员先往赵桥与俞四保联系，落实突袭时间、联络暗号。同时沿途察看地形、计算行路时间，当晚返回部队驻地。

　　第三天中午，遵照临江团某部领导的嘱咐，小分队分成几批前进，前后可以互相策应，以免遭到大刀会的怀疑与盘查。当天晚上，九人先后到达赵桥伪军据点对河的岸边，大家都隐蔽在附近的坟地里。

　　原来昨天俞四保与汤先林联系后，他就与大老张商议，准备按时行动。第二天上午，排长奉命和一名伪军带着一挺机枪往芜湖方向乘车走了。子夜时分，大老张见伪军们已睡熟，便喊在假装睡觉的俞四保起来为他做夜餐。俞四保起来后，装成到河边淘米，在后门连划了三根火柴发出事先约定的暗号。

　　汤先林等人见到火光后，迅速蹚着齐膝深的河水，由俞四保带进据点与大老张会合。在大老张的指点下，小分队迅速收缴步枪，微弱的灯光中，有的伪军惊醒，大老张端着枪喝道："哪个都不准动！"这一声，反而使大多数人醒来，三班长翻身推开窗子向外跑，大老张扣动扳机，"叭"的一声，倒下了。另一个伪军刚想抢枪，大老张又"叭"的一枪，也不动了。枪收缴后，汤先林对吓得浑身发抖的伪军们说："我们是新四军，只要你们不反抗，我们不会伤害你们的。"收缴了这么多枪，怎么带走呢？这是小分队事先未考虑到的。汤先林、俞维应与大老张紧急商议，决定把这些伪军也带走，把枪栓下掉由小分队背，枪由他们背，此时天尚未明，正是走路好时机。汤先林叫这些伪军穿好衣服，背上没枪栓的长枪，披上毯子和小分队一同上路。在微微的晨光中，他们从赵桥向临江团某部进发。天亮后，这支着装奇异的队伍经过大刀会控制的圩区，一些人站在村口远远地望着这几十人的队伍，他们猜不透这是哪方面的军队，也不敢靠近。

　　穿过圩区后，已接近临江团控制的地区了，俞维应带一队员疾速向驻地先行报信。时近中午，30余人到达了他们昨日出发的山村，受到当地群众和驻军的热烈欢迎。小分队把伪军交给驻军处理，愿意在这边干的留下，不愿干的就让他们留下毯子，遣散回家。

　　小分队在山村住了几天，临江团某部为他们的奔袭胜利而热情招待，还对他们缴来的29支好枪羡慕不已。为感谢驻军的支持，小分队赠长枪十支。晚上小分队过江，第二天上午到达恍城区政府，在一片热烈的鞭炮声中，小分队和大老张、俞四保终于到了根据地。县政府、县总队奖励小分队一头菜牛，犒劳小分队和大老张、俞四保。一时，夜袭赵桥夺枪的故事，传遍皖江根据地的四乡八镇。

（蒋克祚）

禁毒割瘤顺民心[1]

毒品乃万恶之源，禁毒是全世界的共识，各国都把禁毒列为治安首位，投入大量的人力物力，严禁毒品在人世间泛滥。

抗日战争时期，皖江抗日根据地的抗日民主政府就开展了大规模的禁毒斗争，使毒品幽灵无处躲藏，陷入人人喊打的境地，还抗日根据地一片平安健康的祥和之地。

无为县抗日民主政府焚烧鸦片

17世纪由西方帝国主义列强用大炮和洋枪打开了中国的大门，向中国倾销鸦片（毒品），把大批中国人变成瘾君子，吸尽血汗钱，使中国"无御敌之兵，无充饷之银"。

在中国共产党领导的抗日根据地绝不允许毒品泛滥，绝不让毒品成为抗日根据地的毒瘤。首先是禁止吸毒，就是禁止吸食鸦片烟。在根据地内查封烟馆，收缴烟

---

[1]参见《安徽文史资料全书·巢湖卷（上）》，第244页，安徽人民出版社，2007年8月。

具，抓捕毒贩，改造烟民，根据地派出工作队，禁毒特派员深入各地，打一场全民禁毒的战争。各区乡开展声势浩大的禁烟宣传，贴布告、开大会，让人民群众知晓抽大烟的危害，以一些抽大烟抽得家破人亡的事例来启发教育群众。有一个烟鬼，原先家道殷实，田地财产丰厚。自从抽上大烟之后，成天吞云吐雾，成了四体不勤的烟鬼。不久抽掉了田产，卖掉了祖宅，典掉了老婆，自己抽成了骨瘦如柴的病秧子、无家可归的乞丐，遭人白眼和唾弃，成了不折不扣的"人渣"。

禁烟工作队带着这位"烟鬼"，让他现身说法做宣传。这活生生的实例，让人民群众真正了解了毒品对个人和社会的危害。形成"烟毒就是过街老鼠，就是日本鬼子，人人喊打"的氛围。强大的宣传攻势，使抽大烟的、卖烟土的、开烟馆的人人自危，迫使他们主动到政府登记，交出烟土烟具，保证今后与烟土一刀两断。

禁抽大烟取得成效，抗日民主政府继而开始禁种罂粟。罂粟是一种花朵很美丽的植物，它的浆果提取的汁液就是熬制鸦片的原料，它是毒品的源头。只有彻底铲除罂粟才能断绝毒品制作的根。

当时无为地区罂粟种植面积较大的是无巢交界的石涧青苔、打鼓庙一带。禁毒特派员和工作队深入这一地区做宣传发动，但收效甚微，因农民种毒收入较好，不愿铲毒。其中有个别烟户为了抵制铲毒，私下煽风点火，造谣生事，鼓励种烟农民拒绝铲除罂粟。工作队经调查，发现有个高某种了三亩多罂粟，是个大烟鬼，不仅种毒还贩毒盗窃，干了很多坏事，是个典型的反对政府禁烟的犯罪分子。抗日民主政府查清他的罪行，立即逮捕此人，由司法科依法判处死刑。

公审大会在石涧区召开，青苔、打鼓庙及附近群众数千人参加。会上公审种毒犯高某，依法判处死刑，立即执行。判决书张贴各地，布告周知。此案一经传开，影响极大，使根据地的人民群众看到了抗日民主政府禁毒的决心与举措，感到了法律的威慑，尤其是种烟区的农民认识到种罂粟是犯法的，严重的要掉脑袋。

抗日民主政府还趁热打铁，宣布凡铲掉罂粟改种其他农作物的农民，在秋收时政府给予补贴与奖励。于是，种烟区农民积极迅速地铲掉罂粟，改种赶季节的农作物，抵制铲毒的一个也没有了。来年，过去五彩缤纷的罂粟田，都变成了种粮种棉的米粮川。

制作毒品的源头被铲除，本地的毒品来源被禁绝，但外地的毒品随着各种经商渠道，还有流入根据地的可能。抗日民主政府多管齐下，掐断外地毒品流入的通道。皖江贸易总局对各贸易点严加管控，查到毒品一律没收，根据带毒的数量，少的批评教育，多的逮捕判刑。各级政府充分发动群众，发挥农抗、青抗、妇抗、儿童团、民兵的力量，查禁种植、贩运、吸食的涉毒活动，使毒品无处遁形，直至绝迹。

　　禁毒斗争的胜利，显示了中国共产党领导下的抗日根据地发动群众，建设幸福健康家园的美好愿望和坚强决心，使皖江抗日根据地成了人人向往的理想家园。诗曰：

　　　　毒品就是白骨精，侵害国家又害民。
　　　　抗日政府决心大，一举禁毒顺民心。

　　　　　　　　　　　　　　　　　　　　　　　（叶悟松）

吕县长陡沟禁赌[1]

1944 年 9、10 月间，安徽省国民党军队桂顽与皖顽从西部联合进攻皖江抗日根据地。皖江行政公署遂向无为县东乡转移，吕惠生主任在石涧区纯疃村留宿两夜。第三天，即迁到陡沟区倪家小圩住下，连住了 20 天未动。那个村子有一百多户，人口较多，生活也较富裕，村中有不少中青年好

无为县陡沟区倪家小圩村民进行禁赌宣传

赌，白天夜里，总有几处打麻将推牌九，甚至开场赌四子宝。吕主任闻知，对身边工作人员说：这个村子赌风很盛，你们可设法把所有赌具搜查出来，教育群众，整顿邪风。大家遵命进行，首先通过反对赌钱的家属查明哪些人家有赌具，及时动员全部交出，共收缴赌具有小半筥箕。赌具查出集中后，向吕主任汇报。他又叫秘书写信通知当地的区、乡政府召开大会焚毁赌具。村长在村子广场上搭了一个台，到

[1]参见《安徽文史资料全书·巢湖卷（上）》，第278页，安徽人民出版社，2007年8月。

会的干部群众有一二百人。陡沟区区长做了大会开场白之后，吕主任立即站在台上做了约一个多钟头的报告，报告中有一段话最令人感动，他说："赌博之事，既费时伤财，也影响身体，又是违法行为，百害无一利。从古及今，只看到有人因赌博而倾家荡产，没有见过因赌钱而发家致富。农民要发家，只有靠生产。"群众听了掌声雷动。大会开过后，一天晚上，吕主任又说："敌人已退走了，机关准备迁回。司法处目前工作不忙，你们在这个村上为搜查赌具禁止赌博，做了一件好事，颇得群众好感，暂时可留在这里，再做一件很有政治意义与经济意义的事情。那就是在这个村上搞一个生产互助组。互助组是将个体生产变为集体生产，它是我们今后农业发展的方向与必由的道路。你们先把村中生活较苦、劳力不足的人家组织起来，实行互助。待初具规模，交给地方政府后，再回去工作。"为了执行领导指示，大家在行署迁回后，立即开展工作。经过十几天的动员、说服、劝导，组成一个十几户的互助组，并选出一位能力较强、威信较高的中年农民倪鹤书任互助组组长。

司法处观察他们的实际行动，觉得非常不错，遂到乡政府和行政村，向当地干部作了交代。后返回机关，向吕主任汇报。过了一段时间，吕主任又安排专人去倪家小圩视察一番，并指示两点：一是如发生问题，就地帮助解决；二是如果互助组散掉了，可以再想办法把它扶植起来。司法处到村里一看，果然已名存实亡，经过几天的努力说服，互助组又重新干起来。这件事，记者曾以一则头版头条消息的形式，在区党委机关报《大江报》上做过报道。

通过这件禁赌事件，我们可以看到吕惠生对人民群众忠诚负责的精神。他不愧为一名优秀的中国共产党党员，一位忠诚的共产主义战士！皖江人民永远怀念他！

（童有兵）

雪夜伏敌[1]

抗日战争时期，无为县抗日自卫军总队的敌工工作有声有色，在对敌斗争中，不仅会"发招""过招"，而且也懂得如何"接招"。

1944 年春，春寒料峭。驻无为县城的日伪特务郭金彪，妄图一举端掉无为县总队新民区中队。

雪夜伏敌的战斗地——无城西郊叉阳口

他用重金收买新民区中队队员谢有应，并诱导他如能带队投降，就可以收到一笔丰厚奖金，事后也能升迁。谢有应假意应承下来，随后向新民区委书记杨杰做了汇报。经新民区委研究，立即"接招"，将计就计，看准时机重创日军。区中队亦向县总队做了报告。

谢有应按照区委和区中队指示，与郭金彪再次见面，承诺将带一个排，携轻机枪、长枪28支，投降。商定为掩人耳目在夜间进行，并提出由无城派出日伪军到城

---

[1]根据新四军老战士杨杰回忆录整理。杨杰，安徽巢湖人，抗战时期任中共无为县新民区委书记。

外接应。郭金彪听后十分高兴，双方又具体研究了行动方案，以保证按计划行动。为消除疑虑，他俩还烧香磕头，结拜成"生死兄弟"。谢有应回中队后又向区委做了汇报，区委立即就近与新四军第七师56团团部联系，56团团长朱鹤云接受了请求，决定派出部队驰援。而郭金彪也回无城向日军头目丸山做了报告，得到连连称赞。接应的任务交给了驻无城伪军大队执行。

"投降"和"接应"的夜晚到了。新四军第七师56团派出一个营，由营长邬兰亭率领，于离县城约五里的叉阳口设伏，组织火力严阵以待。新民区中队配合主力行动，参加战斗。

这是一个雨雪纷飞的寒夜，地面积有皑皑白雪，为了不让无城伪军大队发现新四军部队的设伏，指战员们都翻穿棉衣，卧伏在雪地里，棉衣的白布里子与雪地连成一体，未露丝毫痕迹。前来接应的伪军两个中队，由伪大队长王杰义率领，出了西城门向北到了叉阳口，突然遭到第七师56团机步枪的猛烈扫射，伪军猝不及防，纷纷倒下或窜逃，大部分举手缴械投降，乞求饶命，一部分在夜色中逃回县城，伪军大队长王杰义当了俘虏。

雪夜伏敌这一仗打得干净利落，消灭伪军百余人，而第七师56团指战员无一伤亡。伪军大队长王杰义被俘后，经新民区委耐心细致的思想工作，决心弃暗投明，新民区委则安排他返回无为县城，以便将来为解放无城做内应。

1945年8月，归建第七师的第三师独立旅在解放襄安后，挥师攻打无为县城的日伪军。新民区委抓住战机，立即派出人员潜入无为县城，找到仍在无城伪军大队任职的大队长王杰义，指出抗战胜利在即，反正投诚才是唯一光明出路。8月17日夜晚，进攻无城的战斗开始了，守城的伪军在强大的政治攻势和军事攻势面前未做任何抵抗，全部缴械投降。第三师独立旅胜利进入无为县城，无为县抗日自卫军总队进城搜捕逃散的日伪军；又在王杰义的引导下，打开监狱，营救被抓捕的中共地下党员和革命群众；同时配合无为县抗日民主政府开仓放粮，赈济贫民；对全部反正投诚的无城伪军大队，逐一登记造册，分别进行谈话，消除他们的思想负担。一部分愿意返乡的，发给路费协助他们返回家乡，而大部分愿意留在抗日队伍里的人员，根据他们原籍所在地，直接编入无为县总队下属各个区中队。

（王敏林）

激战石村庙[1]

1944 年 2 月 17日，和县乌江鬼子一个小队和伪军一个中队深夜出动，企图侵占石村庙。石村庙地区是我皖江抗日根据地中心区，也是我新四军第二、第七师战略交通核心地段。敌人偷袭石村庙，目的是想打掉我皖江地区领导机构，破坏根据地建设。新四军沿江

石村庙激战前，江全大队进行战前动员

支队政委黄火星召集相关同志开会研究后，决定消灭这股敌人，由江全大队完成任务。

黑暗中，敌人向石村庙摸索前进，独立大队二中队排长陈万福当即开枪射击，打倒了两个敌人。但敌人并没有还击，而是按既定计划跑步占领石村庙。大队长陈高顺和教导员易非火速布置一、二中队攻击敌人：一中队攻占石村庙北面山头，占领制高点；二中队消灭石村庙街上的敌人。

接到命令，一中队队长陈绍龙和指导员周开国立即率领部队向山头进攻。此山

---

[1]参见《皖江风云》，第206页，黄河出版社，2001年1月。

头高约三百米，光秃秃的没有任何工事可以依托。敌人见我一中队攻势凌厉，慌忙从山头撤退。

一中队攻占山头后，石村庙街上伪军沉不住气了，丢下鬼子撒腿就跑。伪军逃跑后，鬼子在我二中队的攻击下，不敢继续抵抗，也向乌江方面逃跑。

二中队士气高昂，拼命在后边追击。追到石村庙西南乔家岗时，堵住了敌人的逃路，为歼敌创造了有利条件。一中队赶到后，与二中队一道将鬼子包围在乔家岗。

乔家岗是一片梯田。敌我双方都利用田埂作掩护，面对面进行战斗。由于距离太近，机枪、步枪不能发挥火力，我军又没有刺刀，不能冲上去与鬼子肉搏，唯一的办法是用手榴弹解决战斗。但是，抗战时期我军自制的木柄手榴弹，因为技术落后，炸药质量差，爆炸后弹片很大，杀伤力不强，并且扔出去的手榴弹几秒钟后才能爆炸，狡猾的敌人拾起后又把它扔回来，结果反而炸伤了自己人。但是，我们的战士是聪明勇敢的，他们看到了这种情况后，马上改变了打法：先将手榴弹的引线拉出，握在手中停一两秒钟，然后再抛出去，鬼子拾到手榴弹后，还没有脱手就发生爆炸，炸得自己血肉模糊。

战士们改进投弹方法后，效果很好。鬼子在手榴弹的轮番轰炸下，伤亡不断增加，抵抗力越来越差。最后，部队发起了冲锋，一、二中队全体指战员包括大队侦察班在内一拥而上，用枪托、拳头击毙了所有的敌人。我军缴获日式机枪一挺、步枪八支、望远镜一架、手枪一支、指挥刀一把。

伪军向乌江方向逃跑时，被一中队追上。战斗中，伪军大部分被歼灭，缴获步枪四十多支，俘虏伪军五十多人。

整个战斗，我军只伤亡四人，另协助我军送信的大刀会会员阵亡一人。

石村庙歼灭战，大长了我军的志气，大灭了敌人的威风。据战后群众反映，乌江据点内有个鬼子吓疯了，成天梦呓，有时大叫"新四军来了"，吓得碉堡内的鬼子一夕数惊。

可恨又可气的是，国民党桂顽军却拿我军的胜利欺上瞒下。据内线反映，石村庙战斗后，古河专员李本一告诉部属，说国军在石村庙打了一个"歼灭战""消灭了许多鬼子"，真是将诈骗冒战功玩到了极致！

石村庙战斗后，新四军沿江支队司令部传令嘉奖参战部队。

（童毅之）

一把瓷茶壶[1]

1944年8月，为了加强对敌伪顽的斗争，缩小敌占区，扩大抗日根据地，新四军第七师沿江团奉命过江，进入贵池地区，积极配合地方党和游击队，向西、向南发展，打击敌人，开辟新区。不久部队从贵池到达旌德，在指定的村庄驻下。由于这一带的老百姓受敌人长期压迫、威胁和欺骗宣传，对我军存在恐惧心理和敌视态度，获知我军要开到该地消息后，便扶老携幼，东逃西散，室内的东西能藏的尽量藏起来，甚至有人还把新四军掉队

旧时农村使用的瓷茶壶

的人员捉去送给敌人。总之，广大群众因对新四军不了解而心存芥蒂。

当时，二连驻扎在冯家湾村。该村二十多户人家，村头有一幢用砖砌的小平房，从门牌上得知房主为冯福礼，二排五班被安排在这家房子里。战士们进门一看，屋内乱糟糟的，灶上、桌子上放了一些没有收拾的碗筷、烧水壶和瓷茶壶、盆子等用具。因长途行军，首先要烧一些热水洗脚，于是班长便叫参军不久的新战士小刘收

---

[1]参见《皖江雄师征程》，第153页，北京新四军历史研究会皖江分会，2004年8月。

拾房子，打扫卫生，抱柴取火。其他战士则由班长率领到村边挖工事。

小刘按照班长的指示干了起来。他把碗筷放进碗橱，正要拿扫帚扫地时，由于桌子小，他弯腰时一不小心把桌子碰翻了，桌子上放着的瓷茶壶掉到地下，摔成了几块碎片。小刘一下子愣住了，吓得心慌意乱，脸红得像关公一样，垂着头站在那里一声不吭地死瞅着散在地上的碎瓷片，不知如何是好。过了好大一会儿，才回过神来，心想：只要把碎茶壶片处理掉，丢到偏僻的地方，把这件事隐瞒起来，老百姓不会知道，班里也不会有人知道，既不要赔茶壶，也不会挨批评。想到这里，他把茶壶碎片收拾起来，正要往外丢的时候，突然思想上一闪：这样做不对，出发前团首长再三叮嘱大家，到了新区后，最要紧的是要严格遵守群众纪律，向群众做宣传工作。我现在这样做，不是违反群众纪律吗？如果这件事处理不好，不赔偿群众的损失，群众对我军就更加误解，这样只能对敌人有利，对我军不利。

小刘经过一番思想斗争之后，打消了把事情隐藏起来的念头。但究竟应该如何解决这个问题呢？小刘左思右想，感到真是个难事，别说身上没有钱，就是身上有钱，也买不到那把茶壶，可不赔不行啊。小刘又想到把自己用的水壶作赔偿，可敌占区的老百姓不敢用军用品，这也不行。赔偿茶壶办法还没有想好，副班长跑进来对小刘说：情况有新的变化，上级通知马上做好准备，待命转移。这突如其来的消息，使得小刘更加着急了，又不敢向副班长报告，急得在屋里团团转。这时副班长看到小刘的情绪有些不对头，以为他是闹家庭观念，就向他做思想工作，做了很多解释，虽然讲得条条有理，但是不适合小刘思想情况，当然解决不了他的问题。小刘没有办法，就只好主动把打碎茶壶的事向副班长做了报告。副班长听了之后，考虑了一下说："不要紧，我身上还有刚参军时妈妈给我的一块银圆，你把它放在碎茶壶片上，另外留一张说明情况、表明歉意的信笺，老百姓回来时，就知道是赔偿他的茶壶，这样就可以挽回政治影响了。"

小刘听副班长这么一说，思想包袱放下了，顿时觉得一身轻松，激动地感谢副班长。在副班长的帮助下，小刘把茶壶碎片和那块银圆以及一张纸条一起放进了老百姓的碗橱里。他刚关好碗橱门，就听到外面传来了集合的哨音。小刘迅速背起背包跑到操场上集合，随部队转移到新的地方去了。

部队走了，逃散的老百姓带着"房子烧光了，东西抢光了"的心情，三三两两、躲躲闪闪地从四面八方回到自己的村庄。冯福礼也带着他的妻子和儿女们回到自己的家。他看到房子没有烧掉，心中的重担一下子卸下来了，急忙走进屋内，看见桌上、灶上揩得干干净净，地也给扫了，他感到不可思议。但仔细一看，那些吃饭用的家什，一件件都不见，嘴巴渴了，想烧点开水喝，烧水壶没有丢，茶壶却找不到了。这时他想：房子没烧，地也打扫得很干净，怎么把碗具拿走了呢？他正在左思右想的时候，女儿突然把碗橱打开，发现那些碗具整齐地放在那里，眼前的情景，使冯福礼莫名其妙。当他看到碗橱里那把打碎的茶壶的碎片，又生气起来。他想把那些碎茶壶片拿去扔了，正要清理时，突然发现有一张小纸条，纸条上面还压着一块银圆，就用大拇指和食指夹住银圆，送到嘴边用劲一咬，又迅速放到右耳边一听，说一声："这是真的。"他侄子闻声过来，拿起纸条边看边念："冯大伯，因为你房子里的东西太乱，我收拾的时候，不小心，把你的茶壶打碎了。一时买不到一样的茶壶赔你，现留下一块银圆，请你自己去买。实在对不起。新四军小刘。"

冯福礼听到这些话，发呆了，以为自己在做梦。当侄子再次告诉他时，才清醒过来。后来，他把这件事当作奇事，向左邻右舍、亲戚朋友讲述，听到他讲述的人又到处传扬开去，这样一传十、十传百……像电波一样传遍这一带的村庄和城镇。

（童毅之）

夜袭运漕[1]

谢学玉（1922~1947），又名谢金陵，无为县河坝镇人。自幼生性豪放，扶危济困，出手慷慨，不计较个人得失，被邻居戏称为"谢大孬子"（意思是遇事好考虑他人，不考虑自己）。谢学玉1941年入伍，参加临江县抗日人民自卫军，他胆大心细，经常深入虎穴，猎取敌人情报，被无为东乡及和县、含山一带军民赞誉为"虎

夜色笼罩下的运漕镇

胆英雄"。1945年9月，谢学玉所在地方武装编入了第七师随军北撤至山东，由于他机智、勇敢，被任为第七师侦察员。1947年2月，由中共华东局国民党区域工作部派遣回无为，做恢复无为县东乡地区的党政军工作。1947年6月，中共临江工委成立，谢学玉当选为委员，同时成立临江游击大队，谢学玉兼任大队长，活动于无为东乡的河坝、陡沟、白茆一带。局面很快便被打开，有的地方恢复了党的基层组织和政权。工作开展得蒸蒸日上之时，1947年8月30日，游击大队在陡沟砀山遭国民党反动派军队伏击，在战斗中，谢学玉壮烈牺牲，年仅25岁。1966年，赵坝人民

---

[1]参见《文物背后的故事》，第288页，安徽师范大学出版社，2018年9月。

公社根据砀山群众的要求和愿望，在烈士牺牲处立碑，永志纪念。

　　谢学玉深入虎穴、侦察情报的事例很多，智取枪支就是他众多事例中的一例。

　　1942年夏，谢学玉从地下情报员的口中得知，含山县运漕镇伪区长贾辅民，花了50担米刚从外地买了三支短枪，准备招几个人替他保卫家小。当时谢学玉是抗日民主政府临江办事处陡沟区政府的区干队队长，得知这一消息后，很是高兴。他早就有从日伪军手里夺取一些枪支武装自己的想法，但自己的区干队仅有不到十支旧长枪，运漕镇里驻有一个小队的日军，还有一批伪军，硬夺肯定是不行的。他向县抗日自卫队领导汇报自己的打算，想深入虎穴，智夺三支手枪，并说出了详细的计划。谢学玉曾经几次深入伪军部队打探情报或抓"舌头"，被誉为"虎胆英雄"。县自卫队领导听他说出这次行动计划，觉得可行，但一再要求谢学玉认真准备，要保证万无一失，如中途有变，切不可蛮干，来日方长，可再做打算。

　　谢学玉回区干队后，两次带领一名认识贾区长的队员王春生从凤凰桥过河到运漕镇，摸清了贾辅民的生活习惯，决定在一个没有月色的傍晚行动。那天，太阳刚刚落山，谢学玉带领13名队员趁着黄昏，来到运漕河南岸凤凰桥附近的河边，与事先约好的两名队员会合。此二人已在河边停靠了一条小船。待天黑后，谢学玉等15人登上木船，轻轻地划着桨，运漕河寂静无声，运漕镇笼罩在一片黑幕之中。二十余分钟后，木船神不知鬼不觉地抵达北岸。谢学玉低声说："负责划船的二人把船划到河中间等着我们，当我们回到岸边时连拍三掌，你俩听到掌声就速来岸边接应"。然后，谢学玉带领着13名队员，轻脚轻手地摸黑插进小巷，拐个弯朝贾辅民的住宅走去。

　　贾辅民是个鸦片鬼，他每晚吃过晚饭后，都要抽一会儿鸦片方才休息，谢学玉已把他的习惯摸得一清二楚了。这天晚上，他靠在床上捏起烟膏，点燃烟枪，在吞云吐雾中盘算着买来的三支枪如何派上用场，心想再找三个贴心用人当卫兵，这样胆子就更壮了，更可以在镇上说一不二了。九时余，忽然有人敲大门，住在门口厢房里的勤务兵凶声恶气地朝外问："哪个？干什么？"谢学玉在门外答道："我是海口乡的，有急事要找贾区长。"卫兵打开门后，谢学玉一个箭步跨进，身后两个队员迅速用手枪抵住卫兵咽喉，低声喝道："不许作声！"贾辅民在后屋喊道："哪个？这么晚了干什么？"谢学玉应声道："是我，海口乡的李明。"边说边跨进他的房间。贾辅民仍靠在床上吸他的大烟，在微弱的灯光下，见来人并不认识，便摆着架子呵斥道："海口乡就是事多，什么事明天不能来？"待谢学玉走到床前，认识贾辅民的王春生也跨进了门。这时，贾辅民抬头一望，拿着烟枪的手立即颤抖起来，因为他认识王春生，知道他随父母回到老家新河镇，还听说他干新四军去了。贾辅民立即从床上坐了起来，颤声问道："你们要干什么？"这时，谢学玉从身上掏出手枪对着他说："你当汉奸，今天我们不要你的命，我们是临江县人民自卫军，要你把买到的三支手枪借给我们！"贾辅民站到床前的地上，脚怎么晃也找不到鞋，连声说："四老板，好说，好说。"谢学玉见他的老婆也颤抖地站在门口，便用枪顶着他的脑门说："今天我们来了一个中队，叫你家里人都不要声张，快把枪拿出来！不然我们就不客气了！"贾辅民像泄了气的皮球似的，从床后箱子里拿出了三支用布包裹的手枪递给了王春生。

谢学玉此时说道："现在你和我们一道到去码头，你放心，我们不会伤害你，我们知道镇上住了一个小队的鬼子和一百来个'黑头'，我们中队都守在碉堡周围，告诉你家里人，现在想报告也传不了消息，到码头把我们送走就放你回家。"贾辅民随着谢学玉和十余名队员出门，他在门口对卫兵说："你把门关上，哪个都不许出去！"借着夜色，一行人走到码头，王春生连拍三掌，一会儿，木船靠了岸。贾辅民此时却以为要带他上船，惊恐地讨饶道："王春生，你帮我求求情！"谢学玉说："贾辅民，你在我们那里是挂了号的，今天我们不带你去，今后你要人在曹营心在汉，不准祸害百姓，不准与我们新四军作对！"贾辅民瘫坐在码头的地上，呆呆地望着木船向河心划去。

（蒋克祚）

救助飞虎队员[1]

抗日战争时期，有一支由美国飞行员组成的空军部队，飞翔在中国的天空，与日本空军展开殊死搏斗，取得赫赫战果，中国人称他们为"飞虎队"。

在激烈的空战中，飞虎队的飞机被击伤击落，有的迫降在抗日根据地区域内，得到抗日军民的积极救援、热情接待，书写了一段中美人民友好的感人故事。

1944年5月，美国飞行员约翰·魏德迈中尉奉命驾机从昆明机场起飞，轰炸安徽安庆日军机场，在俯冲轰炸时，座机被日军地面炮火击伤，迫降在距安庆机场五公里处的旱地里。约翰离机后正不知所

美军飞行员约翰逊伤愈归队，离别前在三水涧村留影

措时，遇到当地学生王少武。王少武通英语，便与约翰交谈，告诉他必须立即远离此地，躲避日军的追击。王少武与另两位青年帮约翰换掉飞行服，穿上便衣，直奔长江渡口，带约翰过江去找新四军。他们找到当地抗日民主政府，把约翰送到新四

---

[1]参见《安徽文史资料全书·巢湖卷（上）》，第295页，安徽人民出版社，2007年8月。

军第七师沿江支队。部队立即派侦察参谋曾幼诚率领一支队伍，护送约翰到无为三水涧新四军第七师师部。曾幼诚懂英语，与约翰交流无障碍，也使约翰安下了心，随部队的安排行动。一路上爬山越岭，过丛林走小路，避开日伪军的搜捕，四天后到达三水涧。

根据地军民热烈欢迎这位金发碧眼的异国战友。第七师政委曾希圣接见了约翰，与他亲切交谈。部队医院为约翰做身体检查。约翰很幸运，飞机迫降时没有受伤，只是几天长途跋涉，脚上打满了水泡，有的还感染流脓水。皮鞋是无法穿上脚了。

根据地的大嫂们知道这件事后，立即连夜纳鞋底缝鞋帮，为约翰赶做了一双大布鞋。约翰穿上中国式的圆口大布鞋，顿觉舒适轻便，可以小心翼翼地下地走路了。约翰高兴地咧着大嘴笑了，不断地叫。"迈瑞古得！迈瑞古得！""三克油！三克油！"

几天后，中央指示送约翰至皖南再回昆明基地。根据地军民举行隆重的欢送会，欢送约翰。约翰高兴地用刚刚学会的中国话说："我一定用炮弹和机枪狠狠地打日本鬼子！"

1945年初夏，美国空军轰炸机袭击停泊长江边的日本运输舰。一架轰炸机俯冲过低，机尾撞上敌舰的天线，飞机受伤，操纵失灵，一头栽进无为境内的泥汊江边浅滩。当时正是长江涨水期，飞机扎进江里，只露出机尾与半边机翼，座舱盖早已飞去。一名飞行员从飞机中抛出，落入江水中。正在岸边工作的工人们目睹了这一事故，看到飞行员落水，工人叶世庆等人飞快地向坠机地点跑去，一头扎进江水之中，在浑浊的江水中，四处摸索落水的飞行员。4月正是长江涨水之时，江水湍急，水位暴涨，在如此水急浪大的江中搜寻落水者，困难可想而知。叶世庆等工友们都生长在江河边，从小就练就了一身好水性，他们在奔腾的江水中，一个猛子接一个猛子扎下去，找寻落水的飞行员。不多时，在不远的下游，一个身着皮衣的人从江水中漂了上来，所幸的是飞行员身上的飞行服比较密封，在水中可以漂浮一段时间。叶世庆等一见有人漂了上来，奋不顾身的划水游了过去，一把抓住漂浮的人，大家奋力游上前，一手划水，一手把飞行员往岸边拖。好在几位下水的工友水性都好，在湍急江水中顺着江流往岸边游，游了一公里多，才踏上浅滩，大家七手八脚地把飞行员抬上岸，找来板凳把他放上去控水。一阵呕吐，飞行员吐出灌入腹中的江水，缓缓地醒了过来。大家看他醒了过来，已经无大碍，都松了一口气，把他扶到江边的草滩上，让他好好休息一下。泥汊区抗日民主政府得知飞行员坠机遇救，立即派人前来，一名懂英语的先生充当翻译，与飞行员做简单交谈。这位被救的飞行员叫约翰逊，上尉军衔，27岁，参加飞虎队，帮助中国人民抗击日寇。中国人民热情地救助他，他也十分感激。

到新四军第七师师部后，约翰逊受到根据地军民的热情接待，养好伤后，由部队专门护送他回到空军基地。

两位美国飞行员在无为抗日根据地受到救助与热情接待，感受到中国人民的宽厚善良与博大胸怀。约翰中尉在与护送人员告别时，在翻译王敬之的笔记本上写下"希望在战后再相见！"

诗曰：

飞虎折翼坠江边，抗日军民齐救援。
化险为夷成佳话，中美友谊谱新篇。

（叶悟松）

伤员的守护神[1]

左双山，原籍安徽省枞阳县，是一位德高望重的革命老人。1942年7月，正是抗日战争极为艰苦的时期，17岁的左双山参加了新四军，在第七师桐东大队，先为战士，后任大队通讯员。

当时，第七师在皖江地区坚持游击战，各方面条件很差，缺医少药，没有正规医院。师部于1942年10月办起了卫生学校，培养医务人员，为前线服务。大队长夏云看左双山有点文化，就派他到师部卫校学医。校址在无为县严家桥蒋家村。左双山十分高兴，第二天夜里，就和去无为执行任务的十来个游击队员巧妙地绕过了敌人数道封锁线，一夜紧赶100多里路到了学校。

卫校校长是师部卫生部长黄龙，教员有副部长李兰炎以及卫生部的科

伤员的救护神——左双山

长、主任、干事等。这一期学员共有60余人。说是卫校，根本没有学校的条件。10

---

[1]参见江苏省《盐城日报》，2019年11月21日第4版。

个学员为一班，分别住在老百姓家里。没有教室，就在群众家大堂屋里上课。堂屋墙上靠一块门板当作黑板，背包往地上一放就算板凳。教材是卫生部编的，讲义也是学校自己印的。

尽管条件很差，学员文化水平又很低，但是大家很明白，学习机会来之不易，一定要尽快学好医疗技术，为前线服务，为抗战出力。大家上课时都聚精会神，生怕听漏一个字。下课后相互对笔记，毫不马虎。晚上没有油灯，就借着月光看书背诵，温习当天所学的内容。每天早晨也都不等吹起床号，就早早起床学习。

卫校设置的课程很多，从医学基础开始，有内外科包括生理解剖、战场急救等，还有药物学。政治课是学习献身革命、抗日救国等革命理论。左双山从这时才第一次知道人体有206块骨头和12对脑神经。总之，学到了很多医疗卫生和战地救护知识，同时政治思想觉悟也有很大提高。

学员们的生活非常艰苦。住所是十多个人挤在一间小房子里，睡的是地铺，吃的是几分钱菜金的伙食，很少有肉和鱼吃，平时就连吃点豆腐也是很不错的了。即使这样，大家都很乐观，毫不叫苦。

1943年3、4月间，日寇突然先后两次共出动8000余人的兵力，从芜湖、铜陵、荻港向无为县严家桥新四军第七师所在中心区分进合围，妄图消灭第七师首脑机关和主力。在准备对日寇进行反"扫荡"时，第七师领导停办了卫校，学员都回到各团卫训队继续学习。半年后毕业考试，左双山取得了第三名的好成绩。毕业后，他被分配到桐西大队任战地卫生员。左双山努力工作，出生入死抢救伤员，千方百计医治伤员，使大批伤员重返前线，杀敌立功。

1943年10月，桐西大队配合新四军五师挺进十八团攻打岳西县城，团长张海彪身负重伤。领导决定由左双山负责护送张团长和七名重伤员，到无为县第七师医院医治。左双山此时入伍仅两年，刚满20岁。他不讲二话，保证完成任务。从岳西到无为，要抬着八个重伤员，徒步走过岳西、潜山、桐城、庐江、无为头尾五个县六百多里路程。一路不仅有我党游击区，还有日伪敌占区、国民党统治区，更有日寇控制下从省会安庆通往皖中合肥的安合公路横亘在前。这个任务太艰巨了。

左双山做了认真的考虑和安排。首先是召集参加护送的战士和抬担架的民工开会，加强教育，鼓舞斗志。他说，张团长和这些伤员，英勇杀敌负了重伤，护送他们到第七师医院医治，是义不容辞的责任。吃尽千辛万苦，也要把他们安全送到目的地。他要求大家准备好路上必要的用品和干粮，他自己特别仔细地准备了必需的药品，详尽地熟悉了行军路线和我党地下交通线的联系人员和联系方法，尽量做到万无一失。

左双山带领护送伤员的队伍出发了。各地的地下党组织早接到通知，行军路上的村、乡递步哨、负责人，一站接，一站送，而且提供食物，都十分负责。左双山最重视的是每到一站，必定问清路段安全状况，再决定怎么走，并由递步哨提前出发，发现敌情及时回传，以便隐蔽。是我地下党控制区，就日夜兼程。是敌我斗争复杂的地段，为避开敌人岗哨、碉堡，则白天潜伏，夜晚赶路。夜晚住宿，决不轻易住村子里，多半是住在庄稼地或树林里面。好在时值仲秋，没有什么雨水，天气不冷不热，行动方便多了。

一路上左双山还要时刻关心伤员。只要停下休息，他不是查看伤情、喂饭、喂药，就是洗伤口、换敷料，帮助处理大小便。同时安排护卫的战士或是从地方找来人力，替换抬担架的民工轮休。忙得没有休息的时候。

要穿过安合路了。左双山得知，白天日伪军队、车辆和杂乱的行人往来不断，肯定不能通过。夜晚鬼子不时开车巡查，通过也很有危险。怎么办？左双山与地方党的负责人慎重研究决定，队伍只能夜间通过。由地方党组织摸清日寇夜间巡逻的时间空当，选好两华里路段，公路两边一华里内为没有水沟、泥凼的玉米地；在路段两头设下监视哨，只要两头都探视不到日寇车辆动静，就立即通过；地方派出强壮人力，每个担架增加二人帮扶，不让伤员有任何闪失；规定时间所有担架接近路边50米距离一字排开，做好穿越公路准备；通知公路对面地下党组织安排人力，在距公路50米的地方随时上前接应。一切安排妥当。深夜，日寇巡逻车又巡过一轮，两头监视哨同时发出咽咽咽的青蛙叫声，左双山和地方负责人迅速跨上公路，低声又有力地呼喊：赶快通过！赶快通过！说时迟，那时快，八副担架，40多人，一阵风，穿过了安合公路，神不知鬼不觉，消失在浓浓的夜幕里。

过了安合公路，进入庐江县，离无为县严桥第七师师部就剩下不到两天路程了。左双山鼓励大家，胜利在望了，更要百倍警惕，咬紧牙关再坚持。他们在地下党组织帮助下，仍是晓宿夜行，继续沿山道、沿偏僻小路前进。进入无为西北边境山区，第七师领导派出的便衣侦察人员迎了上来，左双山和战士、民工、伤员都万分激动，万分高兴。到了师部，首长紧握左双山的手，夸奖他：你出色地完成了这个艰巨的任务，你真正是伤员的守护神！

1944年，左双山光荣地加入了中国共产党。他更加忘我地工作着，在庐江大小马槽战斗中，经过一天激战，我军取得了胜利。为保存有生力量，大部队及时撤走了。首长命令左双山带领两名卫生员负责留下救治几十名重伤员。左双山紧紧依靠群众，把这些伤员有的分散到老百姓家，有的隐藏到山洞里。他和卫生员白天隐蔽，晚上挨个给伤员换药，一忙就是一夜。药材奇缺，他们就化装成老百姓上山采草药。没有药水就用盐水代替。没有药棉就把自己的棉衣拆了，取出棉花放在开水锅里煮沸晾干代替药棉。没有手术锯，就用老百姓的木工锯做手术。这一次，左双山同样很好地完成了任务。

（王惠舟）

敌营夺枪[1]

1941年冬，无为县抗日民主政府建立了无为县人民抗日自卫军总队，各区也先后建立了区队部（又称模范队），他们除了配合主力部队完成作战任务外，还为主力部队补充兵源。地方武装建立不难，如何获得枪支弹药，却是一个大问题。无为县的抗日健儿们，运用"孙悟空钻进铁扇公主肚子里"的办法，英勇机智地与日伪军进行斗争，并取得了预期的效果。

敌营夺枪，胜利归来

无为县石涧区警卫连在区大队副大队长季道的领导下，打入伪军内部进行策反，最后里应外合夺取了巢县伪军保安大队三中队第三分队机枪、步枪30多支，在根据地一时传为佳话。夺枪的经过是这样的：

1942年5月间，无为县石涧区仓头乡民兵张少卿，找到无为县交通联络站站长胡治平，说有要事与他商议。胡与张皆为石涧区人，平时常有来往，关系较密切。

---

[1]参见《隐蔽战线上的斗争》，第479页，当代中国出版社，2003年11月。

张少卿说，他有个拜把的兄弟施雅如，现在巢县伪军保安大队三中队当中队长，驻扎在巢南槐林镇。最近施雅如带信，叫张从无为带一些人去当伪军，并应允张当三中队的三分队分队长。张说："当汉奸我当然不干，但去后能否给你搞些情报，或者带支枪跑回来，这个事情关系重大，所以征求你的意见。"胡治平知道张为人老成持重，有一定的政治觉悟，如果他带一些人打进伪军内部，获取情报和开展策反工作是可行的。但这都是危险性大、保密性强的工作，胡思考后说："你的抗日积极性很好，这事能不能干，待我向县委汇报后再答复你。"

胡治平将张少卿的想法向县委做了汇报。县委同意由张少卿带些政治上可靠的民兵去当伪军，并决定由石涧区具体实施，目的是策反和夺枪，但行动、计划一定要保密，不能有任何的大意。胡治平即到石涧区传达了县委的决定，并与区委研究将这一任务交由区大队副大队长季道负责执行，季道是位胆大心细、能应付各种复杂局面的地方武装干部，与张少卿同为仓头乡人。胡治平与季道回乡找到张少卿，三人共同商议具体的行动计划。季道认为此事危险性大，稍有不慎后果严重，他的意见是，由张少卿先带一个人去，等站住脚后再派人去。

6月间，季道派仓头乡民兵张正宏随张少卿一道去巢南槐林镇，要求张少卿去后仍要与施雅如搞好关系，伪装甘当汉奸的模样，有情况叫张正宏回乡联络，自己不要轻易回家。不久，张少卿派张正宏到石涧区向季道汇报。此时，伪军三中队已由槐林镇调到高林镇。施雅如果然让张少卿当上了三分队分队长，管三个班共40余人。装备有轻机枪一挺，步枪36支，全分队人员驻扎在三个相邻的碉堡内。张少卿要季道再选派一些人去，就说找老乡混口饭吃。

经过区委慎重地选择和细致的思想工作，仓头乡民兵张致鼎、张可乐、李正福、季昌福、徐大发等五人从9月26日起，先后到达高林镇加入伪军三分队，忍辱负重地当上了"汉奸"。临行前，季道对他们提出三项要求：一是到高林镇后不要与家中人联系，以免泄露机密；二是在三分队里互相不要过多接触，要多与其他伪军谈心，了解他们的思想状况，待过一些时期稳定后，再流露悲观情绪，动摇军心，伺机策反；三是去前只对家中说到外地谋生，不说到哪里。不必挂念家中，政府一定关照。并叫他们带话给张少卿，季道会适时去高林镇了解情况。张致鼎等五人到达高林镇后，张少卿把他们编在三个班，分住三个碉堡内，这样便于和伪军交友，掌握伪军动态。

一个多月后，季道在与县委联络站、区委研究后，决定到高林镇去一趟。一天下午，季道化名朱小侯来到高林镇的悦来客栈，他头戴礼帽、身着长衫，客商打扮，说是来了解山货的收购情况。他住下后便要店家晚间备几样菜，并叫店家邀三分队队长张少卿喝酒谈心。张少卿听客栈伙计说，有老乡请他吃饭，便知可能是季道来了，于是他便邀张正宏、张致鼎等人一同赶到客栈，与季道见面。

季道从与他们的交谈中得知，高林镇是紧靠巢湖的一个集镇，地处巢南交通要道，位置十分重要，市场也还比较繁华。张少卿、张正宏、张致鼎等人到达分队后，分别与其他伪军谈心，交朋友，但取得的效果并不理想。还得知张少卿的老婆顾虑重重，致使张本人态度也不够积极，希望等待时机成熟后再设法夺取伪军的枪支弹药。

第二天，季道在张少卿、张正宏的陪同下游玩高林镇，同时察看地形路线，观察伪军的驻防、碉堡位置等情况，还深入到三分队驻地，与派去的人员见面交谈。

季道返回后，立即向区委做了汇报，他觉得要策反40多名伪军还需要一段时间，但根据张少卿受他老婆影响的情况，必须抓紧时间先开展夺枪行动。区委同意季道的分析，决定里应外合夺取枪支，如何具体实施，由季道负责安排。

11月中旬，季道仍化装成商人模样，第二次到达高林镇，与张少卿、张正宏等人进行了周密的策划与安排，根据伪军晚上一般不敢出碉堡的情况，决定11月28日晚8至10时之间行动，并确定了联络暗号。那天晚上，张少卿、张正宏、张致鼎设法将三个碉堡的岗哨都换成自己人。8时许，季道带领的区警卫连人员已潜入三分队驻地附近，除远处的几声狗吠外，他们神不知鬼不觉地靠近三分队碉堡前的壕沟。接着，三个碉堡的岗哨发现附近有烟火闪动的信号，知道接应的部队到了，马上也都分别点燃香烟，在空中画了几圈示意。此时，季道立即带领区警卫连到达壕沟边警戒，指挥陈克典、石天喜等人越过壕沟，由接应的岗哨带领进了三个碉堡。当他们把枪支集中后，端起枪对睡得迷糊、毫无提防的伪军喝道："谁也不准动！我们是新四军！"伪军呆若木鸡，没有一个吱声。于是，他们背上缴获的武器，迅速撤离。统计战果是：轻机枪1挺、步枪36支和一批子弹。事后，县总队对这次有功人员给予奖励，石涧区委给张少卿安排了工作。

（蒋克祚）

四打桐荫镇[1]

1944年世界反法西斯战争取得重大胜利。1945年春季以后，侵华日军陷入四面楚歌、日薄西山的境地。为响应毛泽东同志1944年底在陕甘宁边区参议会上关于扩大解放区、缩小敌占区的号召，新四军第七师积极进行政治的、军事的各项斗争准备，为战略大反攻创造了良好条件。1945年4月23日中共七大在延安召开，皖江军区的军民，更是欢欣鼓舞，军区所属各部队，积极创造条件，开始了反击日军、收复失地的一系列战斗。其中四打桐荫镇，揭开了新四军第七师抗日反攻的序幕。

1945年1月5日，沿江支队白湖团在侦察得知巢县西部桐荫镇（今黄麓镇）驻扎的伪军详细情况后，决定攻打这个力量较弱的伪军据点。当天下午，白湖团团长徐绍荣率三营从巢南的湖东县槐林嘴出

沿江支队独立团团长王培臣

发，乘船渡过巢湖，夜间发起进攻，摧毁桐荫镇外围碉堡一座，歼灭据点内驻守的伪巢县自卫团第一大队一个中队的全部伪军，毙伤30余人，俘虏35人，缴获长短枪

---

[1]参见《安徽文史资料全书·巢湖卷（上）》，第527页，安徽人民出版社，2007年8月。

50余支。这是大反攻阶段一打桐荫镇。

1945年5月中旬，沿江支队独立团一部配以炮兵，乘船从巢南槐林嘴出发，奔袭巢湖北岸重镇桐荫镇，此战干净利索，俘日伪军26人，缴获长短枪十余支。此为大反攻阶段二打桐荫镇。

不久后的5月下旬，沿江支队独立团团长王培臣（6月20日任改编后的第七师十九旅五十六团团长）、政治部主任王荣光，率一营、三营和五连，乘船准备攻打桐荫镇日伪据点。黄昏时在巢湖湖心与日军19艘舰船遭遇。狭路相逢勇者胜。双方激战半小时，击沉日军船只一艘，击毙日军五人，俘获伪军、日商百余人，缴获载满货物的船只七艘。王培臣团长当即派五连将俘获的船只和人员押回巢湖南岸的湖东县，仍率一营、三营继续渡湖，拂晓登岸，再打桐荫镇，摧毁伪军碉堡一座，毙伤伪军分队长以下官兵29人。此为大反攻阶段三打桐荫镇。

6月初，由沿江支队独立团团长王培臣和白湖团政委顾鸿（6月20日任改编后的第七师十九旅五十七团政委）率领的三个营、一个迫击炮连、一个重机枪排，夜渡巢湖，先攻打了巢县西部的张家疃伪据点，又袭击了桐荫镇伪据点。此战全歼张家疃伪军一个连，桐荫镇伪军一个排，共俘获伪军百余人，缴获机枪两挺，步枪80余支。此为大反攻阶段四打桐荫镇。

四打桐荫镇，特别是后三次十几天内三渡巢湖作战，是皖江地区抗战从战略防御转向战略进攻，从内线作战转为外线作战的转折点，标志着皖江地区敌我斗争形势发生了有利于新四军第七师的根本性变化。

（耿松林）

一腔热血化彩虹[1]

1943年7月，处境日渐困难的日军施展"以华制华"毒招，撤出黄姑闸、盛家桥两据点，让巢无中心区与国民党顽固派的接触地域大大增加。而皖江抗日根据地各项事业的蓬勃发展，自然引起反共的国民党顽固派忌恨。1943年11月，第七师沿江支队被迫自卫反击，并取得了磨盘山反顽战斗的胜利。曾希圣政委致书国民党安徽省政府主席李品仙，呼吁国共双方"各守原防，互不侵犯，以收互相准备、互相配合之功"。然而李品仙等一心反共，不断制造"亲者痛，仇者快"的军事摩擦。

位于无为县蜀山镇三尖山二十三烈士纪念碑远瞰图

1944年2月，沿江支队参谋长兼沿江团政委胡继庭，独立团团长罗保廉，相继在反顽战斗中牺牲。

1944年8月，国民党顽军一七六师和第八游击纵队，又向我周家大山地区发起猖狂进攻。当时，我沿江支队独立团三营驻守周家大山，独立团一、二营和白湖团三营守天井山、葫芦山一线，白湖团一、二营守巢南沐家集等地，巢大团担任师预

---

[1]参见《岁月留痕》，第178页，中共党史出版社，2012年9月。

备队。8月23日全天，独立团、白湖团和巢大团互相配合，和敌人激战终日，终将顽军击退。此战毙伤敌300多人，重创敌一七六师五二八团。

当日上午10时许，我独立团三营主动撤出天井山、关山阵地后，顽军将火力转向孤守三尖山碉堡的我独立团二营四连一排。因该阵地处于周家大山西侧，敌人要攻克我周家大山，必先占据三尖山。敌以猛烈火力围攻，恨不得将该排立刻吞食。该排23名勇士并不示弱，在支部书记张柏、排长张开远指挥下，个个精神抖擞，势如猛虎。下午1时到3时，经过两个多小时的激战，他们连续打退敌人十多次整连整营的集团冲锋。在与碉堡共存亡的誓言面前，战士们子弹打光了，石雷耗尽了，就用枪把、刺刀、石块与敌展开血战。最后，在敌众我寡、弹尽无援的情况下，为了不让敌人得到他们手中的武器，全排将机枪拆散，将步枪、弹筒砸毁，在肉搏战中，高呼"中国共产党万岁！""和平民主万岁！"等口号，全部英勇献身。

23位英烈血染三尖山，惊天地，泣鬼神。他们的誓死战斗，为周家大山反顽斗争的胜利，奠定了基础。23位勇士为人民光荣献身，功昭日月，永垂千秋！

战后，第七师沿江支队独立团荣获新四军军部嘉奖。第七师《武装报》以"二十三勇士荣获新四军军部嘉奖"为题，进行了专题报道，表彰该排指战员可歌可泣的英雄事迹。

为纪念英雄，缅怀革命英烈，无为县委、县政府与县内外的新四军老战士，共同筹资、捐资，在当年23位勇士浴血奋战的蜀山镇百胜社区周家大山余脉三尖山上，发起建立"三尖山二十三烈士纪念碑"。纪念碑高19.44米，寓意1944年，碑身垒砌23块花岗石，象征着23位烈士不屈的身躯和坚毅的抗战精神。纪念碑于2005年11月1日竣工揭牌，碑文"二十三烈士永垂不朽"，由原南京军区政委傅奎清题写，碑身后还立有新四军老战士丁继哲、顾鸿、金星沐等人书写的"碑林"。

纪念碑占地面积50平方米左右，当人们自山麓拾级而上，共计171级，走过长约300米的台阶，来到纪念碑前时，只见纪念碑在一片青翠的松柏之中巍然挺拔，庄严肃穆。它在时刻昭示人们：中华民族不可侮，抗战精神永远长存！

（耿松林）

张君武与张经武[1]

1944年9月，新四军第七师皖南支队政治部主任张经武，杀伤支队政委黄耀南后，叛变投敌。1945年农历正月初二，人们都在过年。叛徒张经武带领日伪军1000多人半夜出发，另有芜湖、安庆日军乘船从汤沟侧击，两路并行，偷袭东

日军"扫荡"无为东乡，村庄被毁，临江办事处主任张君武被俘

乡新四军。日伪军包围临江办事处，办事处主任张君武指挥大家冲出包围圈，张经武认识张君武，便叫鬼子一拥而上，抓住张君武。张经武见抓住了张君武，把大拇指一伸："皇军大大的，这大胖子是新四军大官！"

日军抓到张君武，认为抓到一条大鱼，妄图从张君武身上挖出有用的情报。审讯时，张君武内心既无惧，也无求。他把眼睛一闭，躺在地上，呼呼地睡着了，鬼子用脚踢他，他翻了个身，又鼾声如雷。日军司令大怒，张经武献计："张君武是县级主任，此人软硬不吃，但了解共军内幕，如果争取过来，往后大大有用处的！"

---

[1]参见《抗日烽火年代》，第19页，安徽人民出版社，1994年3月。

日军司令觉得有理，便把张君武送进安庆监狱，慢慢软化，劝其投降。

在安庆监狱，张君武被戴上了镣铐，严加看管。开始，安庆的日军联队长摆了宴席，"宴请"张君武。许诺委任张君武为安庆专员，管辖长江南北八个县。张君武听了，哈哈一笑说："你封我大官，我便是汉奸，我不当汉奸！另外，我告诉你，张经武投降你们是曾希圣派来卧底的，你们上当了，哈哈！"说罢，张君武不管三七二十一，端起酒杯喝酒，拿起筷子吃菜，一顿饱餐，又趴在桌子上呼呼大睡起来，日本鬼子哭笑不得，又把他送进牢房。

鬼子见软的不行，便翻脸来硬的，老虎凳、大火盆，对张君武拳打脚踢，张君武被打得遍体鳞伤，仍咬紧牙关，一字不吐，双眼一闭倒在地上，又呼呼睡去。张君武软硬不吃，日本鬼子说"此人是疯子"，只得先将他关押当人质，待日后会有用处，张君武暂时未被处决。

张君武被捕，皖江区党委书记、新四军第七师政委曾希圣非常着急，召集有关部门负责人商讨营救张君武。他说："张君武是一个好同志，无为东乡弯张家人，1938年参加革命，到过延安学习，先在四师工作，后又调回七师，任临江办事处主任。无为修惠生堤，他参加指挥，是水利专家，在枪林弹雨中修这样的水利工程，谈何容易！"决定用重金买通牢房看守，找机会越狱。请来张君武的夫人朱志秀，交给她200块银圆，带上给安庆党组织负责同志的信，让她先去安庆，开展营救工作。

朱志秀到安庆后，安庆地下党组织已摸清了监管张君武看守的情况，有一名看守是无为人，可以着手做他的工作。朱志秀手提饭篮去监狱送饭，一听这个伪军看守一口无为腔，便拉起了老乡，说："我丈夫是无为东乡弯张家人，我们是老乡，请兄弟关照一下！"说罢，偷偷塞给他十块大洋。朱志秀和他谈心："这是我的私房钱，看你当兵也很苦，送给你抽抽烟，或者寄给老婆孩子用！"看守听了朱志秀的一番暖心话，良心回身，非常感动，他收下了十块大洋，说保证张先生吃得饱、不受苦。朱志秀笑了，从腰里掏出一包炮台牌香烟说，求你把这包烟给我丈夫抽（烟里有曾希圣的亲笔信）。又拿出五块大洋给看守。看守收下大洋，接过香烟，拍着胸脯保证，只要我执勤，你就来送饭，有什么东西传递，由我带出来。朱志秀说："你放心，你是我的恩人，往后我丈夫能出来，有你的出头之日！"

朱志秀离开牢房，看守进了张君武的号子，告诉张君武，"我是无为同乡，刚才你夫人送饭来了，还带来一包烟，明天下午我执勤，你要写信，我替你送出去！"

张君武怕是鬼子的圈套，并未理会。他寻思，我不会抽烟，老婆送烟进来，其中必有奥妙，他拆开香烟，发现其中有支烟没有烟丝，他打开一看，是曾希圣的亲笔信。张君武看罢信，十分激动，感谢党对他的关怀。第二天，他找那位无为老乡看守要了纸和笔，写信给曾希圣。张君武把回信装进自己的袜子里，交给看守，说信在袜子里，叫我老婆不要放水里洗。朱志秀第二天将袜子拿走，连夜回到无为三水涧，将张君武的信交给曾希圣。

曾希圣鼓励朱志秀，做无为同乡看守的工作卓有成效，要她继续努力争取。又给了朱志秀500块银圆，朱志秀连夜乘船赶到安庆。她住在一位地下党员家里，每天送饭，与老乡看守交谈，告诉他日本鬼子末日已到，抗战即将胜利，要小老乡另谋出路。老乡看守在朱志秀的引导下，思想上逐渐醒悟，朱志秀又将500块银圆和自己的一枚金戒指送给他，小老乡看守更加感激。他下了决心，一定救出张先生，投奔新四军，重走光明大道！

农历四月初二深夜，张君武正闭着双眼沉睡，忽然听得铁窗连响，号子的门锁开了，无为老乡看守进了号子，快步走到张君武面前，匆促说："张先生，快穿好衣服，带你一道逃走，你夫人在江边码头等我们！""真的吗？真是天降神兵，救我老张也！"张君武穿上衣鞋，随小老乡走出牢房，绕过大街，一溜烟跑到江边码头，朱志秀和地下党同志正在码头翘首等候。小老乡扶着张君武跳上船，船夫也是地下党组织安排的一位年过半百的老水手。朱志秀见丈夫上船，不及多谈，只喊："大爷，快开船！"

天空月明星稀，大江如练，南风吹拂，风助船行，一路顺风。至此，在日军牢房关了四个月的张君武飞出牢笼，回到党的怀抱。

而叛徒汉奸张经武1949年后在上海被抓获，押回无为公审枪决，遗臭万年！诗曰：

君武铮铮铁骨身，身陷牢狱主义真。
经武叛党当汉奸，遗臭万年不可闻。

（叶悟松）

神兵天降[1]

1944年10月，皖南地委向皖江区党委汇报工作时，要求新四军第七师师部派部队到皖南中心区泾（县）旌（德）太（平），以打破国民党第三战区司令长官上官云相率部围剿我樵山根据地和其他游击区的部署。后经研究决定，要巢大团

"神兵天降"太平县谭家桥

（五十五团）组织一支精干的小部队，由足智多谋的干部率领，开赴皖南。巢大团决定以原侦察队四个班为第一排，特务连警卫排四个班为第二排，配二挺机关枪，四门枪榴弹，长短枪70余支，共83人。其中大部分是老红军战士，很有战斗力。

11月初的一天黄昏，部队偷渡过江，到达繁昌、铜陵游击区。白天休息后，经一夜行军，到达南陵以南山区，寻机通过青弋江封锁区。又雨夜行军100公里，到达泾县境内，在一个不大的乱石山上隐蔽，傍晚经过云岭、章家渡、花村一线，行军100多里，冲过三四道哨卡，最后到达樵山根据地。

为了粉碎敌人对樵山的围剿，12月5日，部队向太平县东南约四五十里的谭家

---

[1]参见《皖江风云》，第110页，黄河出版社，2001年1月。

桥实施突然袭击。谭家桥是太平县大镇之一，依山傍水，有公路通汤口，是反共起家的王延寿的老巢。敌人的据点设在镇北的大庙里，二层楼，四角有炮楼，大门口设有两个土堡、路障，楼上楼下有两层明暗射孔。挺进队、行动队、乡丁等反动武装二百余人，一百余支枪，还有三名叛徒在那里做政训员（特务）。

拂晓前，部队在离镇北几里路的地方停下来，进行战斗部署：一排两个班解决楼上之敌，另两个班到镇南阻击打援、警戒，防敌逃跑；二排一个班夺取门堡，一个班在镇北小土圩阻敌外逃，打援。队长雷伟带领战士摸到门口土堡，两个站岗的敌兵靠在堡内打盹，听到声响，刚反应过来，雷队长以敌军长官部长官身份，已甩了敌哨兵的耳光，骂道："你们这些吃冤枉粮的，匪情如此严重，你们吊儿郎当地打盹睡觉。枪下掉，送军法处。"哨兵连声喊："长官我有罪。"带班的军官出来问什么事，部队已进院，一排两个班立即冲上楼。敌人开了枪，我架在外面的机关枪打了几个点射。敌人听到机枪声吓蒙了，楼上楼下"缴枪不杀，优待俘虏"的喊声连成一片。敌人有的上衣还来不及穿，跪在地上打哆嗦；有的跪在地上直喊饶命。

战斗十几分钟结束。一清查，三个政训员不见了，立即搜查，发现他们躲在菩萨座底，一个反抗被当场击毙，两个被活捉。我们将二百余俘虏集合在院内，雷队长做简短的政策训话：新四军是永远消灭不掉的。你们看，有机关枪、有炮，大部队多得很。要问我们在哪里，告诉你们，我们来无影，去无踪，哪里有反动分子，新四军就会到哪里。现在放你们回家，以后你们谁再打我们或欺诈老百姓，这就是你们的下场（指着敌人的尸体）。接着宣布判决书，处决了几个最反动的官员和叛徒。

此战全歼守敌。后来敌人方面传得很奇，说"打不死的刘奎"（皖南事变后皖南第一支游击队队长，多次负伤但死里逃生，国民党悬赏2000银圆买他的人头）把江北新四军都搬来了，他们是神兵天降，中央军三个师都打不赢他们，都是双挎，还有炮，机关枪数不清（有的战士爱惜自己的枪，用油布缝个套套起来，扛在肩上有像机关枪）。战斗大大震慑了敌人。

五十五团侦察队在约两个月里，战斗于皖浙二十多个县，大小战斗数十次，歼敌七八百人，震撼了第三战区上官云相的前线指挥部，成为一支打不垮、拖不倒，所向无敌的神兵部队。

（童毅之）

一片腊肉寄深情[1]

在新四军第七师纪念馆内，有一幅银屏山区小岭村农民邹广发夫妇的照片，神态憨厚朴实。他们是第七师政治部主任何伟之女何生的养父母。每当参观者来到这张照片面前时，讲解员的解说，总是让听讲者心生敬意，心底涌起波澜。

收养何伟之女何生的小岭村邹广发夫妇

何生出生于1942年3月18日。当时正值皖江抗日根据地初创不久，随时面临着日伪顽的疯狂夹击，是抗战最艰难的时刻。曾任中共无为县委书记的孙以瑾，是何生的妈妈，工作十分繁忙。没有别的法子，何生一出生，就被寄养在无为老乡家，何生是吃着养母的奶长大的。

1944年何伟、孙以瑾夫妇双双去延安，临行前托人将何生寄养在小岭村邹广发家。邹家家境贫寒，邹广发夫妇却对小何生视如己出。这对淳朴的农民，打心底里拥护共产党人领导的抗日斗争，认为能够为革命领导人分忧，帮助哺育革命后代，是自己前世修来的福分，是十分光荣的事情。他们对何生十分好。小何生哭了，他

---

[1]参见《中江潮》，芜湖市新四军历史研究会，2017年第3期。

们焦急；小何生笑了，他们开心。日伪顽军时常进村骚扰，养父邹广发挑着筐带何生跑反，一头是简单的行李，另一头坐着何生。养母是小脚，行走不便，但为了保护何生，也不辞辛苦勉力跟在后面行走。他们自己省吃俭用，却在何生六岁时，挤出钱来送何生上私塾读书，为的是不能耽误何生的教育！家里杀年猪的时候，除了卖的，总要腌一些肉来留给何生吃。饭熟时尚未揭开锅盖，腌肉或腌咸鹅的香气就扑鼻而来，令人垂涎欲滴。虽然只是一片、两片，分量很少，但那是何生的专属，邹广发自己的孩子是没有份的。何生说，那时自己很小不懂事，不知道礼让别人，但是肉片吃在嘴里，心里总是暖洋洋的。

何生回忆，在一个冬天的早上，国民党顽军为了追捕一名地下工作者，将全村的成年男人都赶到一个场院上，扬言不交出共产党，就拿村上人开刀。这位地下工作者为了不连累乡亲们，挺身而出，凛然不惧。敌人在何生养父母家门口将他杀害，鲜血洒了一地，吓得何生大哭。国民党兵在村里折腾了大半天，直到下午才走，而何生却安然无恙。何生动情地说，没有养父母和乡亲们的保护，我不可能活到新中国成立的那一天。邹广发家的一个孩子，因为贫病交加而夭折。一直到1949年5月，何生的妈妈才前来将她接走。临行前，何生母女与邹广发夫妇难舍难分，抱头痛哭。

1964年，在离开十五年之后，何生回到小岭村，回到那个带给她童年温暖的家，看望年迈的养父母，看望骨肉深情的家人和乡亲们！何生说，无为小岭，那里有我此生永远的家！

何伟夫妇在解放战争时期，均在东北地区任职。中华人民共和国成立后，何伟历任广西省委、广州市委、河南省委负责人，后任驻越南大使、教育部部长。孙以瑾也先后在多地担任党的领导职务。但他们无论走得多远，都认为安徽无为这片红土地是他们的第二故乡。为了表达对无为人民的感谢，嘱咐子女将他们的骨灰分一半，安葬在无为的土地上，永远和第七师的老战友，永远和无为人民在一起。

（耿松林）

皖中抗日"半边天"[1]

毛泽东说：妇女能顶半边天。皖江抗日根据地广大妇女积极参加妇女抗敌协会，在中国共产党的领导下，以极大的热情投入到抗日救亡斗争中，谱写出许多可歌可泣的感人事迹。

送子送郎去参军

在抗日战争年代，把一个农民的子弟动员去参军打

无为县妇女抗敌协会踊跃支前

仗，并不是一件轻而易举的事，母亲与妻子不同意，这位青年想参军也很困难。在皖江抗日根据地，群众传唱民歌："吃菜要吃白菜心，当兵要当新四军！"党和抗日政府的扩军宣传深入人心。尤其是广大的妇女们都明白一个道理——没有人民军队去抗击日寇，把侵略者赶出中国，大家都没有好日子过。所以，每次扩军，广大妇女都积极动员自己的儿子、丈夫去报名参军，带上大红花，自己脸上也有光。

根据地有一位姓张的大妈，她的大儿子在抗日前线英勇奋战，在一次战斗中被敌人包围，毅然拉响身上的手榴弹与敌军同归于尽。当儿子牺牲的阵亡通知书送到

---

[1]参见《安徽文史资料全书·巢湖卷（上）》，第236页，安徽人民出版社，2007年8月。

家里，大妈泪如雨下，心在滴血。她擦干眼泪，忍住心中的悲伤，毅然牵着二儿子的手，带着他到参军报名处为儿子报名参军。报名处的工作人员知道大妈的大儿子刚牺牲，就劝说大妈，留下小儿子在家侍奉父母。大妈说："谁家的儿子没有爹娘在家，军队中的孩子谁不是父母的骨肉？都不去参军打鬼子，我们哪有好日子过？"

大妈又把小儿子送到部队，小儿子在部队没有辜负母亲的期望，不怕苦不怕死，作战勇敢，有勇有谋，后来成长为一位指挥员，1945年随军北撤，1949年率部南下，准备参加渡江战役，回到家乡见到年迈的母亲，他跪在妈妈面前，请母亲原谅他这样这些年来无法为双亲尽孝。妈妈说："儿啊，你为国尽忠就是最大的孝心！"

还有刚结婚的新娘送新郎参军的感人场景。在一次扩军中，根据地中心区一对小夫妻刚刚结婚，丈夫是基干民兵，妻子王桂花是妇抗成员。两人正在新婚的蜜月之中，如胶似漆。抗日民主政府动员青年参军的号召发布后，小两口即开始商量报名参加新四军。首先父母亲的关口难过，老人家还等着来年抱孙子，孩子去参军打仗，不光孙子成了泡影，孩子在枪林弹雨中能否保住性命都很难说。王桂花耐心细语地给公公婆婆做工作讲道理，一句话，不打走日本鬼子，老百姓都没好日子过，都不去参军靠谁去打仗。老人明白事理，忍痛同意儿子参军。

小两口刚在蜜月中，别离的痛苦可想而知。丈夫上战场，妻子哪能不担忧？可是为了抗日大业，妻子依然为丈夫备好行装，把新郎送到新兵队伍中，看着丈夫胸带红花，站在新四军的队列里，王桂花笑中带泪。

在"抗日保家，参军光荣"的号召下，在广大妇女的理解与支持下，仅1944年冬季征兵，无为地区就有14000名青年参加了主力部队。

千针万线做军鞋

新四军第七师指战员们所需的布鞋都是根据地的妇女们一针一线做出来的。给部队做的军鞋又叫慰劳鞋。在皖江抗日根据地的老乡家，大妈大嫂们一边烧饭，一边纳鞋底。遇到大晴天，他们打上糨糊，用旧衣服撕开的布在门板上，一层层的贴上晒干，做鞋帮的衬里。

大妈大嫂们随身带着鞋底针线，稍有闲暇便纳鞋底。一双布鞋千针万线，有的鞋底上还留有大妈大嫂们扎破手指的血迹。这一针一线都是根据地妇女们对子弟兵的深情厚谊。无为地区的军鞋特别耐穿结实，第七师的指战员都说无为妇女们手巧，鞋做得好，穿着舒服，鞋子上还缝了绊子，系在脚上特别跟脚，战士们穿着行军打仗十分轻快。

　　妇女们做军鞋还搞评比竞赛，比谁做得多，谁的鞋子做得结实漂亮。一批军鞋做好，各村妇抗会带领妇女们敲锣打鼓，把军鞋送到区里县里，然后进行评比，对优胜的村进行奖励，发给奖状，号召大家学习。大姑娘小媳妇在军鞋上绣上"抗战必胜""革命到底"的字样，鼓励指战员们英勇奋战，把日寇赶出中国。

　　诗曰：

　　　　妇女抗战也争先，人人奋勇齐支前。
　　　　送儿送郎去参军，巾帼更顶半边天。

（叶悟松）

楠木归依之路[1]

——支持新四军抗日的日本军人楠木

秦汉时期，日本就遣使来中国。唐代，中日往来最盛，鉴真东渡便是标志。此后的千百年间，中日交友之网破了补，补了破。由倭寇侵扰变为日寇侵略。

进入1944年，日军与新四军第七师对于长江运粮通道的争夺更加激烈。日军驻芜湖后勤部队登部队高级顾问楠木管辖的利记杂粮部，从皖北等地收购的大米，被第七师货管总局查扣。日军司令部严令训斥，楠木如热锅上的蚂蚁。瞅准这当口，第七师敌工部张开大网，诱迫楠木就范。迫于内外压力，楠木以武器和军需物资换回被查扣的大米，由此陷入"通共"的"深渊"。此时，日军中一些中下级军官厌战、反战情绪也日渐滋生，楠木便是其中代表。他也是青年学生被征入伍，在血淋淋的屠杀中，良知未泯。内线提供了楠

促使楠木走上归依之路的
第七师敌工部长段洛夫

木的背景资料，敌工部部长段洛夫便决定，要与楠木在第七师根据地的无为县江边码头汤沟镇见面。此前，楠木几次从芜湖运出西药布匹、轻重机轮、迫击炮及子弹

---

[1]参见《曾希圣传》，第215~216页，中共党史出版社，2004年10月。

等重要军用物资，在汤沟与新四军交易大米、黄豆等粮食。楠木在日军后勤部队位置显赫，身居要职，控制住他对于新四军军用物资及重要情报的获取极为重要，战略意义胜于战场上直接消灭日伪军几支部队。楠木秘密到达汤沟，受到段洛夫部长和第七师贸易总局局长蔡辉的热情款待。在高强度政治攻势和人性化政策的感召下，楠木不仅同意增加军用物资的交易量，还同意敌工部派汪仑、田葶芳打入日军管辖的利记杂粮部，并由汪仑充任副经理。1944年秋冬至1945年春夏，楠木从运送武器到提供日军情报，每次都能达到敌工部的要求。有天夜晚，楠木新派日军汽艇运达汤沟的武器达上百件。

1945年春节期间，日军将对临江地区"扫荡"，楠木事先向第七师急速通报。因此，日军进犯时，根据地损失较小。第七师存放在汤沟镇的大批粮食，一时转移不及，贸易总局事前便从楠木那里弄得一些日军总力社芜湖分社的封条，贴在粮堆上，以日军军粮名义逃过日军抢掠这一劫。七师贸易总局王渔等五人于"扫荡"中被日军俘虏。幸而王渔等人未暴露身份，仅被当作为新四军嫌疑押解安庆。楠木受第七师托请，亲往安庆，称此五人是总力芜湖分社雇用的中国职员，并画押担保，使其全部获释。第七师历次作战缴获，及在平时交易中收集到的大量伪币、法币，亦交由楠木与日伪金融机构疏通关节，秘密运至南京兑换日元、美元，并从敌占区购买急需军用物资。这不仅满足了第七师的需要，还缓解了第二师和军部的物资困乏。

日本宣布投降，楠木做通了日军驻芜湖部队长吉村的工作。他俩一起成功策划"送枪"行动。在几天之中，由楠木亲自驾驶汽艇，先后数次抢运100多吨军用物资及一批枪支弹药送到汤沟，交给第七师部队。日军投降后，从安庆等地撤至芜湖的军用物资堆积如山，第七师要求立即将其移交给新四军。日军司令答复必需征得驻南京日军派遣军总部同意。第七师敌工部携楠木亲往南京交涉未果。日军坚持军用物资只能等候国民党军队接收，不能移交新四军。于是，楠木迅速采取措施，果断抢运部分武器送交第七师部队。其中，一次就运了40挺轻机枪和大批弹药。最后一次，楠木将运送物资的两艘汽艇也留给了第七师部队。为新四军第七师后来北撤水上运输提供了现代交通工具。

第七师北撤前夕，楠木率五名日军医官投奔第七师。协助段洛夫部长教部队学习常用日语，如"放下武器，保证你们人身安全""你们要将功赎罪"等。楠木和一批反战的日本军政人员，编入第七师直属随营学校第五连，随队北撤山东。到达华中军区后返回日本。

在为楠木饯行时，楠木饮泣话别："我所做的，远不能赎罪于万一。我们日本对于你们中国，战争造成的罪恶，永远洗刷不了。"敌工部部长坦诚地表示，"渡尽劫波兄弟在，相逢一笑泯恩仇。"席间，大家举杯吟唱："日本晁卿辞帝都，征帆一片绕蓬壶。明月不归沉碧海（晁衡海上迂难未死，后返回长安），白云愁色满苍梧。"

（程传衡）

矢志抗日的乡村塾师[1]

　　金稚石，1888 年生于无为城一个清末举人之家。少时饱读四书五经，打下了扎实的文学功底。1907 年进入芜湖皖江中学，1910 年考入安庆巡警学校。辛亥革命后，就读于安庆江淮大学法律专业。五四时期，他接触《新青年》《觉悟》等刊物，眼界大开，思想发生急剧变化，以民族复兴、国家富强为己任。

　　二十世纪二三十年代，金先后在无为县光明小学、王村小学、无为中学任教，一度担任好友徐庭瑶家私立图书馆（拨云楼）馆长。金先生思想开明，认真教学之余，指导学生阅读《拓荒者》《向导》《狂人日记》《女神》等进步书刊，增强学生爱国意识，唤起抗日

矢志抗日的乡村塾师——金稚石

救国热忱。1940 年 7 月 17 日无为城沦陷，他逃难到陡沟王村，在一户农家办起王村学堂，传授知识的同时，直接将《论持久战》《新民主主义论》等文献作为教材，向学生宣讲共产党的抗日救国政策，向新四军皖中抗日根据地输送一批又一批的干部战士。有人称赞道："金先生是无为的陶行知，王村学堂犹如晓庄师范。"

　　1942 年 7 月，皖江抗日民主政权决定成立皖中参议会，无为、和县、巢县、庐江、桐城等县代表参加在恍城（今无为县红庙镇三水涧）召开的会议，会上金稚石全票当选为议长。会议通过了成立皖中行政公署的决议，选举吕惠生为行政公署主

---

[1]参见《无为名人》，第77~78页，中国文联出版社，2011年6月。

任。皖中参议会既是民意机关，又是权力机关，对加速根据地民主政权建设步伐，团结各界人士共同抗日，起了重要作用。金稚石当选议长后，一边教书，一边积极组织开展各种抗日活动，和各界人士一道参政议政，贯彻中共的减租减息政策，常常以"盲热"为笔名，在《大江报》上发表宣传抗日，驳斥国民党顽固派投降论调的文章。

1944年春，皖江联立中学在无为东乡复办，金稚石兼任校长。许多青年学生从招生广告上看到金先生的大名，打消疑虑，欣然报名入学。金先生对扩大抗日民族统一战线，巩固"三三制"抗日民主政权，做出了贡献。

1945年10月，金稚石抛妻别子，和新四军第七师一道北撤。当年11月到达江苏淮阴后，金稚石担任苏皖边区参议会主席团成员，在接受新华社记者采访时，尖锐有力地批判了国民党反动派在皖江地区犯下的滔天罪行，淋漓尽致地揭露了敌人的丑恶嘴脸："顽军来到撤退区，其对人民残酷毒害的本领，竟比鬼子还强。他们那些军政大员一下车便搜刮'开办费'，每亩粮食二斗，后又增加为三斗，现在已是每亩六斗了。这还不够，人民只要有一点储粮，便一律用低价强迫'收买'干净……"《国民党在皖江的罪行——金参议员稚石的谈话》一见报，皖江地区的人民反响巨大，一时广为传诵。

1946年11月，金稚石所在的苏皖边区黄河大队到达河北省故城，他积极参加当地的土改，经过慎重考虑，提出入党的要求。华东局组织部部长曾山和他做了长谈，鼓励他在革命道路上继续前进。1949年6月在合肥，由郑曰仁和黄又农介绍，金稚石光荣地加入了中国共产党，实现了多年的愿望。

中华人民共和国成立后，金稚石被选为皖北行署委员，后又担任合肥女中、合肥第二初中校长。1954年当选省人民代表，次年被选为省政协常委，1956年任省博物馆副馆长，1958年起任省政府参事室主任。

1965年9月23日，金稚石因病在合肥去世。在9月26日的追悼会上，挚友郑曰仁在祭文中评价道："从一个民主主义者转变成一个共产主义者，他所走的道路也就是中国革命知识分子的道路。"省委党校原副校长、新四军历史研究会副会长卫道行，在《怀念老师金稚石》一文中也指出："金稚石的一生，是追随革命、追求光明、从事教育的一生，也是他为人民无私奉献的一生。"

（耿松林）

抗日恍城小学[1]

恍城小学旧址在严桥镇牌楼行政村上庄自然村，最初创办于1934年，建有三进四厢房屋，前后共13间，校门前开辟有一个操场。因为时局动荡，时停时办。

1940年7月，日军占领无为城。无为沦陷以后，日军开始处心积虑地进行文化侵略，他们搜罗汉奸文人炮制了一套教材，大肆诋毁中华民族5000年的

无为县抗日恍城小学旧址

文明史，无耻地贩卖"大东亚共荣"的军国主义论调，为侵略中国张目。他们以"国家教科书"为名目，用免费供应的方式强令无为城乡一律采用，妄图毒化广大幼童的心灵。皖江抗日根据地的领导们目光如炬，开展了针锋相对的斗争，大力兴办抗日小学，促进私塾改良，抵制日伪奴化教育，争取和团结地方上的知识分子，同日伪争夺青少年一代，进行抗日民主教育，提高青少年的民族觉悟和科学文化水平，将他们培养成为对国家有用的人才。

恍城小学经中共皖中区党委接办以后，在根据地的小学中规模最大，有专职教

---

[1]参见《岁月留痕》，第27~29页，中共党史出版社，2012年9月。

师17人，学生400余人。贫苦农民的子弟有了入学读书的机会，抗日家属子女免费入学并津贴伙食。学校接办初期，组成国语、政治、算术、自然四个组编写教材，只用20天时间，便编出了一套小学一学期的教材，内容系统、简明，并且结合实际。如政治课，1941年下学期的教材就以"八一三""九一八""双十节""十月革命""一二·九"等重大事件为中心单元，每单元再分几课，每课内容按照年级高低而分出繁简。每一单元结尾，有一复习课，让学生学习后对该单元有一个总体概念，产生了很好的教学效果。在学校管理上，采取学区制，由恍城中心小学领导其他四所小学，并成立教师学会，每月由恍城中心小学召集另外四所小学的教师开会一次，检查汇报教学工作，讨论教学中出现的各种问题，促进教学相长。

恍城中心小学还承担办"冬学"的任务，利用学校放寒假的时间，腾出教室给"冬学"办班，招收的主要对象是民兵和各抗敌协会会员，学员主要是成年人。"冬学"的主要任务是扫盲、明理。通过识字，扫除"睁眼瞎"；通过明理，提高对抗日民族统一战线的认识。学习科学知识，根除愚昧落后的思想。恍城小学办"冬学"成效明显，被誉为"冬学旗帜"。

早在抗战初期，毛泽东就做出了"实行抗战政策，使教育为长期战争服务"的指示。自1941年5月皖江抗日根据地创建之初，各级党政组织就开始认真执行这一指示。在敌伪顽夹击、战事频繁残酷的动荡环境中，在人力、物力十分困难的条件下，皖江抗日根据地脚踏实地，艰苦奋斗，兴办并坚持发展教育事业。皖中行署制定了《教育计划大纲》，明确教育上的"四个重于"：干部教育重于普通教育；成人教育重于儿童教育；私塾改良重于学校教育；政治训练重于识字教育。根据地中心区除创办抗日军政大学十分校、皖江联立中学等学校外，还致力于发展规模宏大的基础教育，先后共兴办小学12所。

2002年，新四军第七师老战士、原北京军区后勤部部长陈新捐资，在牌楼行政村院小自然村，移址重建了无为县恍城小学。新校建有建筑面积1600平方米的教学楼，校园面积约10000平方米，是一所初具规模的农村完小。

（耿松林）

为求真理进联中[1]

皖江联立中学，是抗战时期，我党皖江区党委和皖江行署直接领导下的一所培养干部的学校，创办于1942年7月，正是抗日战争中，敌我斗争极为尖锐复杂的相持阶段，结束于抗战胜利后的1945年10月。联中先后实际办学

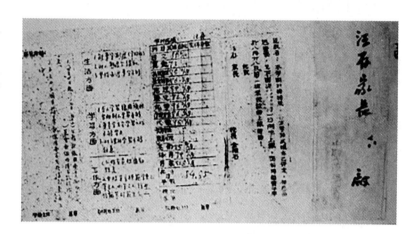

皖江联中所发的学生成绩报告单

两年半时间，为皖江地区党、政、军各个部门培养和输送了一批合格干部，为根据地建设培养了一批优秀青年，对巩固和发展皖江敌后抗日根据地，最后战胜日本侵略者，做出了重要的历史贡献，至今在皖江革命老区还有着广泛影响。

早在1939年12月1日，毛主席就指出："没有知识分子的参加，革命的胜利是不可能的。"同时号召："一切战区的党和一切党的军队，应该大量吸收知识分子加入我们的军队，加入我们的学校，加入我们的政府。"因此皖江区党委、行署于1942年7月，以迁至根据地不久的敌后无为中学为基础，在极端困难的条件下，不惜一切人力、物力，创办了属于根据地人民自己的新型学校——皖江联立中学，大家都亲切地称之为"联中"。

经皖江区党委决定，联中由后奕斋任校长（后刘芳、金稚石、吕惠生），学校

---

[1]参见《永恒的记忆》，第235页，当代中国出版社，2004年4月。

各部门负责人基本配齐，人员很精干。但是学校选址何处，是个难题。新建立的巢无抗日民主根据地周边，敌寇据点林立，顽军虎视眈眈，几乎没有一块安静的办学之地。后奕斋与有关人士商量后，带队多方奔走调查，终于将校址选定在无为县与巢县交界的高林桥镇附近的蒋家冲。这里离敌据点和根据地都不远，但形势比较稳定。村子很隐蔽，走到近处也不易发现，特别是有一座空闲的蒋家大公馆，可做教室、礼堂，有花园做校园，稻场做操场，还有菜园和山地农场。最重要的是邻村的山西丁家，一片大瓦屋，学校有发展余地。当地群众觉得村上办起了这么大的学校，都很高兴很支持。他们认为"世道太平"了，把办学当喜事做，争先恐后捐了很多铺板、门板，解决了学生的床铺，教室的课桌和黑板。学校与群众之间充满鱼水之情。

办学校必须有教师，学校领导成员自己带头兼课，又调来文工团员教语文，请几位曾做过老师的人教多个学科。年底有两位从泰国回国的华侨青年，找到皖江根据地，要求参加抗日。经过做工作，他们乐意走上讲台。这时的教师队伍已经很充实了。这些老师水平高，又很认真，尤其是两位泰国华侨青年，经常讲一些国外华侨关心祖国的感人故事，很受学生欢迎。

学校招生了，开始只招了50人，不到半年就增加到160人。学校把这些学生分为初中一、初中二两个年级。暑期又增设了师范班和附设了高小班，1943年又增加了初中三。全校学生达200多人，全在蒋家冲、山西丁两个村安排好了。联中培养学生是为了壮大抗日的力量，凡愿意听候组织分配随时去参加抗日的，学校一律给他们享受供给制（提供伙食补贴），若是不愿服从安排，就伙食自带，结果只有一人。

当时的根据地条件太差，没有教科书，上课时只靠老师发一点讲义，再就是老师讲学生记，学生学得当然吃力。后奕斋心想，一定要千方百计搞到教科书。真巧，他在与房东闲聊时，得知在离敌人占领的散兵镇不远的一个小村里有一屋子书，是一个芜湖书商要经巢湖运到大后方，遇雨受阻，不得已将书藏在那里，已三四年无人过问，鬼子也不知道。后奕斋派人进行了侦察，了解有不少教科书，还有字典。他找到附近游击大队政委和大队长，请求帮助把书运来。他们非常热情，坚决支持。政委和大队长负责指挥，做好安排，先派一个排担任警戒，请一个当地战士带路，后奕斋率领几个武装人员，带着几十个学生和70多名群众，准备好箩筐扁担，选择一个没有月色的黑夜行动。同时规定不准说话，不准擦火柴，不准吸烟。

他们夜里10点钟进村搬书，凌晨两三点钟离村返回。剩下的那些书，请村上老百姓帮助悄悄运到学校。这次行动神不知鬼不觉，干得太干净利落了。后来群众知道了，高兴得不得了。因为他们怕留在村里的这些书被鬼子、伪军发现了，就会找借口跑来杀人，烧村子，那就是一个大灾难了。现在书都搬走了，村上人都如释重负！书运到学校，打开一看，数、理、化、外文、动物、植物、文、史、地各科都有。还有地图、字典。同学们高兴地说，"这些书保证我们读到高中毕业。"群众高兴地说新四军真有办法，给每个学生发了新书。要求入学的学生大大增多了。由于剩书很多，学校建了三间草房存放，取名"竺冰图书馆"。可惜后来在日寇"扫荡"时这个图书馆被烧了。

学校党支部十分重视培养学生"团结、紧张、严肃、活泼"的校风，把这八个字写在校门口两边墙上，时刻鼓励学生努力践行。学校把政治常识、革命运动史作为各年级必修课，向学生传播马列主义，把思想政治课贯穿到各科教学中。学校经常举行时事报告会，第七师和皖江区党委、行署的领导，也经常到校宣讲抗战形势和根据地发展壮大的成果，教育师生要时刻关心抗日斗争的大局，关心祖国的前途和命运。皖江区党委书记，第七师政委曾希圣几次来校视察，行署主任吕惠生到校给师生做《中国青年在大时代中应有的责任》讲演，都使师生深受教育。学校经常组织各种形式的工作队下乡，参加党和政府的中心工作。师生还编演大型话剧如《柏林之夜》《一潭血》等，揭露法西斯和日寇的暴行与罪恶，激发根据地人民的阶级仇恨，坚决夺取抗日斗争的伟大胜利。

1943年3月17日，由于敌伪的进攻"扫荡"，学校无法集中上课，就把中学部的学生分配到基层政权单位参加工作，他们积极服从，没有一人讨价还价。小学生都让家长领回在当地小学读书。1944年春，皖江根据地有了较大发展，区党委决定复办联中。1944年底，国民党重兵进攻根据地，联中迁址无为东乡继续办学。1945年9月，联中遵照党中央和华东局及新四军军部的指示，随大部队北撤，胜利结束了她的光荣历史。

皖江联中，在时断时续的三年办学过程中，没有辜负党和人民的重托，千方百计做好学校工作，先后为500余名知识青年在革命队伍里茁壮成长倾注了心血，为人民革命事业输送了大批优秀干部，是我们党在抗战时期敌后办学的一个光辉的范例。

（王惠舟）

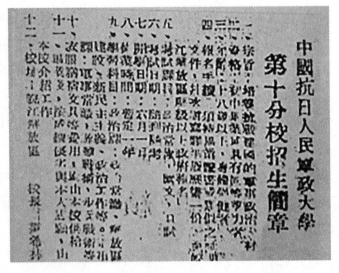

抗日烽火中诞生的抗大十分校[1]

说这个话题，应当先说说"中国人民抗日军事政治大学"（简称"抗大"）。"抗大"于1937年初由"中国抗日红军大学"改称，是中国共产党培养抗日军政干部的学校。毛泽东亲任抗大教育委员会主席。他亲自为抗大制定了"坚定正确的政治方向，艰苦朴素的工作作风，灵活机动的战略技术"的教育方针和"团结、紧张、严肃、活泼"的校风。学员以从部队中抽调的干部为主，并招收了从全国各地到陕北的知识青年。随着敌后抗日游击战争的蓬勃发展，全国其他各抗日根据地也先后建立了抗大分校。新四军抗大十分校就是其中之一，全称是中国人民抗日军政大学皖江区第十分校。

刊登在 1944 年 5 月《大江报》上的抗大十分校的招生简章

1945年初春，抗日战争已进入反攻的准备阶段。新四军第七师已由当初2000人，发展到30000人，但干部少、素质低成了突出矛盾。为了迎接全国反攻的到来，迅速提高部队战斗力，必须培养大批的优秀干部。师部报经军领导批准，于四月在无为县严桥镇牌楼村成立了抗大十分校。七师代师长谭希林任校长，师政委曾希圣任校政委，陈仁洪、杜剑华分别任正、副教育长，阚中一任政治协理员。抗大十分

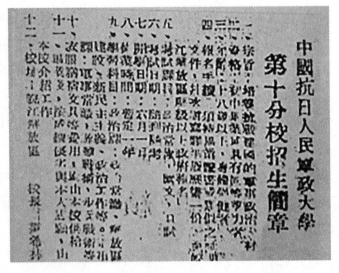

[1]参见《岁月留痕》，第131~133页，中共党史出版社，2012年9月。

校从一开始便建立了一整套较为完整的组织管理系统，为教学和训练的正规化和制度化起了很好的保证作用。十分校的组织序列是：在校长和政委领导下，设立校务委员会，负责研究、决定和处理日常工作以及某些重大问题。其组成人员有正、副教育长，政治协理员。军训和总务部门负责人根据需要也可参与校务委员会会议。

校务委员会下设军训、政教和总务三个股，有教员若干，还有管理、财会和医务等工作人员。

学员方面，第一、二队是军事队，学员主要来源是部队的连排长，还吸收了一些优秀的老班长；第三队是地方武装干部；第四队是政工干部，主要是来自部队的正副指导员和准备担任政治工作的排长；第五队是学生，大都来自上海和其他城市招收的青年学生以及部队中的中学生，这个队的主要任务是为部队培养文化教员、文工团员、书记、文书等人员。另外，还开设了一个为区党委培训地方干部的训练班，学员大都是在敌占区暴露了身份的各级地方党政干部。各队均配队长、指导员各一名，以负责全队的领导和管理工作。

十分校的办学条件很简陋，学习和生活条件也很艰苦。学员们大部分住在牌楼村的祠堂里和民房里，也有少数住在附近的村子里。在教学上，教员们没有向上级伸手，自己动脑筋想办法，因陋就简，就地取材，制作出了各种各样的教学器材。村旁的场院和祠堂就是课堂。门板一竖就是黑板。学员们一人坐一只小板凳，双膝一合就是课桌。尽管条件差，大家都非常珍惜这短暂的学习机会，毫无怨言。

每天清晨东方刚刚发白，嘹亮的军号划破黎明的寂静，学员们伴随着响亮的口令开始了操练，一天的学习生活由此开始。大家牢记团结、紧张、严肃、活泼的校风，始终保持着饱满的精神，保证了教学任务的顺利进行。每当夜幕降临，村子里便响起了激昂欢快的歌声，接着是各种形式和规模的认真探索和热烈讨论，深入消化白天的学习内容，充满着民主的气氛和研究精神。

学校从一开始就把坚持坚定正确的政治方向摆在首位，立足于提高学员的政治思想觉悟，努力用马列主义毛泽东思想和党的路线、方针、政策武装学员的头脑。政治教育的内容包括：学习掌握马列主义的基本观点，学习毛泽东有关阶级斗争的论述和抗日民族统一战线、武装斗争、党的建设三大法宝，还学习瓦解敌军、战时群众工作以及怎样建立抗日根据地、建立各种群众组织、宣传和动员群众等。这期间，各队学员，都要系统学习毛泽东的《论持久战》《抗日游击战争的战略问题》以及抗日民族统一战线的有关论述，明确中国共产党在抗日战争中的领导地位和主导作用。除专著外，学习的教材，主要参照抗大总校和华东总分校的课本以及教学大纲，结合皖江地区对敌斗争实际来制订。各队还可视本队专业制订教学内容，有侧重地进行教学。

军事教育和训练是学员们学习的主要内容。学员们都知道回去以后就要奔赴新的战场带兵打仗，所以学习积极性非常高。学校也从实际出发，制订出符合我军装备情况和战术要求的教学方案。战术训练以连排的战术为重点。单兵训练则以射击、投弹、刺杀三大技术为重点。理论讲解以游击战、麻雀战、夜战为重点并结合具体战例，深入浅出。每天的教学都是结合演习和操练在野外进行，反复演练，安排非常紧凑。当时正值夏季，十分炎热，野外的摸爬滚打，学员都严肃认真对待。这些来自部队的干部及骨干，学习十分刻苦努力，提高很快，毕业考试都取得了比较优异的成绩。

学员们学习期限，有三个月轮训的，也有学半年的。毕业后的分配去向，原则是哪里来回哪里去。但第五队即学生队，由师部统一分配。校委会根据学员们学习时间短，任务重的特点，多次召开教员会议，提出"抓紧有限时间，保证教学质量，培养合格干部"的口号。教员们自觉地把搞好教学，与提高部队战斗力，多打胜仗，夺取抗战最后胜利的大目标联系起来，早起晚睡，反复备课，有的讲义几经修改。学校始终把提高学员们的政治、军事素质摆在首位，使学员们不仅系统地学到了战术动作和军事常识，更使他们具备了坚定正确的政治方向和英勇作战不怕牺牲的战斗作风，树立了打败日本帝国主义的坚强信心，和建设新中国的远大理想。

在第七师抗大十分校学习过的学员有1000多人，他们以后在各自的岗位上，有的屡建战功，有的成为军队的优秀指挥员，有的在新中国成立后走上各级领导岗位。

1945年8月，日本投降，抗大十分校迎来了抗日战争取得伟大胜利的历史时刻。9月，按照党中央、毛主席的战略部署，十分校随同第七师师部，撤退到苏北淮阴，改名为第七师干部随营学校。至此，中国人民抗日军政大学皖江区第十分校光荣完成了历史使命。

（王惠舟）

"日寇不投降就叫他灭亡！"[1]

——新四军第三师独立旅收复襄安

襄安是安徽省无为县在长江北岸、县城之南的重镇，东联芜湖西接安庆、合肥，历来都是兵家必争之地。

1937年12月，日本侵略军侵占南京，进行了绝灭人性的大屠杀。随后又逆水而上侵占了芜湖和襄安，在襄安修筑了两座大炮楼作为重要据点，驻扎一个日军小队、

新四军三帅独立旅在无为襄安镇构筑工事，向日伪军发起进攻

一个伪军大队，四五百人。日本鬼子在襄安一带抢劫财物，强奸妇女，杀人放火，无恶不作。当地人民群众恨之入骨，早就盼望着我新四军来收拾这帮坏家伙。

1945年8月，我新四军第三师独立旅驻扎在皖江抗日根据地、无为县城西北石涧埠一带。8月15日，日本宣布无条件投降。根据朱总司令、中央军委发布的命令，新四军第七师领导要求新四军独立旅就近接受日军投降。

---

[1]参见《百年沧桑话无为》，第144页，安徽大学出版社，2006年11月。

　　我独立旅全体指战员接到任务，奔走相告，一片欢腾。

　　旅首长迅速做出部署。1945年8月17日，由副旅长冯志湘率领独立旅五团、六团、警卫连、炮兵连、工兵连等2000多人，浩浩荡荡向日伪据点襄安进发，18日拂晓我军就将襄安镇团团包围。冯副旅长决定，由团长袁振远率领五团主攻，六团团长喻和坦、副团长刘汉章率所部打援，由工兵连挖开地道埋进炸药，待受命炸开敌人炮楼，炮兵即配合炮击，送日本鬼子上西天。用工兵打仗是冯志湘的拿手好戏，他是著名的工兵专家。

　　冯志湘，山东省聊城县人，1909年出生。早年在冯玉祥部队当工兵，宁都起义后于1932年参加了中国工农红军，同年加入中国共产党，在红一军当工兵营营长，新中国成立后任济南军区工兵司令，副兵团级。想当年，红军长征时强渡大渡河的渡船竹排就是他率领工兵营连夜赶造的。他在新四军独立旅对连以上干部经常进行工兵训练，讲解各种炸药的性能和使用方法。冯志湘的作风平易近人，爱说笑话，喜欢幽默，独立旅司令部每次开晚会他都会表演节目，他表演幽默小剧《卖布》（迈步）深受战士们的喜爱。

　　我新四军是正义之师，十分重视打仗的策略。这一次我军是先礼后兵。冯志湘先命令小鬼子指挥官下炮楼来谈判投降事宜。上午10时许，日军指挥官从炮楼里走出来，他身穿黄军装，脚蹬大皮靴，腰挎一把东洋刀，鼻子下边留着一撮小胡子，带了一名翻译。冯志湘严正命令他投降缴械。小鬼子很狡猾，开始拒绝投降。他先是说只降蒋委员长不降新四军，而后又说只交步枪不交机关枪，最后又说他的东洋刀不能交，准备用它切腹自杀。冯旅长毫不客气地正告说，你不缴械投降我就要打。小鬼子很狡猾，说你要打我就要防。冯立刻下了最后通牒，命令小鬼子于中午12时一定要缴械投降，否则就要送他们上西天。小鬼子点了一下头，弯下腰说了一句日本话，意思是考虑考虑。然后就回到了炮楼。可是到了12时还不见动静，冯志湘振臂一呼："日寇不投降就叫他灭亡！"随即命令工兵排点燃导火索引爆了200公斤炸药，只听轰隆一声巨响，将炮楼炸了个大开花，一连连长王金冠带头冲了上去，将一小队日本鬼子消灭得只剩下一个活的——他切腹自杀没有刀，用枪自杀没有死，被我军俘虏。我军在这次战斗中缴获了日本造歪把子机枪一挺，三八大盖子步枪十多支，接着另一个炮楼日伪军乖乖地投降了。

　　打下鬼子的炮楼，消灭了鬼子和部分伪军，剩下的都做了俘虏。襄安镇从日寇铁蹄下解放了。此次作战大获全胜。冯旅长很快下达新的命令，警卫连和工兵连清理战场，王团长带一个连兵力分头进入镇内日伪各个机关单位，搜捕散兵游勇，收缴军用资材，尤其要解决好老百姓的生命安全问题。指战员们发现，在日伪警察局监狱里关押着50多名无辜群众，冯志湘当即下令砸碎铁锁链一律释放。被解救的群众个个热泪盈眶，有的跪在地下，叩头道谢。我新四军独立旅打下了襄安，大快人心，受到人民群众发自内心的拥护和赞扬。冯旅长率部离开襄安时，全镇人民自发赶来，热烈欢送，场面十分感人。

（王惠舟）

再续征程

散兵之夜[1]

抗日战争胜利不久，国共两党举行重庆谈判。在谈判中，中共代表主动提出可以把包括皖南、皖中区在内的8个解放区让出，并将这些地区的部队撤退到苏北、皖北及陇海路以北地区。随后，新四军第七师奉命撤离皖江抗日根据地。

皖江根据地北撤的准备工作在保密的情况下有条不紊地进行。在较短的

新四军第七师北撤时的散兵渡口

时间内，皖江区党委、皖江行政公署、第七师做了大量的工作。第七师供给部、军工部、卫生部及沿江支队、皖南支队、含和支队拥有兵工厂、修械所、织布厂、被服厂、毛巾厂、鞋袜厂、制革厂、染织厂、印钞厂、印刷厂、卷烟厂等生产军需、生活用品的大小厂几十个，北撤了，这些厂当然也要把机器拆掉搬迁，但是所有的机器都搬迁事实上也不允许，所以只拆迁兵工厂、卷烟厂、印钞厂、印刷厂、被服厂、染织厂等一些大厂的主要机器设备。各厂皆有大批的工人，一般工人都遣散回家，发给一定的生活费用，但一些技术人员则是动员随军北撤，以利于到达苏北、

---

[1]参见《皖江雄师征程》，第218页，北京新四军历史研究会皖江分会，2003年8月。

山东后继续办厂。运不走的物资全部交给地方政府向群众出卖，回收群众手中的大江币。

第七师三个支队的北撤时间确定后，为了防止桂顽对北撤部队的袭击，重蹈皖南事变的覆辙，第七师命令含和支队原先派出的部分武装和四个突击队进入和含顽军控制的和县、含山、江浦、全椒、巢县等地区，大张旗鼓地张贴和刷写标语，散传单，断公路，炸沉顽军运输船，攻打顽军据点，炸毁顽军仓库，召开群众大会，使得顽军误以为这是在为北上部队打开通道。同时，新四军军部指示原先撤到津浦路西淮南抗日根据地的第七师十九旅和第二师四旅等部进驻全椒县与肥东县的交界区域，接应皖江地区北撤部队，随时准备预防各种不测事件发生。

1945年10月1日晚，沿江支队由巢湖南岸的散兵乘船迅速渡过巢湖，占领肥东县西山驿，以掩护皖江地区党政军领导机关及抗大十分校和皖南、含和支队渡湖北上。

10月2日，含和支队由团长郑福生率领的先遣团由散兵渡湖到达西山驿，奉命占领西山驿北部阵地，向北向西警戒。不久，含和队全部由散兵渡湖到达西山驿。

皖江军区的主力是从10月3日晚开始分三个梯队由散兵渡巢湖北撤的：第一梯队是曾希圣等率领的皖江地区党政军领导机关和师直属大队及第56团；第二梯队是含和支队和沿江团；第三梯队是皖南支队和巢无独立团。这三支部队均由散兵出发，在西山驿登陆，然后通过全椒抵达津浦路东根据地。至此，这支主要由皖江子弟组成的近三万人的人民军队完成了战略转移的第一步。

在第七师部队集结散兵准备渡湖时，附近的老百姓听说新四军要北撤，莫不依依不舍，热泪盈眶。20世纪50年代，曾希圣回忆录了北撤时的情景："皖江人民对我军依依不舍，在北撤时走一程、送一程。许多大姊大娘哭得衣襟全湿，泣不成声。七师干部战士也眼中含着泪花，压抑着内心激动，对他（她）们再三婉劝宽慰，他（她）们则一再要求我们早日回来，继续保护他们的生命财产与民主权利。"

2000年，时年72岁的新四军老战士杨克鹏参加巢湖市《新四军第七师》审稿座谈会，下榻卧牛山望湖宾馆，居高南眺，遥想当年（北撤时17岁），抒发胸怀：

> 隐隐巢湖雾茫茫，银屏白牡上似房。
> 散兵大渡知何处，独忆当年离皖江。

（童毅之）

难以偿还的恩情[1]

    1982年，我们党史办人员访问老干部后奕斋、刘芳时，他们给我们讲了一个既感人又令人心酸的故事。

    1945年9月，日军无条件投降，根据国共和谈精神，中国共产党决定主动让出包括皖中、皖南在内的八块解放区。大批在无为开展了多年抗战的党、政、军人员北撤山东。由于无为县是皖江抗日根据地的中心区，党、政、军领导机关的干部多，为了不增加长途行军的困难，不少领导干部将十岁以内的子女暂留在无为的群众家里，由他们代为抚养，当时只说三个月就回来。后奕斋、刘芳夫妇有两个女儿，都带着北撤有困难，于是决定将六岁的二女儿后晓江留下。后、刘二人抗战爆发前就是安徽大学教师，日军侵华时，他俩投笔从戎，参加了新

刘芳

四军。北撤前，后奕斋是湖东县行政办事处主任，刘芳一人兼任无为县委宣传部长、民运部长、妇女部长三个职务。他俩既是高级知识分子，又在根据地担任要职，在皖江根据地可谓是鼎鼎大名。为避免北撤后的麻烦，他们的女儿安排到何处，给哪家抚养，地方党组织费尽周折。最后，由无为县委组织部长张石平将后晓江秘密安

---

[1]根据新四军老战士刘芳口述整理。刘芳，抗战时期任中共无为县委宣传部长、妇女部长、民运部长等职。

排到石涧山区的一个姓周的妇女家。周大嫂是共产党员，丈夫七八年前被国民党抓壮丁抓走了，她带着一个不到十岁的儿子，只靠耕作小块山地，种些玉米栽些山芋艰难度日。张石平找到她时说明任务，她二话没说就答应下来。按照保密要求，不为外人知道，张石平只身将六岁的晓江送到周家。周大嫂看着可爱的小姑娘，这么点大，就离开父母，内心一酸，眼泪差点流下来。她对张石平说："张部长，你放心，我一定把她抚养好，保证三个月后安全地交还给她的父母。"由于当时情况紧急，孩子的父母都未照面，而且也未留下一分钱的抚养费。

周大嫂一家两口，本来日子就过得紧紧巴巴，现在又添一口，孩子虽小，但也要张嘴吃饭，所以她总是要千方百计地张罗吃喝，特别是要保证晓江吃饱穿暖，不能三个月后她父母来接时瘦了。日子过得很快，转眼就进入冬天了。周大嫂听地下党的人对她说，新四军的部队正在山东和苏北与国民党的部队打仗，第七师的部队一下子是回不来了。于是她赶紧到石涧埠扯了些布匹、买了些棉花，为晓江赶制棉衣。天冷了，农村生活日渐艰难，也没有多少新鲜蔬菜，更无水果吃了，晓江很懂事，很乖巧，家里有什么就吃什么，一天到晚跟在周大嫂身边妈妈长妈妈短的喊着，真好像周大嫂亲生女儿似的。周大嫂养了几只老母鸡，她常常蒸个鸡蛋给晓江补补。家里还腌了一只咸鹅，每天周大嫂从上面割下两小块蒸给晓江吃，从不给自己十岁的儿子吃一块。她总觉得儿子自小在农村长大，苦惯了，能扛得住，不似小姑娘那么娇嫩。安全却是周大嫂最担心的问题，每当国民党的乡、保长来收捐收税时，她总叫儿子带着晓江妹妹从后门出去到山上去玩，不使外人看了生疑。要不人家会问你家丈夫当兵七八年都未回家，怎能有个六七岁的女儿呢？

国民党反动派自1945年10月统治无为以后，反动政府对过去的抗日分子和新四军家属的迫害日渐加紧，他们也听说一些新四军干部留下子女托老百姓代养。于是一些乡、保干事常到村庄转悠，打听谁家多了个孩子。周大嫂为此事提心吊胆，有时夜里听到狗叫都被惊醒，躲在暗处向窗外察看，唯恐国民党的兵丁来抓人。1946年的夏天，外面风声更紧了。一天，地下党派人送信，说有人告密周大嫂家窝藏了一个新四军大官的女儿，要她暂时外出躲躲风头。周大嫂听说后赶紧收拾了一些衣物，带着两个孩子离开了家，没过两天，国民党乡丁就带了一些枪兵到她家搜人，但扑了个空。

到哪里躲呢？周大嫂婆家没有人了，娘家只有一个哥哥，只能偶尔到哥哥家住上一两天，也不敢久留，唯恐碰上查户口，出了事会牵连哥哥一家。于是她就带着两个孩子常常到外面乞讨。他们沿着石涧、打鼓庙、周家店一线讨饭，这沿线皆是山区，流动人员少，不易被发现，晚上尽量赶到打鼓庙的庙里住宿。当时农村人家也都穷苦，有时一天甚至还讨不饱三个肚子。但只要讨得一点，周大嫂总是先给晓江吃，然后才给儿子和自己吃。每日风餐露宿，流浪的日子过得异常艰苦，但共产党员周大嫂始终有一个信念，那就是有一天要把晓江安安全全地交给新四军干部。尽管她还未见过晓江的父母，也不知道他们的名字，也未收过他们一文钱的抚养费，她都无怨无悔地要这么做。

秋天又到了，晓江离开父母已经一年多了。周大嫂十分焦急，长期这样在外流浪，恐怕两个孩子的身体难以承受，她感到晓江比来的时候瘦了一些。一天，她在石涧遇到了原先在区里做财贸工作的熟人，他听张石平说过周大嫂领养后、刘孩子的事。他现在以做生意为掩护，实际是来往山东与无为的地下交通员，在山东也和后奕斋、刘芳二人见过几次面。当他听到周大嫂的遭遇后，决定将晓江带到山东交给她的父母。当他把晓江带到刘芳面前时，刘芳见到又黑又瘦的女儿，心疼得眼泪直流，但当听了交通员讲述周大嫂的情况后，刘芳百感交集，感动得连说："周大嫂，你是我家的恩人，你是晓江的亲妈妈，我们忘不了你！"

访问最后，刘芳告诉我们说："解放后，我们到处打听周大嫂的信息，后来县委来信说，她和儿子在晓江离开后不久就生病死去了。她为革命付出了心血，我们对她却欠下了难以补偿的恩情！"

（蒋克祚）

一条扁担缴机枪^[1]

1945年10月，新四军第七师奉命北撤后，无为县东乡的中共秘密党组织，从几个人隐蔽埋伏，单线联系，发展到建立拥有几十条枪的秘密游击队，无为解放前夕，更是发展成为四五百人的临江大队，其间经历了无数艰难险阻，不少革命先辈为了党的事业英勇不屈，献出了宝贵的生命，谱写了可歌可泣的诗章。

这里，单就一条扁担缴机枪的传奇故事，向大家做个介绍。

那是1948年3、4月间的一天下午，从芜湖开来一艘至无为县城的轮船，船上有一个班的国民党反动派军队，拥有九支长枪，一挺轻机枪，押运

"一条扁担缴机枪"的发生地——无为县陡沟镇寨子口

[1]参见《安徽文史资料全书·巢湖卷（上）》，第317~318页，安徽人民出版社，2007年8月。

着一批军火及药品。因为这是客船，所以船上还有八九十名乘客。当时我临江县（县委书记雷文，临江办事处主任杨再选）税收人员只有一支单打一的短枪。船到陡沟镇寨子口附近时，已是下午4点钟左右，不少下田干活的农民正好荷锄收工回家。船到一个小村子附近，还没有靠岸缴税的意思，我税收人员正无可奈何之际，只见一位挑粪浇菜的人，是我游击队员，马上一番交代，让他到群众家借来一件黑大褂包住扁担，架在河边大柳树粗枝上，然后大喊："靠船，不靠船就用机枪扫了！"我税收人员也大喊"靠船！靠船！"躲在船上的敌人被吓呆了。但有几个敌人还想顽抗，准备开枪射击。这时，船上的旅客大叫大闹："两边河堤都是解放军的游击队，你们打起来，我们不是一齐都是死吗？！"船主也怕受到连累，众人不约而同地制止敌人开枪。而收工的群众越聚越多，河堤上已站满黑压压的人群。为防止敌人射击，人们一边向河堤外坡卧倒，一边高喊："缴枪不杀！解放军优待俘虏，自愿投诚立功受奖！缴枪的受赏！"敌兵一看河岸上，有"机枪"架在树上，又有很多农民将锄头、扁担对着他们，以为岸上一定有不少游击队员，只好无奈地乖乖把船靠岸。接着我税收人员在岸上高喊："把枪放下，都空手上岸，不然就全部打死！"敌人空手上岸后，所有乘客也都上了岸。于是，我税收人员领着几个农民群众上船，将船上的一挺轻机枪、九支长枪都扛了下来。当敌人发现岸上几百人都是老百姓，只有两名共产党时，后悔已经来不及了。"一条扁担缴机枪"的传奇故事，简直让人难以相信，但却是真实发生过，在人民群众中口口相传，越传越远。

像这种敌人陷入人民群众汪洋大海，处处被动、处处碰壁挨打的故事，还有很多。如1948年5月的一天，敌"杨麻子"138旅途经三汊河江桥村时，人民群众为了支持共产党，将主要大堤挖出缺口，不让敌人顺利通行。敌人有一匹马驮了两箱子弹，跨缺口时失足翻滚到河里淹死了。在三汊河街上吃饭时，敌人的官长打马夫，并说："马跌死算了，你把4000发子弹丢到河里了！"旁边听到的一位老大妈，立即让儿子送信给临江县的干部，及时组织群众打捞起子弹，交给了共产党部队赵鹏程所部。

（耿松林）

魂系皖江[1]

——吕惠生就义前后

吕惠生，无为市十里墩镇人，1902年出身于一个寒士家庭，国立北京农业大学毕业，早年投身民主政治运动，1939年参加革命，1942年加入中国共产党，曾任无为县和江苏仪征县民主政府县长、皖江行署主任。

1945年8月，日本帝国主义投降后，国民党反动派为了抢夺抗战胜利果实，又准备发动内战。为了

1945年11月13日，皖江行署主任吕惠生在江苏省江宁镇六郎桥畔遭反动派杀害。1946年5月1日，原皖江地区党政军各界举行追悼吕惠生烈士大会。图为追悼大会会场

争取和平，使灾难深重的中国人民不再遭受战祸，我党做出重大让步，决定撤出包括皖中、皖南在内的八个解放区。此时，吕惠生同志因病不能随军行动，经组织安排从长江水路先期北撤。

---

[1]参见《安徽革命史话（下）》，第182~192页，安徽人民出版社，1989年12月。

　　9月中旬一天傍晚时分，惠生与夫人沈自芳、三个子女及部分伤号、医护人员，到达了无为汤沟附近的姚王庙渡口。上船前，惠生伫立江边，沉思良久。他远眺大江南北一望无垠的良田沃野，激起了无限情思。是啊！三百万皖江儿女在党的领导下，鏖战八载，牺牲无数。竟未想到，如今战火又起，又要与这富饶的故土、可敬的皖江父老离别！他感慨万端，胸中充满了对反动派的愤怒和对根据地人民的眷念之情！直到船工催着上船，他才与送别的同志们一一握手告别。

　　船到蛟矶江面，因大风停航一天。第三日上午8时继续行驶，中午到达东西梁山附近的江面。这时，从下游驶来的一艘轮船拦截了前面一只木船，又朝惠生同志的木船靠近。惠生暗示大家沉着冷静，准备应付。来者系日伪无为县长胡振纲部下的伪军，他们在日军宣布投降后，追随其主子撤至芜湖，尚未向我投降，常常横行江面，抢劫财物，为非作歹。敌轮船靠上我船，十几名荷枪实弹的伪军跳上木船，搜检木船，迫令乘客转登轮船。搜查中，第一只木船上搜出子弹，第二只船的夹舱中抄出惠生同志警卫员的两支短枪。匪徒们穷凶极恶地再三追问："这枪是谁的？"

　　"枪是我的，我是贩枪的，准备卖了做生意。"警卫员赵先勇挺身而出，沉着回答。

　　伪军大队长夏足三狞笑一声："你们大概都是新四军吧？"接着喊"打！"顷刻间，四五支枪托一起朝小赵身上狠狠砸去。夏随即命令轮船将两只木船一起拖到了芜湖市大孤山，两只船上的二十五位我方人员全遭关押。赵先勇同志上岸后又惨遭毒打，最后因伤重而壮烈牺牲。

　　为了预防途中不测，惠生同志行前伪装成去南京就医的病人，化名余四海。在关押和审问过程中，他均以此作答。但有两个曾被我方俘虏后释放的伪军，指认惠生就是皖江行政公署吕主任。伪军便将所有关押人员严加看管，审讯、拷打，二十余人的生命安全受到威胁。惠生同志觉得必须要用自己被暴露的身份同伪军上层人士说理。他找到伪军书记官雍镜说："你们不要胡作非为，去叫你们的头子胡振纲来见我。"

　　惠生同志被捕以后，敌人如获至宝。双手沾满同胞鲜血的民族败类胡振纲，本来恰如丧家之犬，惶惶不可终日，一听部下说吕惠生要见他，他感到向国民党反动派新主子们邀功请赏、升官发财的良机到了，便慌忙从市内赶到大孤山，劝惠生和他一道投靠国民党。惠生怒不可遏地历数胡的叛国投敌罪行，指出他如不立即释放所有被捕人员，继续犯罪，将来一定逃脱不了人民的惩罚。胡振纲理屈词穷，无言以对。继后，胡又找他的朋友刘某去做说客，妄图以同乡的关系进行诱降，结果亦遭惠生的严词痛斥：洪承畴降清只是一念之差，我虽陷于不幸，但决不做洪承畴！自此以后，胡把惠生多次秘密转移，每处只住几天，唯恐外界知道。9月下旬，惠生同志被转移至芜湖四明路合肥饭店内，先是和夫人沈自芳及子女关在一起，后单独秘密关押。

惠生同志被捕的消息传出后，皖江党组织立即派员赴芜湖设法营救。皖江地区干部刘方鼎、任惠群两同志，北撤途经芜湖胡益鑫家时，听胡父说惠生被捕，他们迅即写了报告派专人送往苏北，要求留芜，运用各方面力量营救惠生。胡益鑫先生出于对惠生的敬仰，动员其妻卖掉金银首饰，筹措款项，并利用身份四处活动。不久，送信人从苏北返芜，传达曾希圣同志关于不惜一切代价营救惠生的指示，并说上级又委派已北撤至山东的民主人士王试之等人专程南下，增加营救力量，并汇给一批活动经费。同时还通过上海地下党关系，在芜湖进行多渠道活动。在各方努力下，被捕人员，除惠生和我第七师王惠川参谋外，都先后获释。

10月中旬的一天，芜湖市锣鼓声、爆竹声响成一片，市民们欢庆抗战胜利和"双十协定"的签订。但是惠生同志仍被胡振纲当作提高身价的筹码而单独关押，不给书报看，不准出牢房一步，对外界的情况一无所知，但他判断，这是一种欢庆的征兆，便问王一富："外面是庆祝抗战胜利？"

王答："是的，现在和平了。"

"这是一种欺骗！和平了为什么还把我关在这里？反动派不久还要发动内战的。"惠生同志愤愤地说。

多日来，王一富见惠生是那样威武不屈，视死如归，他很不理解。便问："吕先生，凭你这样的本事和大学问，为什么偏要跟共产党当新四军呢？在国民党里干不也能当大官吗？"

惠生鄙夷地望了望王一富，但还是给他讲了一些共产党、新四军救国救民的道理。

国民党军队进驻芜湖后，胡部为了准备接受改编，移驻郊区窑头镇，惠生亦被押解至伪军营地。胡正纲此时上下跳窜，忙于寻找靠山，摘掉汉奸的帽子，一时对惠生看管较松。伪军士兵及下层军官，亦感前途莫测而忧心忡忡。他们深知惠生是一位知识渊博、才华出众的大人物，于是常常在晚间请惠生同志给他们讲故事。惠生一向善于演说，觉得这是宣传我党政策的好机会。于是有请必到。他或旁敲侧击，借古喻今；或讲述根据地的和平、民主，令众人羡慕向往；或阐述战后形势，劝众人弃暗投明。这些道理，在伪军中起了瓦解军心的作用，连胡振纲也在部属的影响下而徘徊起来。一日，胡忽然要宴请惠生，但遭到惠生同志的严词拒绝。后胡一再声言有要事相告，惠生才了去。席间，胡提出要与惠生一道去苏北接受新四军的改编，又担心我方难以容纳，想请惠生从中斡旋。惠生同志对他详细解释了我党我军的一贯政策，指出他如果真心弃恶从善，可以保证对他既往不咎，给予自新之路。第二日，正逢胡益鑫先生陪沈自芳去窑头镇探监，惠生即告知胡的思想变化情况，请转告营救人员再做胡的工作。

接受新四军改编，当然不是胡振纲的诚心所求，而是在寻找出路的过程中，没有得到新主子的赏识，请惠生同志帮忙只是想留个后路。后来。通过重金贿赂，胡部被改编为国民党江苏省保安团，移驻南京市江宁镇郊外，胡被委任为营长。这时，他的反动本性、凶恶嘴脸又暴露出来，对惠生严加看管，连沈自芳探监也不许了。在精神与肉体的折磨下，惠生同志日渐虚弱，但他的意志却愈加坚定。这期间，他在托人带给胡益鑫先生的信中写道："我事不日定可解决，也不会连累别人的"，表现了视死如归的气概和坚贞不屈的革命立场。有一天，胡益鑫先生前往探望，惠生同志正在牢房门口痛斥胡振纲一伙厚颜无耻、祸国殃民的罪行。胡益鑫上前小声劝道："吕先生，你尚在虎口之中，千万别发脾气。"惠生仍大声说道："我早已将生死置之度外，有何畏惧！"

11月上旬，胡振纲为了讨好新主子，便将惠生同志送交团部关押，并一再对其上级说"他是新四军的大头子"，以求赏赐，当然这完全是空想。正如惠生在日记中一再表白的那样"时间是试金石"；"是忠是奸，我自有我伟大之人格自作保证，经过火炼以后，让人去看去评吧"。惠生同志在遭受关押的过程中面对甜言引诱，泰然自若，面对严刑拷打，毫无惧色，充分体现了一个共产党员的铮铮铁骨和大无畏的英勇气概。铁窗里表现的忠贞与坚强，为惠生同志做出了最好的结论。敌人对惠生同志忠诚于革命的斗争精神无计可施，便决定将他杀害。

11月13日夜晚，惠生和王参谋被秘密押至江宁镇六郎桥畔一个偏僻的山脚。

敌人问道："你们今天就要死了，感到遗憾吗？"

惠生冷峻地回答："为革命而死，为真理而死，是最大的光荣，绝无遗憾！""遗憾的是坚持敌后抗战八年，有很多宝贵经验没来得及总结，有很多文章没有写成。"

临刑时，惠生和惠川同志激昂地高呼："和平民主万岁！""中国共产党万岁！"铿锵有力的口号声响彻了宁静的夜空，震撼着刽子手们罪恶的灵魂。

惠生同志在被害前夕，托胡益鑫先生带出了他书写的《狱中诗》：

忍看山河碎？愿将赤血流。烟尘开敌后，扰攘展民猷。

八载坚心志，忠贞为国酬。且喜天破晓，竟死我何求！

　　这首充满革命激情的诗篇，是惠生同志一生光荣的概括，表现了一位无产阶级战士壮阔的胸怀和高尚的情操。惠生烈士为党、为人民献身的耿耿丹心，和坚定不移、威武不屈的浩然正气，永远激励着人民前进！

（王惠舟）

无为的"小萝卜头"[1]

这是一个真实的故事。

看过《红岩》小说的人，都知道重庆有一个国民党专门关押共产党政治犯的监狱，叫渣滓洞。重庆解放前一天，在这暗无天日、腥风血雨的魔窟里，无数革命先烈为了推翻反动的蒋家王朝，建立人民当家做主的新中国，面对敌人带血的屠刀，坚贞不屈，献出了自己宝贵的生命。

在渣滓洞集中营里，有一个活泼可爱的烈士后代，他姓甚名谁无人知晓，人们只管他叫"小萝卜头"。小萝卜头是随他爸爸、妈妈一道被关进渣滓洞的。平时，小萝卜头总是在"犯人"放风的场地上一个人玩耍，有时候做鬼脸追叔叔、阿姨们开开心。这

无为的"小萝卜头"张冬生（20世纪70年代）

一天，只见小萝卜头一个人站在墙边，一身脏衣，一脸泪水，一头乱发，东张西望，声嘶力竭喊着"爸爸、妈妈……"。可怜的孩子啊，他哪里知道任凭他怎么喊也唤不回爸爸、妈妈！等待他的只是铁窗里默默看着他的一双双带泪的眼睛。从那时起，

---

[1]根据新四军老战士彭醒梦回忆录整理。彭醒梦，解放战争时期任中共巢无县委书记。

这个孤儿就成了被关押在渣滓洞里的叔叔、阿姨共同的儿子，人们爱怜地给他起了个名字——小萝卜头。

写到这里，我的眼睛湿了，我的心在剧烈地颤抖着，这不是与我的身世和经历一样悲惨吗？

我是一个革命烈士的后代。父亲张新，母亲李平，都是在1948年农历正月初七，被国民党反动派杀害了，那时我还不满两周岁。

父亲是安徽省桐城县金草乡双店村人，自幼家境贫寒。14岁的时候，经人介绍到一家木匠店当学徒，因不满老板的打骂虐待，1939年，16岁的父亲悄悄参加了新四军临江游击大队，走上了革命道路。

母亲是安徽省无为县人，从小当童养媳。曾在无城镇杏花泉小学当过代课教师。1941年，因父死母改嫁，她成了孤儿，当机立断，也参加了新四军临江游击大队。从此，我的父母亲都成为坚强的新四军战士。

1947年，临江游击大队编入二野，北上山东。人民解放军势如破竹、节节胜利，做好了横渡长江，消灭蒋家王朝，解放全中国的准备。1948年春节前夕，为确保大军顺利渡江，兵马未动，粮草先行。我父母等七人奉命组建了粮草筹备先遣小组，秘密潜入无为县，与地下党取得联系，积极筹备军粮。先遣小组偷偷在母亲弟弟家研究方案。由于叛徒出卖，国民党无为调查室的匪徒们，悄悄包围了舅舅的家，然后破门而入，强行将我父母亲和舅舅及其他四人一并抓进监狱。

父母亲被抓后，不满两岁的我朝着父母被抓走的方向爬去，就这样，我也被关进了牢房。

这里有一段令人心寒的插曲：在牢房里，由于没有水喝，还不懂事的我渴得受不了，就偷偷地把一个长有"杨梅疮"叔叔的洗疮水喝掉了。没过几天，我的身上也长满了杨梅疮。痛呀，痒呀，臭呀，成天折磨着我这个不满两岁的孩子。

一天，匪徒们把我父亲吊在院子中间的一棵杨槐树上严刑拷打。我看到有人在用皮鞭抽打我父亲，于是爬过去抱着匪徒的大腿，狠狠地咬了一口。匪徒气急败坏，一鞭子抽到我的身上，我长满杨梅疮的背上立刻鲜血直流。我哭喊着爬到妈妈的怀里，妈妈气得说不出话来，只听到牙齿咬得吱吱地响。

在牢房度过了七天。1948年阴历正月初七，天蒙蒙亮，国民党匪徒五花大绑地把我的父母亲押送到无为城北门一个叫桃花埠的刑场。"通匪"的舅舅一直抱着我，寸步不离地跟到了桃花埠。在桃花埠，匪徒们早就挖好了一个大坑，里面放着生石灰，等到灌水后，坑里白泡泡烟翻滚起来。这时，听到两声枪响，然后四个匪徒将我的父母亲一同推下冒泡的石灰坑，母亲挣扎了几下就不动了。忽然，有个匪徒走到石灰池边，用刺刀在我母亲的肚子上猛捅几刀，因为我母亲当时还怀着孕。在场的人被匪徒的野蛮举动惊呆了。正在这时，一个高个子的匪徒走到我舅舅的身边，一把将我从舅舅的怀里夺过去，恶狠狠地吼道："这个小共匪要不要了？不要了我们就将他斩草除根！"我舅舅在惊吓中大喊一声："要！"一把将我夺了回去，捡回了我的一条命。

父母亲被杀害后，我们又被带回牢房听候处理。

回到牢房后，我没有父亲、母亲了，成天瞪着一双恐惧的大眼睛，哭啊，喊啊，成了国民党无为调查室监狱里的"小萝卜头"。

家乡解放了。党解救了我，人民养育了我。我发誓：要永远做一个忠于党、忠于人民的小萝卜头，以报答党的养育之恩！

（以上内容根据我舅舅口述，节录整理）

（张东生）

突出重围[1]

1947年，国民党仓头联防区主任高治平率部队进驻仓头一个多月，连武工队的影子也未见到，企图在曹庄诱捕，也未见效。有一天我们驻扎在杨柳庄村，被敌人侦察发现，那时，敌人派出的侦探很多（不少是雇用的），有男的也有

武工队由黄雒老街突出重围

女的，有装成货郎子的，也有装成收鸡蛋的。本来头天晚上得到情报就可以行动，高治平再三考虑，夜晚行动怕我主力搞的是调虎离山，遭到伏击，于是第二天清晨实施了一路进攻，一路埋伏的计划，出动兵力100多人，包围杨柳庄攻打我们。

杨柳庄村四面环水，但东、南、西、北各有一条路（桥）通该村，而敌人从东边的社后井和南边的扁担岗两个方向，向我发起进攻，许队长组织仅有的几支枪予以阻击，当然在敌多我寡的情况下，我们不可能固守该村，必然要组织突围。组织

[1] 参见《安徽文史资料全书·巢湖卷（上）》，第751页，安徽人民出版社，2007年8月。

还击（而且不在有效射程里）目的是延缓敌人进攻速度，这一阻击果真有效，所有敌人听到枪声就地卧倒，观察动向，后来弯着腰进攻，速度放慢，使我们赢得了十几分钟的宝贵时间。当时向哪个方向突围，至关重要，东边和南边联防区重兵进攻，无法突出去，只有西边一条路和北边一条路，而北边路通黄雏镇，那时黄雏镇经常有国民党军队驻守，敌人料定我们不会向北突围，肯定我们向西突围，因为西边通往山里根据地，因此，敌人在另一条路（周家店、北庄一线）单独安排一个排兵力在西边的巢湖老村埋伏，等候我们。情况危急，向何处突围，事关生死存亡，许队长和邓忠善同志研究后，当机立断，向北突围，当时有的同志反对，说向北突围，黄雏镇有敌人怎么办，提出向西突围。许队长说，西边情况不清，先向北突出杨柳庄，见机行事，现在不能犹豫，执行命令。敌人见我向北突围，始料未及，埋伏在巢湖老村的一个排看我们向北突围，随后就追。这个地方沟壑纵横，而我们对地形熟悉，追了一阵，敌兵和我们越离越远，这时我们又突然绕开黄雏河镇，直插沿秋河村，泗水到了西七圩，敌人无可奈何，远距离打了几炮，除了胡朝祥同志被炮弹擦伤外，没有牺牲一个同志。就这样，联防区精心策划的包围杨柳庄消灭武工队的阴谋又一次彻底破产。类似这样的袭击，以后还发生过多次，均被我粉碎。其中8月下旬的一天，我们驻在张广村，傍晚的时候，岗哨发现远处有一过路人。这个人与我持枪的岗哨打了个照面转身就不见了，因此引起了我们岗哨的警觉，回来向许队长报告。许队长认为，可能是敌探，因此，我们立即转移了驻地。果然不出所料，到了深夜，仓头联防区来了100多人，包围了张广村，其实，我们那天就转移在胡庄，与张广村只隔一华里，我们察觉敌人在张广村的行动，为了避免张广村老百姓受惊吓，我们在张广村外打了几枪，敌人听到枪声，知道又扑了空，只好草草收兵，颓丧而归。

（原作范青山　李俊平改编）

送钱路上[1]

1947年8月，中共中央部署刘邓大军千里挺进大别山，十万大军直插中原，像一把尖刀直接威胁国民党政权的中枢华东地区。刘邓大军孤军深入，与围追堵截之敌周旋于皖西地区，三个月歼敌30余万，并创建了根据地，在大别山区扎下了根。

巢无工委警卫排战士孙海波送钱路上在庐江汤池、大关遇险

转眼间，冬季来临，十万将士驻扎在贫困的皖西山区，后勤供给发生困难，指战员们身无御寒之棉衣，吃饭也成问题，饱一餐饿一顿，更不用说油盐菜蔬了。敌人的进攻不怕，但后勤保障出问题是军中大忌，关系到刘邓大军在大别山地区能否坚持下去。

对此，中央十分关心，电令中共华东局设法就近解决刘邓大军的后勤给养。华东局便把此项任务交给中共无巢工委，要求火速筹款，支援刘邓大军。工委立即行动，仅数日便筹得500石大米的钱款，并兑换成金条和银圆，准备立即送往皖西大别山区。但这是一笔巨款，是支援十万大军平安过冬的救急钱。而国民党军为解南

---

[1]参见《安徽文史资料全书·巢湖卷（上）》，第751页，安徽人民出版社，2007年8月。

京的危局，调集了14个整编师的兵力，围攻大别山区，无为通往皖西的道路上，舒城、庐江等地敌人都布有重兵，武装押送绝无可能。从无为到皖西走最近的路也有100多公里，况且敌情复杂，如何把钱送到，也急坏了工委一班人。无巢工委反复研究，提出了多种方案，最后决定派一名忠诚可靠，有对敌斗争经验的同志执行送钱任务。

工委把机关和直属分队人员中的优秀骨干挑选出来，反复比较，最后选定警卫连的老战士孙海波来执行送钱任务。孙海波，无为牛埠人，中共党员，参军已有五年，当过侦察员、警卫员，有丰富的对敌斗争经验。而且，面相老实巴交，换上便服就是一名活脱脱的山区农民。首长找来孙海波，说明了此次任务的重要性和面临的危险。孙海波二话不说，立即表示："保证完成任务！"孙海波化妆成叫花子，把金条银圆缝在破棉袄里，手拿一根打狗棒，肋下夹着一个破碗，一路要饭向西而行。

这天孙海波走到庐江县，接近县城，气氛突然紧张。城门口有全副武装的士兵把守，对过往行人严加盘查。孙海波选择早晨与赶集的农民一道混进城内。城内到处都驻有国民党军队，晚间人静之时，还可以听到远处的炮声。孙海波判断，有枪炮声的地方必是两军交战之处，打仗的地区必有我刘邓大军的部队。顺着炮声的方向走，肯定不会错。炮声响的方向是桐城、舒城一带，孙海波决定向舒城和桐城进发。由舒桐方向进山，必经汤池、大关，这里是敌军的警戒区，行人持身份证还要层层接受盘查。孙海波不敢冒险，只得想办法绕道，从山里绕过去，山路难走不说，还要忍饥挨饿躲避敌军和民团抓夫，身上所带的盘缠路费早已用完，除了黄金、白银已身无分文。孙海波真的当起了叫花子，饿得实在没法，找到农家讨口饭吃。

走到荒郊野地，看到地里有一些未被老乡收尽的玉米棒子，烧熟也可以充饥。孙海波找了一些，在地里烧了一堆火，烤玉米棒子吃。谁知烧起的浓烟被山下的敌军发现，一阵枪响，子弹呼啸着从孙海波身边擦过，孙海波惊出一身冷汗，他知道被敌人发现了，冷静地脱下藏有黄金银圆的破棉袄，塞进地头的玉米秸子堆里，坐在火堆旁仍然烤着玉米棒子，心里在盘算着如何应付国民党兵。几名国民党兵上来二话不说，把他押到山下的营房里审问，说他在山上放火打信号，是共军的探子。孙海波身无旁物，没有任何让敌人怀疑的地方，只说自己是给东家送信的长工。敌人严刑拷打，他只回答：

"我是给东家翟老爷送信的，他儿子是国军48师的连长叫翟金宝。"

"找他干什么？"

“他妈妈生病快死了，想见儿子一面。”

“信在哪里？”

“在汤池被你们的哨兵收去了，连同身份证、路费都拿走了。”

“在山上放火干什么？”

“我一路讨饭，昨天没要到饭，饿得受不了，到山上找六谷[1]烧着吃。”

孙海波一副憨厚的农民相，一口地道的无为老牛埠的土腔，审讯的国军头目也捉摸不定。枪毙他，又担心他是国军家属会有麻烦。于是要孙海波找个保人。孙海波说：“我家离这里一二百里地，这里又没熟人，我到哪里找保人？”敌人见他实在没什么油水，只得把他放了。

坏事变成好事，敌人放了他，他便可以在敌区内走动。孙海波找回破棉袄，忍着伤痛，一边在敌人的战区里穿行，还不时地打听“翟连长”。越往西走，战火气息越浓，一排排敌军营房，遍地的士兵、伤员和民夫。枪炮声响起，人喊马叫。孙海波在战区里，穿着与民夫没有两样，不会有人上来盘问。但他不敢疏忽大意，找到一个敌军大伙房，帮助炊事班做饭送饭干杂活。这一干就是十来天，人也熟了，加上干活不偷懒，炊事班的人都喜欢他，炊事班长还发给孙海波两颗手榴弹防身。往阵地上送饭是个危险的活，但可以到前沿阵地，特别是夜班送饭，是个脱险的好机会。别人怕死不愿干，孙海波敢干，这是完成任务的好办法。

此时，已到12月份了，冬季雾多，一连几天雾，敌我双方也停止了战斗。一天夜里，孙海波送夜饭，从早就观察好的山路溜下山。用扁担撬开铁丝网，绕过雷区，进入前沿交战的开阔地。敌军探照灯不断扫射，他埋伏等待，晨雾升起，孙海波动了，向着对面阵地奔跑。突然重机枪子弹扫射过来，他被敌人发现了。沈海波临危不惧，凭着多年的战斗经验，迅速跃入炮弹坑。不远处一阵脚步声传来，这是敌人的巡逻兵闻讯赶来搜寻，孙海波掏出随身携带的手榴弹，待敌人走到离他30米时，扔出去，手榴弹在敌人中间开了花，接着又扔出一颗，把敌军的巡逻兵炸得晕头转向，除死伤者外，剩下的往回便跑，敌方阵地在浓雾中不明就里，也不敢开枪。孙海波趁敌人发愣的瞬间，爬起来扎紧破棉袄，拼命地向刘邓大军的阵地方向奔跑。敌人醒悟过来，机枪开始猛烈扫射，孙海波冒着枪林弹雨，不顾一切地向前跑，突然左肩一麻，他被击倒在地，他明白自己中弹了。朦胧中，孙海波看到了亮光，亮光中穿着灰色军装的人向他跑过来，孙海波心定了，这是刘邓大军的战友们冲过来

---

[1] 六谷：无为土语称玉米为“六谷”。

了，战友们来救他了。孙海波神经一松，说了一句："快！快拿出棉袄中的钱！"便昏了过去。

当孙海波醒来时，已经是第四天了。肩上的伤已经包扎好了，他明白，这是在部队的营房里了，摸摸身上，破棉袄已不在身上，黄金和银圆已送到部队，孙海波放心地笑了。一位首长来到病房看望他，身边的护士介绍是刘邓大军24团团长吴先宏，吴团长握住孙海波的手，深情地说："辛苦了！任务完成得很好！我们要为你请功！"

刘伯承、邓小平两位首长得知无巢工委的一位战士，只身长途跋涉几百里，不畏艰险穿过交战区，冒着枪林弹雨为大别山部队送来急需的钱款，深为感动，也为我军有这样优秀的战士而骄傲。两位首长亲切地接见了孙海波，表扬他的英勇顽强，智勇双全，并与孙海波合影留念。孙海波只身送黄金的故事成为革命的传奇，一直在无为人民群众中流传至今。诗曰：

海波独闯大别山，突破重围巧周旋。
腰缠万贯扮乞丐，钱送刘邓解饥寒。

（叶悟松）

圣家嘴劫军粮[1]

1948年春，国民党军队正酝酿在北方与解放军决一死战，所以千方百计要筹集军粮运往北方。不得已通过国民党无为县政府，向县城粮食商人又购买20多万斤大米，意图运往北方。

巢湖圣家嘴

这次运粮，国民党无为县政府警惕性很高，所运大米分15只船装运，派一个连武装护送。企图通过水运至巢县装火车，船行至圣家嘴时被我武工队侦察人员发现。许队长得到这一情报后认为国民党抢运军粮支援北方战场，贼心不死，这又是我们打伏击的好机会。恰巧这时和含支队就驻扎在丁庄村一带，许队长立即将情况向含和支队魏支队长做了汇报，魏支队长当即决定劫下这批军粮。于是集合队伍开往张湾村抢占有利地形，埋伏在河堤下面。

这15只大船没有动力拖头带动，纯靠风帆和人力背纤，速度比较慢，国民党军一个连和我们一河之隔。当这15只船行至预定位置时，我们部队首先用机枪向敌人打了个点发，军人都知道这说明我们的火力配置有机枪，属正规军，不是地方武装，

---

[1]根据新四军老战士范青山口述整理。范青山，无为县仓头镇人，解放战争时期任仓头游击队指导员。

所谓的"土八路"。在精神上震慑他们，同时向运粮船喊话，叫他们靠拢过来，否则就开枪。这时所有船只均落了帆，停在河中间，而对岸的国民党军也抢占地形趴在河堤下，开枪向我还击，互相打了一阵枪，因为距离较远，双方都未伤人，形成对峙状态，大约有半小时。这样下去陡沟敌据点来增援就难办了，这时许队长灵机一动——必须发动群众才能解决问题，当即让武工队干部和队员分头下去通知各村群众前来分粮，不到半小时，男女老少来了数千人，吆喝着拥向河边，喊船靠过来。在火力掩护下，有的年轻人迫不及待跳入河中，声势非常大，情绪非常高。这时已近下午三点，护粮的国民党军，害怕天黑有被消灭的危险，因此开始后撤，后向无城方向逃窜，就这样不到两小时，15船军粮一分而空。

（原作范青山　李俊平改编）

老虎堡擒敌[1]

1949年春，长江北岸的无为县获得解放，广大民兵和群众热烈而紧张地为子弟兵运送弹药、筹集船只、赶做军鞋、补帆修船，以备渡江。

4月初，当集结在无为地区的解放军渡江部队向长江边逼近时，盘踞无为太阳洲的国民党第八十八军一四九师447团妄图垂死挣扎，大抓壮丁，修筑工事，为了防止壮丁逃跑，

盘踞在太阳洲头的老虎堡

敌人把壮丁的眉毛剃光，晚上关在四面临水的孤洲上。当地群众恨透了敌军，把他们盘踞的太阳洲上的桥头堡称作"老虎堡"。

4月11日，中国人民解放军第二十四军七十一师212团根据军部指示，立即拔除太阳洲敌军据点，以根除大军渡江的隐患。团部立即派出侦察员张华前往实地侦察。

当天下午，张华赶回报告。太阳洲老虎堡据点有敌一个中队驻守，有一挺歪把子机枪、20支步枪、五支冲锋枪和四支手枪。团部连夜召集侦察连的两个排指战员开会，传达上级指示，下达作战命令，讨论了作战计划。

---

[1]参见《铜陵革命斗争故事选》，第210页，安徽文艺出版社，第1995年12月。

　　4月1日凌晨，两个排的战士早早就埋伏在老虎堡附近芦苇丛中。太阳升起两丈高的时候，侦察员陈钢和陈柏松打扮成小贩，每人拎着一只篮子，篮子里盛着熟鸡蛋，上面盖着毛巾，向老虎堡走去。到了敌堡附近，他们拉长嗓音叫卖："五——香——蛋——"值班的两个敌兵闻声，抱着枪钻出碉堡，迎面向他们走来。侦察员认出走在前面的是敌军中队长。

　　"干什么的？"敌军中队长喝道。

　　"做小生意的。"侦察员陈钢从容地回答。

　　"卖什么玩意儿？"

　　"五香蛋。"侦察员陈柏松指着篮子。

　　"放下篮子，老子要检查。"敌中队长一歪嘴，一个敌兵上前用刺刀挑开毛巾，伸手抓起一个鸡蛋就吃，敌中队长却站在一旁不动眼珠子地盯住陈钢："你，你不是生意人，你是解放军！"陈钢发现敌中队长认出了自己，便立刻扑上去，把敌中队长掀翻在地，从腰间拔出匕首，一刀捅进敌中队长胸膛。陈柏松也手起刀落，结果了那个敌兵。他们迅速将两具尸体移到一条水沟里，又重新提起篮子，绕过敌堡，向距离碉堡三四百米的敌人营地走去。

　　营地屋里的敌人正闹哄哄地围着桌子赌钱。两人见此情景，便连声叫卖，这伙敌兵因彻夜赌钱，肚子早就饿了，一听外面有人叫卖五香蛋，便令小贩进屋。

　　陈钢和陈柏松刚进门，几个站在桌旁看赌博的敌兵围了过来，六七只手就往篮子里抓鸡蛋。陈钢故意大声嚷嚷："老总，不要抢，不要抢啊！"顺手将篮子一歪，鸡蛋骨碌碌地滚了一地，敌兵上前抢着。趁敌兵混乱之际，陈钢上前夺过靠墙放着的歪把子机枪，大喝一声："不许动，举起手来！"陈柏松也抄起了一支冲锋枪，对准了这帮嘴里还塞着鸡蛋的家伙，有几个敌兵转身从暗门逃跑，刚到门边，陈柏松一扣扳机，"哒哒"两声，两个敌兵应声倒下。

　　埋伏在芦苇丛中的解放军战士们听到了枪声，在排长率领下，端起枪冲向据点。敌兵群龙无首，只得缴械投降。指战员押着俘虏，扛着战利品，行进在长江大堤上，又投入了新的战斗。

（李俊平　王敏林）

渡江前夕牺牲的张彬烈士[1]

淮海战役结束不久，人民解放军华东野战军（2月9日改称第三野战军）第24军、25军、27军（另33军一个师配属该军）共约20多万人，陆续集合在无为地区，待命渡江。加上后续到达的第30军和山东、江淮地区支前民工，共有30万人陆续进驻无为。

无为县蜀山镇张彬烈士墓

其中的第24军隶属三野第八兵团，军长王必成，政委廖海光，副军长皮定均，全军36000人，下辖第70、71、72师，第71师即是由原新四军第七师第20旅改编而成，可以说是皖江子弟兵重回故地。第24军沿开城永安河一线至襄安向沿江地区集结待命，集中了全军侦察分队为先行，将部队进一步推向江边。首要目标是攻占土桥、刘家渡的敌人江北桥头堡，接着是攻占太阳洲，以夺取渡江跳板。3月12日，该军某师副参谋长张彬，奉命率部去刘家渡勘察地形，履行军部在4月13日前廓清敌全部江北据点的战斗部署。不料张彬所部行踪为敌窥知，敌在江边暗堡用机枪疯狂扫射，张彬副参谋长不幸中弹牺牲。遗体为湖东县支前民工抢回运抵蜀山。因战事急迫，烈士遗体未及厚葬。

---

[1]参见《岁月留痕》，第182页，中共党史出版社，2012年9月。

烈士张彬等人的牺牲，更加激发了广大指战员的满腔仇恨，大家坚定了为战友报仇，打过长江去，彻底埋葬蒋家王朝的决心。在随后的攻克刘渡、土桥、太阳洲等敌人据点的一系列战斗中，第24军侦察部队克服地形不熟、敌人火力猛烈等困难，打退了土桥、刘家渡之敌的几次袭扰，并最终干净、彻底地拔除了敌人的所有江北据点，占领了长江北岸宽大的江岸线，实现了对地形、水情和江南敌情的直接观察和抵近侦察。

1949年7月，无为、临江、湖东、无南四县合一，成立了统一的无为县委、县政府。

1951年9月，无为县人民政府决议厚葬张彬烈士，由县长周骏主祭，将烈士安葬在泊湖以东，凤凰山麓的青山绿水之间。位于今蜀山镇白湖行政村鸟窝自然村黄白路以东30米的张彬烈士墓，占地面积约20平方米，其中建筑面积五平方米左右。周骏县长手书碑文的墓碑，依然完好如初。碑文道："出生农民，参加革命，刘家渡勘测地形，以便进军，何图斯役，壮烈牺牲。"凝聚着对革命烈士的哀悼与追思。

（李俊平　耿松林）

严桥大捷之杨麻子开溜[1]

1948年春夏之交，盘踞在无为地区的国民党138旅杨创奇部，对新生的无为地区革命政权及其武装力量，恨得咬牙切齿，倾巢出动，妄图一举予以剿灭。4月5日，国民党巢无庐清剿指挥部集结重兵，对湖东县境内的

严桥大捷战斗地之一的龙骨山

高林、槐林、关河三个区"扫荡"，追击湖东大队前后五天。因敌我力量悬殊，湖东大队遭受重创，四分区司令员吴万银牺牲。杨创奇所部欣喜若狂，更加不可一世。恰在此时，华野先遣支队一部在马长炎、高立忠率领下，由山东南下，执行"扫清敌人江北据点，为渡江战役创造条件"的任务。6月，马长炎所部与杨旅在牛岭遭遇。经过激战，打得杨麻子部队首尾不能相顾，弃尸窜逃，败退至石涧埠。此战扭转了无为巢南局面。但杨创奇不甘心失败，几日后再次纠集队伍，屯兵今严桥镇古楼、福民行政村的笑泉口、龙骨山一带，伺机进行反扑。时有凑巧，华野先遣支队司令员孙仲德奉命率领主力由大别山南下，在笑泉口与副司令员马长炎、政委高立忠所部会师，战斗力大大加强。在孙司令员统一指挥和无为地方武装的配合下，先

---

[1]参见《岁月留痕》，第146~147页，中共党史出版社，2012年9月。

遣支队先发制人，如猛虎下山扑向敌人，一举消灭、俘虏杨创奇部保安团官兵1000余人，团长钟经林被活捉，大长了革命力量的威风，大灭了敌人的气焰。

好消息不断。1948年7月，南下先遣支队与顾鸿率领的华野第四纵队南下侦察部队（33团）在严桥胜利会师。7月22日，杨创奇率138旅两个主力团及土顽共3000余人，大举进犯恍城山区。在孙仲德的统一指挥下，南下先遣支队和南下侦察部队协同作战，加上无为地方武装的配合，在严桥龙骨山奋起反击。激战一天，歼灭杨麻子所部精锐500余人，击毙营以上军官37人。

牛岭、笑泉口、龙骨山三战三捷，史称严桥大捷。国民党在无为县的有生力量丧失殆尽，从根本上动摇了国民党在无为地区的统治。1948年8月，杨创奇慑于孙仲德、顾鸿部队的威力，由田桥向三汊河、雍南、裕溪口一线集中，沿裕溪河，经长江向武汉方向窜逃。杨麻子开溜，无为地区除沿江尚有少数几个国民党据点外，大部得到解放，人民生活基本恢复安宁。

（李俊平　耿松林）

军民鱼水情[1]

1949年1月，人民解放军第三野战军第24、25、27军20余万人集结在长江北岸的无为县，部队分驻在蜀山、襄安、开城、泥汊、汤沟各地，准备发动渡江战役。在待命渡江的过程中，无为人民与子弟兵结下了鱼水情深的革命情谊。

无为是革命老区，皖江抗日根据地中心区，新四军第七师就诞生在这块热土上。在抗日战争的年代里，无为

无为群众沿途慰问渡江部队

人民与第七师指战员休戚与共，同生共死。如今，解放军南下，解放了无为人民，第27军序列中，就有当年新四军第七师的老部队，无为人民见到了他们，都情不自禁地奔走相告："老七师回来了！"

无为的党组织、政府和人民积极行动起来，一句话——支援解放军，打过长江去，解放全中国！全民动员，"节衣缩食，供应大军，支前立功，百世光荣"。

首先，要解决20万部队和南下支前民工的后勤保障，光吃饭一项，一天就需成

---

[1]参见《安徽文史资料全书·巢湖卷（上）》，第580页，安徽人民出版社，2007年8月。

品粮120万斤、柴草50万斤。无为及周边各县，积极筹集粮草，供应大军。群众纷纷把最好的稻谷碾成大米，送给部队，有的甚至把家里仅存的余粮都贡献出来，宁愿自己吃糠咽菜。为了支援子弟兵烧饭用柴，群众自发地砍掉自家的山林、门前的大树，把自己烧锅做饭的稻草、麦秸和晒干的牛粪都送到了部队上。有的群众把自家的门板、木料等能烧的东西都供给部队作燃料。

集结在长江边的部队绝大部分是北方人，是"旱鸭子"，为了渡江作战，必须熟悉水性，成为水上蛟龙，才能取得渡江战役的胜利。部队开展大规模的水上练兵，无为的船工、渔民们熟知长江水情，是靠江吃饭的"水上飞"，他们积极充当部队水上练兵教练，手把手地教指战员们游水、划桨、操舵、撑篙。使指战员从陆战英雄练成了水上蛟龙。有经验的老船工们还教指战员们用木材做成一个个三脚架，这种三脚架能漂浮在水面上，保证一个人泅渡不会沉没，还可以在上边架起枪射击作战。所以，遇到渡船被敌人打沉破坏时，这种三脚架可以救人，还能继续泅渡作战。早春二月，江水仍寒，指战员们在江水里训练，冻得直打哆嗦，江边的老百姓看在眼里，疼在心中，他们从家里端来热腾腾的姜汤，给战士们喝，指战员们喝在嘴里，暖在心中。

大军行动，交通必须畅通。部队的大炮、载重汽车、骡马要有路可行。无为人民突击抢修公路，先后修通无为至巢县、开城至襄安、襄安至庐江的公路。修无巢路全程45公里，仅用两个昼夜就完工。

无为地区水网交错，交通要道上的浮桥有十多座需要架设。无为人民因地制宜，有的用船只相连，有的用木排铺设，还要铺垫桥头路基，工程量巨大而浩繁，支前的民工们不畏艰难，日夜奋战，仅用十余天就完成了架桥任务。

为保障渡江船只顺利入江，在无为沿江需开挖四条船只出江口。民工们冒着敌机的轰炸和绵绵的春雨，男女老少齐上阵，苦战近一个月，挖河疏渠100多公里，开坝、堵坝、拆桥、架桥20余座，完成小江坝、姚王庙、神塘河、泥汊河四条渡船出江口，为渡江战役打通了胜利的通道。

渡江作战，我军的渡江工具只有民用的渔船、渡船，都是木材打造的，经不起枪弹的打击，更不用说炮火的轰击了。为了保护渡江作战指战员的安全，减少伤亡，我军采取土办法给木船穿上土"装甲"。就是用打湿的棉被、棉絮铺在船头，当作掩体，阻挡敌军的枪弹。当得知渡江部队需要棉被时，无为人民踊跃给大军送去棉被、棉絮等上万条。泥汊有一对刚刚结婚的夫妻，毫不犹豫地把新婚被褥送到解放军驻地，部队首长婉言谢绝，新郎新娘说："几床棉被算什么？能保护解放军同志就值了！"

随后，新郎毅然告别新婚的妻子，参加了渡江船工队伍，为渡运大军过江撑篙掌舵。渡江作战胜利后，他立功受奖佩戴大红花，成了渡江功臣，此事被传为佳话，成了泥汊人民的骄傲。

在渡江作战中，指战员们把掌舵撑船的船工们作为重点保护对象，战士们把船工们围起来，用自己的血肉之躯为船工们挡子弹。解放军首长们看到无为民间冬天烘火取暖的圆木桶，俗语叫"站窝子"，便征集用到船上，把站窝子周围用棉被裹上，船工站进去掌舵操帆，保护船工不被敌人枪弹击中。

1949年4月20日晚，渡江战役打响，顿时，千里长江上万船齐发，势不可挡，解放军在人民的支援下，一举突破长江天险，取得渡江战役的伟大胜利。

无为人民用自己的行动实现了支援解放军的口号："家有一斤粮，送去做军粮。家有一尺布，送去做军装。家有一个儿，送去参军打老蒋！"无为人用鱼水之情支援大军渡江，谱写了一曲军爱民、民拥军，军民团结一家人的胜利凯歌。

诗曰：

春至濡须水方清，渡江战役众志城。
胜利总是来不易，军民鱼水骨肉情。

（李俊平　叶悟松）

虎口夺粮[1]

1948年2月的一个晚上，仓头游击队指导员，代理队长许竹轩同志接到地下党员伍继发、张能会二同志密报，称大张村张家祠堂伪粮库的军粮很快要运走，国民党县政府已派员前来联系运输船只和搬运人力及武装押送等。并且还听说，这次运粮任务县政府交代一定要完成好，这批粮食运到北方给国民党军队吃，准备和共军打大仗。

国民党设在无为县陡沟镇大张村的粮库

许竹轩接到这一密报后，感到问题重大，丝毫不敢马虎，于次日凌晨亲自到山里，找到巢无工委副书记朱合喜同志，如实汇报大张村军粮国民党不日运往北方之事。朱合喜同志对这件事非常重视，当即表态劫下国民党这批军粮，无论如何绝不能让其运走，并立即决定当天召开各乡长和武工队长联席会议。

会上朱合喜同志做了简要动员，大意是：这批军粮如果运到北方，给国民党军队增加了后勤保障，对我军大为不利。同时，当前正是青黄不接之时，好多老百姓

---

[1]根据新四军老战士许竹轩口述整理。许竹轩，安徽无为人，抗战时期任无为仓头游击队代理队长。

断炊，这批粮食要能发到群众手里，不但解了燃眉之急，而且对发动群众，增加群众对我们的信任和支持，是大有好处的。朱合喜同志的发言，得到与会同志的一致赞同，因此决定，第二天由石涧区大部、新民区全面发动老百姓分掉这批粮食，而且提出了具体要求：（1）大张村粮库在圣嘴乡境内，这次分粮由圣嘴乡负总责；（2）每个村庄都要有人去发动；（3）首先是发动党员和干部带头，否则群众不敢去，尤其是发动断炊户和缺粮户参加。

为了保证安全，不出差错，朱合喜同志把武装力量做了安排：石涧区游击队于第二天准时到达，一个排到义兴圩的下圩拐，担任陡沟方向警戒，因为大张村离陡沟镇仅四里，陡沟据点的敌人最有可能派兵镇压，万一陡沟出兵，我们的游击队抵挡一阵，可以保证老百姓安全疏散。另一个排到仓头，防阻无城方向敌人。大张属圣嘴乡境内，因此，安排我们武工队提前介入，一是将伪粮库人员控制起来，找其谈话，禁止他们出走；二是切断电话线，防止消息泄漏；三是现场维持秩序；四是帮助老弱病残者都能得到一点粮食，不至空手而归。

到了这一天，总共来了有好几千人，场面非常壮观，三个小时不到，20多万斤糙米，一分而空。这些军粮对于当时发动群众和缓解春荒，起了不可估量的作用。事后老百姓反映："共产党真的是我们的贴心人。"

（原作范青山　李俊平改编）

巾帼英雄马毛姐[1]

1949年5月1日上午，无为县在西门体育场召开无为人民支援渡江战役庆功大会，颁发渡江战役纪念章、立功证书。中国人民解放军第三野战军第七兵团司令员宋时轮、第27军军长聂凤智亲自为立功人员代表披红挂彩，以表彰英雄人物的功绩。在特等渡江功臣和众多的一、二、三、四等渡江英雄中，有一位胸佩红花、个子不高、扎着长长发辫、稚嫩的脸上露着羞涩笑容的小姑娘最引人注目，她就是年仅14岁被授予一等渡江功臣的马毛姐。参会的人们见到她无不用惊讶的眼光看着她并交口夸赞。

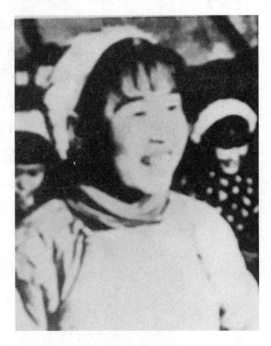

巾帼英雄马毛姐

马毛姐出生于无为县马家坝的一个贫苦的渔民家庭。因家庭贫穷，小时就被送到别人家做童养媳，有次被那户人家的人打倒，额头撞到桌子角上，长大后仍留有印记。从此，她就跑回了家，不再做那家的童养媳了。1948年底，无为解放了，马毛姐兴高采烈，她真正感到翻身的幸福。1949年2月，百里的长江堤上，滚动着川流不息的炮车、马车，在无为县的大大小小的村落里，驻着近30万解放大军及支前民工。刚刚获得解放的数十万无为、临

[1] 参见《百年沧桑话无为》，第410页，安徽大学出版社，2006年11月。

江、湖东、无南民工抬着担架，挑米担柴，挖河修渠，抢筑公路，架设桥梁，整个四县人民都在忙着支前，希望解放军早日打过长江去，解放全中国。马毛姐一家和其他穷苦人家一样，也沉浸在获得解放的欢乐里，她总是替附近的驻军忙这忙那，尽量帮助解放军做些事情。一天，她听人说贴了征集渡江民船的布告，她连蹦带跳地回家找她哥哥说："我要送解放军过江，到南京去抓蒋介石！"她和大哥商量，瞒着爸爸跑到十余里外的凤凰颈船舶站报了名，要在渡江时当水手。

1948年底国民党军队从无为撤退到江南时，把大部分木船都拖到江南，只有少部分船只隐蔽在港汉里或自家把船凿穿沉到河里、塘里才未被拖走。当时解放军和县、区、乡的支前指挥部都在千方百计地征集船只和船工、舵手，到各家访问和进行说服动员工作。马毛姐和哥哥一听说，立即带领解放军和区、乡人员挨家挨户去动员。方圆二十里，哪家有船，她兄妹俩有一本清册，在马家兄妹的协助下，那些沉在河底、塘里的船都打捞出来参加运送大军过江。

4月20日下午4时，参加渡江的船只纷纷从长江北岸的内圩里、芦苇丛中划到了大堤边上，准备拖船过堤进入长江。下午6时，参加渡江的船只都进入长江岸边，渡江突击队员们都纷纷上船待发。马毛姐看着她家的船上已坐满了渡江的30余位勇士，他们个个手中握着枪，腰上挂着手榴弹，背上背着炸药包，任务是当先锋搞爆破、炸碉堡。此时，马毛姐压抑不住激动的心情，立即冲到船前，一个挎盒子枪的解放军见一个小姑娘要上船，马上挡住问道："小鬼，你来干什么？""我来送你们过长江！"解放军便说："这怎么行！这很危险，你会被枪炮吓哭的。"马毛姐说："我不怕死，我会掌舵，我会划水，我哥哥眼睛不好，他在船桅杆边扯帆，我一手掌舵，一手划桨，船很快会划过江的。"自小在水里翻滚、船上长大的她，这些基本功还是有的。但解放军不听她解释，还和他哥哥一道把她推上岸。

晚上8时，一颗信号弹升上天空，接着，沿着长江上空，一串串信号弹腾空而起，马毛姐在岸边急得直跺脚，眼看她哥哥的那条船已开始划动，她飞快地从岸边捡起一根撑船的长篙朝地上一点，猛地一跃而起，双脚刚好落到她那只已启动的木船船尾，船上的解放军和她哥哥都惊讶不已。这时，连同这只船在内的第一批突击船，犹如离弦的箭乘风破浪，直指大江对岸，大哥扯篷，妹妹掌舵。

船悄悄地驶向江中心，敌人的照明弹照得江面影影绰绰。接着，国民党守军不甘心失败，向江面上的船只猛烈扫射和开炮。炮弹在江面上掀起冲天水柱，恶浪撞击着船舷，冲在最前面的四只先锋船被炸沉两只。大哥见状，要救助沉船，吩咐妹妹把船舵推歪，好暂缓前进。马毛姐高声叫道："冲过去，不能停，不然我们也会被炸沉的！"此时的马毛姐什么也不怕，浑身是胆，敌人的机枪子弹雨点似的打过来，打烂了船篷，打伤了战士，也划破了马毛姐的右臂，鲜血直向外流。她什么也不顾了，只是拼命地抱着船舵瞄准方向向前冲。40分钟后，船只到达长江南岸金家渡，第一批登岸的勇士们像猛虎一样直扑国民党军的阵地。霎时间，只听见背后的江北岸万炮齐鸣，江面上帆影飞渡，解放军以排山倒海之势，突破了所谓"固若金汤"的长江防线，彻底摧毁了蒋家王朝划江而治的妄想。当天夜里，马毛姐简单地处理了伤口后，仍穿梭五六趟运送大军过江，并在途中救起多名落水的战士。成了奋勇支前的英雄。

渡江战役后，无为县召开盛大的庆功大会，马毛姐被巢湖军分区支前司令部授予"一等功臣"称号，无为县3107名渡江功臣中，她年龄最小，而且又是一个小姑娘，她的英勇事迹被人们广为流传。

1951年9月20日，马毛姐和无为县另一位"特等渡江功臣"车胜科收到中华人民共和国政务院秘书长林伯渠亲笔书写的邀请函，邀请他俩赴北京参加国庆典礼。9月29日晚，毛主席在中南海怀仁堂设宴欢迎进京参加国庆典礼的各省代表团成员。宴会上，马毛姐被皖北（当时安徽省还未建立）代表团推选向毛主席敬酒。10月3日晚，毛主席和中央领导与各地代表一起看戏，马毛姐做梦也未想到，她竟坐在毛主席和周总理的中间，开演前，周总理指着马毛姐，低声向毛主席说："主席，她就是您邀请来的渡江小英雄。"第二日，毛主席又派车把马毛姐和车胜科接到中南海毛主席家吃晚饭，席间，主席说："你这么小就这么勇敢，不怕牺牲，很了不起，但不要骄傲，不要翘尾巴。"当毛主席知道她已在炳辉烈士子女学校读书后，便勉励她要好好学习，将来更好地为人民服务。并从书橱中抽出一个精致的纪念本，在扉页上留下了"毛姐：好好学习，天天向上"的珍贵笔迹。

（蒋克祚　邢朝庆）

江天载德担道义^[1]

——一等渡江功臣周德义

1949年4月20日（阴历三月二十三日）夜晚，中国人民解放军第25军74师的一支渡江突击船队，集结在无为县长江北岸的汤沟、大套沟一线，准备立即横渡长江天险，歼灭对岸的敌人。

隐蔽在小港湾里，芦苇荡里，柳树荫里的近百条船只，翻过了大堤，滑到江滩上，像一簇簇矮冬青，一顺头排列着，连成一片。

当中有一条5号船，是条大半新的独桅杆小船，头尖尾翘。在半个月前，刚用桐油油刷过一次，亮晃晃、滑溜溜的，乘这条船的是第25军第74师220团9连3班指战员。船老大周德义是一个不善言辞的中年汉子，

渡江一等功臣周德义

他留着黑胡须，中等身材，但很健壮，两只眼睛炯炯有神，锐利逼人。只要见到他，人们都会说，好一双夜光眼。可以预料，由他驾船夜渡长江，一定是方向清、目标明、十拿九稳、稳操胜券。

周德义，1890年生，渡江战役发生那一年，他已是59岁。家住无为县东乡陡沟

---

[1]原载《无为渡江群英谱》，文档存无为档案馆卷宗90（27）号。

区河坝乡小官圩村。家里除了一只江船外，还有四亩多地。他在长江上跑了30年的船，长江沿岸各个码头他全跑熟了，长年累月在长江上生活，也使他锻炼成长为一个被人崇拜"船老大"。

从1939年起，周德义在日军、国民党顽军的眼皮底下，经常护送共产党领导下的新四军第七师指战员来往渡江。他看到共产党为人民大众谋求翻身解放，做了为人民大众谋幸福的事业，于是就从内心深处忠诚于共产党，并全心全意地完成共产党、新四军委托给他的任务。

周德义为人忠厚，办事公正，河坝内河一带的渔民对他十分信任，只要他一声招呼，附近的渔船便立即赶来响应征召。为共产党办事以来，他记不清送了多少趟新四军指战员来往长江南北。1944年，组织上交给他送五支驳壳枪、40个手榴弹、三箱文件到临江船舶管理处铜陵分处的任务，他说："容我思量两天，准有办法"。两天以后，他装了一船猪崽，把组织上捎带的物件隐藏在船后栏梢下的柴堆里，躲过了顽军巡防船一次又一次盘查，有惊无险地完成了任务。同年7月的一个晚上，无南大队伏击了一支在五洲登陆的日军小分队，打死打伤日军六人。战后，无南大队急速向江边转移。天将黎明，估计日军很快就会出动追击。此时周德义船队一行正停泊在江岸，见此情景，急速招呼新四军战士上船撤离。船少人多，船队负荷超载，船帮离水面只有二三寸。周德义从容镇定，他叫大家安稳坐下来，说："大家不要惊慌，有我周德义在，就一定有大家在。"说完，他稳操舵把，沉稳地带领大家脱离了危险。1945年10月，新四军第七师奉命北撤，周德义带领全村渔民，不分昼夜帮助新四军第七师皖南支队北撤，他连轴转地忙了半个多月，由于极度疲劳而大病一场。但他从不叫苦，毫无怨言，直到完成任务。1947年，他家的船被国民党陡沟联防区以"通共"罪名查封，他花50多担稻子才将船只赎了回来，心中更加充满了对国民党反动派的憎恨。经过这次被国民党敲诈，他参加革命工作的积极性更高了。1948年，经过党组织的严格考验，周德义加入了中国共产党。

1949年1月，周德义目睹人民解放军进驻无为，准备进军江南。他无比兴奋，积极主动报名当了舵手。他事先做好准备工作，拆了自家的大木箱用来修整船板，接着又修好了船上的丁篷，增添绳索。他逢人就说："现在解放军要打过长江去，我们这些在长江上摸爬滚打的船工正是大有用武之地的时候了。"

在随后的日子里，周德义主动和解放军战士一起进行渡江训练，为了躲避国民党飞机轰炸，每条船都用芦苇遮挡起来，敌机一来就停止训练隐蔽起来，敌机走了就接着再练。经过反复严格训练，周德义和战士们熟练地掌握了渡江作战的战术与技巧，为渡江作战做好充分准备。

1949年4月20日，周德义在参加渡江作战的前夕，把妻子和女儿叫到身边，深情地告诉她们："要是我这次回不来了，你们就要跟定共产党走，好好活下去。"下午，渡江船只按照部署停泊在指定位置，近百条船只在姚王庙、大套沟一线一字排开待命出发。每条船都编了号码。天擦黑时，渡江部队陆续上船。登上周德义5号船的有30余人，迅速做好了准备，并在船头架起了一挺重机枪，黝黑锃亮。

渡江作战在即，这时发生了一件多少年后人们还津津乐道的事。当时江面上正起劲地刮着西北风，突然风向转变刮起了东北风。战士们乐得咧嘴笑，周德义更是喜出望外，他说："老天爷都来帮忙，老蒋不完蛋才怪呢！"就在大家欢欣鼓舞之时，指挥部下达了开船命令。

说时迟，那时快，战船像离弦之箭，飞速离开江堤，疾速向前冲去，这时长江上东北风劲吹，船借风势，破浪前进。战船贴近江心时，江中急流汹涌，单凭划桨的力量，船身顶不上去，而此时对岸国民党江防部队已经警觉，照明弹"嗖嗖"升空，明碉暗堡里射出的子弹如同暴风骤雨"呼呼"掠过江面。周德义驾驶的5号船在行进中中了枪弹，江水由窟窿处漫进船舱，船上桅杆的绳索也被折断，篷帆掉落下来。船速放缓，船身下沉，颠簸摇摆。周德义见此情景，猛的大腿一跨，骑住舵杆，稳住船舵，用手拿起撑篙，纠正船身，又招呼船上战士用事先准备好的木塞堵住船洞，用铁锹除去船舱积水。就在此时，周德义的左腿被敌人的冷枪打中，他跌倒在船尾上，但他咬紧牙关爬起，紧抱舵杆不松手，船上战士见状为他包扎伤口，战船得以继续前行。

这时，北岸的解放军大炮大发神威，一颗颗炮弹划过夜空，射向敌人阵地。爆炸声中，南岸敌军阵地燃起了一片片火焰。炮兵的支援，极大地鼓舞了渡江勇士们的斗志，战船速度越来越快，南岸越来越近，繁昌汪家套就在眼前，"冲啊！冲啊！"杀声震天，战士们端着枪，蹚着水，如同下山猛虎，出水的蛟龙，迅速占领汪家套的滩头阵地，向碉堡里的敌人发起猛烈进攻。敌人被打得四散逃窜。

9号船留下负伤的周德义和两位护船的解放军战士，他们紧紧相拥，高声呼喊："我们胜利了！"那一刻，周德义泪流满面，他一瘸一拐地来回检查船身，又咬紧牙关，强忍剧痛，艰难地爬上桅杆，用绳索升起半帆，调头返回江北，接受新的战斗任务。此后，周德义带伤先后往返13次运送300余名解放军战士渡江。江天之间，辉映着周德义那不屈的身姿。

渡江战役结束以后，临江县渡江支前指挥部召开庆功大会，周德义与其他参战船工胸佩大红花，庆功会上颁发了立功证书。周德义因为表现突出，战功卓著，荣获"一等渡江功臣"的光荣称号。临江县渡江支前指挥部政委李文彬在会上称赞周德义是一个不穿军装的渡江英雄，为中国人民的解放事业做出了很大贡献。

（李俊平　王敏林）

懿德昭昭尽为金[1]

——特等渡江功臣王德金

王德金，无为县陡沟镇田桥行政村人，1906年，出生于一个贫苦的渔民家庭。他饱尝了旧社会的苦难与辛酸，成年后，长年累月与父亲一起在江河上以打鱼为生。

1938年8月14日，日军第一次乘轮船入侵黄雒河，进入陡沟镇，烧杀抢掠，无恶不作。同年11月6日，一些民族败类挂起"无为县维持会"的汉奸招牌，并在长江、内河上拦劫渔、商船只，强索捐税，王德金一家因此苦不堪言，他心中更加充满了民族仇恨。他期盼解放，期盼过太平日子。

1945年8月，抗日战争取得了最后胜利，但国民党反动派又发动内战。1945年10月，新四军第七师奉命撤离

特等渡江英雄王德金

无为。1946年4月，国民党第21集团军138旅旅长杨创奇率部由庐江进驻无为。一时间，无为地区大兵压境，国民党在无为城乡实行白色恐怖，对人民群众强施苛政、

---

[1]根据安徽学习平台《红色记忆》之《乡亲》整理创作，2019年9月30日。

暴政，横征暴敛，苛捐杂税多如牛毛，人民群众苦苦地挣扎在死亡线上，王德金一家几乎濒临绝境。

临江县在新四军第七师北撤以后，建立了以沙德轩为特派员的党的秘密联络点，活动于无为东乡一带，开展地下游击斗争，也在陡沟田桥设有联络点。此时，王德金开始参加革命工作，为党的秘密联络点传递情报。其时，真武殿就是他传接情报的场所。

1946年6月，陡沟的地下党员在方一清的领导下，成立了中共无东支委会，领导群众揭露乡、保长贪污勒索、鱼肉人民的劣行，开展合理合法的斗争。王德金主动要求参加了党的外围组织。后来，王德金的举动被国民党田桥乡乡长朱立昌察觉，派民团团丁将王德金抓进了乡公所，又被押送到无为城里，前后关押了四个多月。"在无为城里，那段时间最难熬，牢中没有板凳，也没有床，天冷了，只能蜷缩着身子，在墙角处瑟瑟发抖"，王德金曾经痛苦地回忆过这段往事。后来还是家人卖掉四亩地，托人打点关系，才把他保释出来。

淮海战役以后，惨败的国民党第八兵团司令官刘汝明率部退守江南，途经无为时，大肆抢劫民财，断埂破坝，强行将沿江及内河一带渔民赖以为生的渔船统统拖到江南，以滞阻人民解放军渡江南进。王德金心中，燃起了复仇的火焰，他发誓要报仇雪恨。

1949年1月，无为除沿江少数国民党几个据点外，全境基本解放。人民解放军渡江部队陆续在无为集结，待命渡江作战，并开始进行渡江前的一系列准备工作。

同年2月，陡沟田桥成立渡江支前中队，乡长兼中队长魏本章召集地方上的积极分子开会，王德金就是其中的一员。会上动员群众为渡江战役捐、借船只。但是，当时摆在人们面前的情况是：由于国民党大肆掳掠沿江船只到了江南，田桥全乡已是无船可用，更是无船可捐、可借。

王德金经过反复思量，痛下决心，联络了本乡20多个有正义感的渔民，经过认真谋划，决定夜渡长江，把那些被国民党军掳去的船只重新拖回江北。他表示，即便此去丢掉性命，也要冒险一试，这样做最值得。

去江南拖船，首先必须找到被抢船只在江南的具体位置。王德金通过皖西第四军分区联络部部长顾训芳，用电台与先期抵达繁昌的27军渡江侦察大队取得联系，查明了江北船只在江南的具体藏匿地点。

去江南拖船，也必须事先准备好偷渡工具。王德金等人砍伐树木、竹子，用藤条捆扎，制成木排竹筏，也有人准备了腰子盆伺机渡江。

去江南拖船，还必须掌握国民党军长江巡防船的游弋时间，找准时间差，有效利用换巡间隔，避免发生意外。

经过充分准备之后，以王德金为首的一行20余人，在3月的一个夜晚，乘着长江的茫茫夜色，分乘自制的简易航渡工具偷渡江南。江水滔滔，惊涛拍岸，但王德金一行毫不畏惧，凭着多年来搏击风浪，对长江水情、风向、流速的了解，他们顺利登岸。当夜，在渡江侦察大队联络员的策应和指引下，找到了被抢船只的集中地，他们干净利落地砍断了缆绳，拖船回返江北。此时，正是黎明前，一片黑暗，而江面上浓雾笼罩，虽然也有被国民党巡防船窥见，但目标模糊，巡防船只好胡乱鸣枪开炮。也有船只被炮弹击中，船被炸成数块弹片。所幸渔民谙熟水性，紧紧抱住散落在江面上的船板侥幸逃生。这次拖船总算成功，总共拖回16条船。王德金一行因此受到临江县渡江支前指挥部的通报嘉奖。

1949年4月20日晚6时，渡江大战开始。王德金担任27军渡江第一梯队水手，船过江心时，进入敌人照明弹、曳光弹光圈，遭到对岸荻港板子矶上暗堡里的机枪猛烈射击，渡江突击船队因此严重受阻。

板子矶，又名鹊起矶，为长江二十四矶之首。"长江天堑，鹊起矶突兀中流，扼咽喉之要"，素为兵家争锋要地。国民党军在板子矶矶腰处修建三个大碉堡，凭借居高临下的有利地势，视野开阔，以超强火力封锁江面，给渡江第一梯队造成极大威胁。

此时王德金驾驶的小船，正处于领先位置，船上运送的24名爆破手，担负着第27军军部交给的炸毁板子矶上三个敌军大碉堡的任务。由于板子矶上敌碉堡火力过于猛烈，而架在渡江突击船队船头上的重机枪由于角度不够，平射难以对板子矶上碉堡火力进行有效压制，处于被动挨打局面，而此时船上的几名爆破手和王德金都中枪负伤。王德金怒不可遏，他带伤一个箭步冲到船头，双膝往船板上一跪，抱起机枪，又用双肩托机枪架，抬高了机枪的射击角度，然后对机枪手大声呼喊道："给我狠狠打！"船头上机枪的子弹呼啸着从王德金头顶上飞过，敌军碉堡火力霎时被压制减弱，渡船得以急速前进。而王德全的耳朵也被机枪的怒吼声震得失聪，落下了终身残疾。

就这样，王德金把解放军24名爆破手送上了板子矶。这些爆破手个个身手不凡，奋勇当先，攀爬悬崖峭壁，迅速接近敌军碉堡。随即在碉堡四周搭起人梯，强行将炸药包塞进堡内，拉开导火索，炸得碉堡四分五裂，敌人呼天抢地，鬼哭狼嚎，彻底失去战斗力，为渡江第一梯队扫清了渡江南进的障碍。

当夜，王德金不顾伤痛，一连往返六次，先后运送渡江部队指战员200余人，出色地完成了渡江任务。

参加渡江战役的船工水手，创造出许多可歌可泣的动人事迹，涌现出众多的英雄好汉。1949年5月15日，在渡江庆功大会上，船工王德金被评为"特等渡江功臣"，荣获"渡江先锋"的光荣称号。1951年国庆节，上级通知特等渡江功臣王德金以及一等功臣马毛姐等一同赴京参加国庆观礼，但王德全由于行船谋生在外地未归，没能及时接到通知，失去了赴京的机会。

新中国成立后以后，王德金一直勤勤恳恳，负重前行。1950年，他参加土改工作队，并在同年加入中国共产党；1952年任陡沟田桥乡指导员；1955年安排到陡沟区粮站工作；1956年调回田桥乡任高级农业合作社社长；1958年担任田桥人民公社养猪场场长。一直到1983年6月，78岁高龄的王德金因年老体衰，才解甲归家。

王德金一直默默无闻，在平凡的工作岗位上砥砺前行，呈现"懿德昭昭尽为金"的高尚风范。

（李俊平　王敏林）

丹心照耀江天红[1]

——特等渡江英雄胡业奎

英雄，古来有之。在中国人民解放军建军史上，荣膺"英雄"称号者数不胜数。然而，在渡江战役中，渔民被授予"特等渡江英雄"者，则凤毛麟角，在全国绝无仅有仅三人，一是车胜科（27军）、二是王德金（27军）、三是胡业奎（24军）。可是，这"三位特等渡江英雄"政治待遇各不相同，车胜科，1951年收到政务院秘书长林伯渠的邀请，赴北京参加国庆观礼，受到毛主席、周总理接见。回无后，因伤残（二等残废）复发治愈后，担任无为县福利院民誉院长（国家干部），享年92岁。

王德金，1951年因外出行船未归，失去赴北京见中央领导的机会。新中国建立后，担任陡沟田桥乡指导员、田桥乡高级农业合作社社长、田桥乡人民公社养猪场场长等职。1983年6月，78岁高龄的王德金因年老体衰，经组

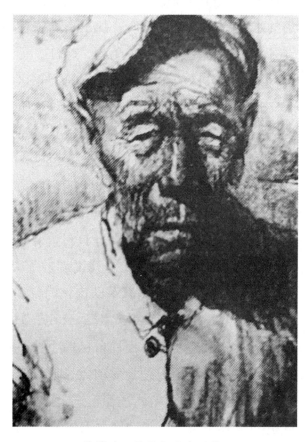

特等渡江英雄胡业奎画像

---

[1]参考曹道龙：《中国共产党巢湖地方史》，安徽人民出版社2003年版，第361页。

织批准，回家颐养天年。

　　胡业奎，这位功勋卓著的"特等渡江英雄"，自从1949年6月，无为、临江、无南、湖东四县合一后，他的英雄事迹却石沉大海，杳无音信。如今，在无为的各种媒体报道中，却觅无踪迹。为恢复历史真相，笔者查阅了大量的史料和实地采访，撰文警示世人共勉之。

　　1949年3月15日，中国人民解放军第三野战军，第24军、第25军、第27军、第30军及33军99师等20余万人陆续聚集到无为县区域。分驻在无城、开城、白茆、泥汊、姚沟、凤凰颈、襄安、牛埠、土桥、蜀山等地，厉兵秣马，蓄势待发，准备渡江作战。无为位于长江下游北岸，与繁昌、铜陵一江之隔（史称吴头楚尾）。沿江水岸线一百多华里，且有七、八条通江河道口。境内河沟纵横，水运便捷，是理想的水上练兵的最佳场所。加上白茆、泥汊的江面狭窄，具备屯军备战的有利的地理条件。当时无为境内有无为、临江、无南、湖东四县，在皖西地委、第四专员公署、第四军分区的领导下，成立第四军区支前指挥部。无为四县及各级基层单位均成立支前机构。为确保20万大军和20万民伕日常生活，无为四县每日筹集成品粮120万斤、柴草5000万斤，以及相当数量的油盐菜蔬，确保部队需求。自1949年3月12日起，无为四县动员几十万民工锹挖肩挑，疏通河渠200多华里，架桥20余座，凿通了小江坝、姚王庙、神塘、泥汊等四条通江河道。

　　渡江前夕，"特等渡江英雄"胡业奎（1904-1949年）原为湖东县五区青岗乡渔民，现为无为牛埠镇青岗行政村人。1949年4月中旬，胡业奎参加了乡政府召开的渡江动员大会。他深知，人民解放军从我乡境内的沿江打过长江，必须要有船只。可是1949年初国民党军队南逃时，抢走了长江北岸的民船上百条，集中停放在长江南岸的小沙洲旁，并且派了十几个国民党士兵严密看守。当时胡业奎考虑，不论有多大的风险，就是牺牲自己的生命，也要到长江南岸抢回几条民船，帮助解放军强渡长江，消灭国民党反动派。他连夜组织本地的三十多个渔民及水手，立下誓言："我们要用生命抢回民船，送大军过江消灭国民党反动派。"4月18日夜，在胡业奎的率领下，三十多个渔民及水手，用小渔盆乘黑过江，打死了几个值班看管民船的国民党士兵，抢回了十八条船只。

　　胡业奎与三十多个渔民及水手连夜组成了渡江突击船队，胡业奎任队长，参加24军第一批强渡长江先遣团，这十八条船于4月20日晚8:30分，从当时的湖东县青岗乡土桥码头，运送人民解放军强渡过江至长江南岸的铜陵胥坝。每条船当夜往返6次，运送子弟兵200余人，十八条船当夜共运送子弟兵3600余人。4月21

日，毛主席、朱总司令发出"向全国进军的命令"，干部、战士、船工，群情激昂，渡江热情高涨。当晚胡业奎冒着敌人的枪林弹雨，连续6次运送解放军官兵过江。可是，天有不测风云，就在最后一次运送途中，胡业奎的船只临近长江南岸的铜陵胥坝时，遭到长江南岸国民党守军炮火猛烈阻击，船舵被打坏了，胡业奎当机立断，奋不顾身地跳进江中，用双手推船前进，敌人的子弹打中了他，他不顾伤痛和流血，仍然推船前进，让船上的子弟兵顺利到达长江南岸。胡业奎因伤势过重，流血过多，当晚英勇牺牲。4月21日夜，由这十八条船运送到长江南岸的解放军，是第三野战军第七兵团第24军第71师的首长和部分指战员。胡业奎率领的渡江突击船队成功运送人民解放军7200余人强渡长江，出色地完成了渡江任务，受到24军首长的表扬。

渡江战役胜利后，1949年5月15日，无为（四县）在无为县体育场召开万人庆功大会，胡业奎被24军追认为"特等渡江英雄"。第三野战军第九兵团宋时轮司令员和第27军军长聂凤智亲自为立功人员披红挂彩，颁发渡江纪念章和立功证书，表彰英雄们的功绩。无为（四县）渡江水手及立功受奖2087人，其中，无为257人，临江881人，湖东470人，无南479人，占参加渡江水手的总数60%。水手们的英勇无畏精神，铸造出渡江英雄群体，产生特等渡江英雄车胜科、胡业奎，王德金3人；一等功臣马毛姐等296人，二等功臣429人，三等功臣973人，四等功臣499人。无为人民以其巨大的功绩，誉载史册，彪炳千秋。

1949年5月20日，湖东县人民政府根据第三野战军24军追认胡业奎为"特等渡江英雄"，特为胡业奎召开渡江英雄庆功表彰大会，号召全县干部和广大人民群众学习胡业奎为全国的解放事业而牺牲、为全国劳苦大众谋幸福而牺牲的革命精神，胡业奎生的伟大，死的光荣。并追认胡业奎为"革命烈士"。胡业奎卓越功绩，他的死重如泰山，他的革命精神永放光辉。可惜，1949年6月，无为（四县）合一后，胡业奎这位"特等渡江英雄"由于证书和资料不知移交何处，无人知晓。其后裔多次申请，因档案资料不全，至今没有享受到任何政治待遇和定补（该镇视其直系后裔家庭困难，将其评为贫困户，以慰亡灵）。

71年过去了，"特等渡江英雄"胡业奎事迹却被人们淡忘了，也无人问津。一个偶然的机会，让特等英雄胡业奎的事迹从历史的尘埃中重现光辉。去年，笔者在协助宣传部编纂（大军从此过江东）一书时，查阅了大量的史料，从《中国共产党巢湖地方史》书中采撷到"三位特等渡江英雄"事迹，还原了历史史实，给予胡业奎"特等渡江英雄"一个公正的评价。

　　丹心照耀江天红。我们要缅怀革命先烈勇于辆牲的精神，继承革命先烈遗志。贯彻习近平总书记新时代中国特色社会主义思想，不忘初心，铭记历史，感知时代，牢记使命。

（李俊平）

七天七夜[1]

——记特等渡江英雄车胜科

车胜科，无为县雍南乡人，一家都是船工。解放大军渡江战役打响，他一家参战，父亲、弟弟先后中弹倒下，自己也三次负伤，却拼死把第一批突击队送过江。接下去，又连续战斗了七天七夜。

无为县临江地段，是我百万雄师最早的渡江起渡点。1949年4月20日，毛主席一声令下，大军开始渡江。

20日入夜，隐蔽在临江一线的1000多只小木船，由3400多名船工水手驾驶，载着渡江突击部队，从临江坝、姚王庙、神塘河、泥汊四处船舶出江口悄然驶出。在夜幕掩护下各军各师

特等渡江英雄车胜科

各团的突击船，像离弦的箭，直飞江南。船过江心，被南岸国民党守军发觉，照明弹腾空而起，探照灯横扫江面，大炮、轻重机枪一齐猛射过来。北岸我军大炮立即还击，掩护渡江。长江江面上展开一场猛烈炮战的风暴，空中飞蹿着各种各样的啸声。长江在抖动，江水在燃烧。渡江突击部队立即由"暗渡"变为"强攻"，迎着

---

[1]原载《安徽文学》第2012年第5期。

血与火，拼搏前进。

车胜科的船，载有解放军27军81团一个30多人加强排组成的突击队，两名连级干部指挥。船从临江坝起锚，对江是汪家套，目标是配合友邻主力，端掉那里的国民党军的一个炮兵阵地。与车胜科一同驾船的，是他的父亲车德旺和二弟车胜福。父亲掌舵，兄弟俩划船，顶着炮火，单舟疾驰。突击排的战士也拿起铁锹当桨，一起划船，小船速度更快。眼看快到登陆点，岸上国民党军碉堡轻重机枪火力一齐射来。小船毫无遮蔽，在纷飞的弹雨中依然快速前进。然而，一个排的战士，大多中弹倒下，只剩八个人了。这时车德旺猛然直起腰，想再加一把劲，让船快些靠岸。可是，一发机枪子弹，打中了他的胸部，他昏迷倒下。与此同时，车胜福的头部、胳膊也中弹，倒在船舱。车胜科自己被一颗子弹打伤左手，一串串血往下流，他全然不知，问身边战士"我手上怎么直淌水？"那位战士回答："不是淌水，是流血！"车胜科想到渡江前的誓言"坚决把解放军送过江，让江南人民都解放"，强忍伤痛，用右手独臂拼命划，小船终于靠岸了。

剩下的八名突击队战士登陆后，冒着猛烈的炮火，一会儿弯腰向前疾进，一会儿匍匐在地，快速爬行。车胜科看到，又有一名战士倒下了，他想跳下船助战，但登岸的一名指挥员回过头制止了他，命令说："快，快回去接第二梯队！"车胜科调转船头，风驰电掣般将小船划回北岸。

回到北岸，天已大亮。车胜科将父亲和二弟抱下船，交给救护队，送到战地医院。他对父亲说："爸，我不能送你了。江南在激战，我要送第二批大军过江！"

父亲睁开眼，用微弱的声音催促说："快去，快去划船！"

车胜科不顾手上还在流血，转过身，拉上另外一位船工帮他摇橹。这位船工，个头很大，刚走两步，就被国民党飞机丢下的炸弹击中，当场牺牲。车胜科看到无论南岸，还是北岸，时刻都在流血，尤其是第一梯队过江的人少，战况异常激烈，一分一秒也不能迟疑，立即跑回家，把三弟车胜亮和堂叔车德满叫上船，还是一家三人，又送解放军过江。

从20日夜晚送第一突击队过江起，到26日，将江北解放大军渡完，车胜科驾着他的小船，和整个船队一起，在江上来回划了七天七夜。

七天七夜，战况激烈到什么程度，船划了多少趟，送了多少部队，车胜科难以记数。他只知道，送过江的是一船解放军战士，带回来的是一船战士们打出去的子弹壳和敌人打过来的弹片，一次要清理弹壳弹片两箩筐。在炮火中穿梭，在弹雨中抢渡，车胜科三次负伤。头一次左手中弹，鲜血涌流，他浑然不觉；第二次，一颗飞弹片划破了他的头顶，他未下火线；第三次，背部又中弹负伤。手在流血，头在流血，背部在流血，他只简单包扎了一下又继续划船。

七天七夜，车胜科疲乏得难以支撑，眼皮也难以睁开，只有趁过江战士上船的间隙，眯一会眼，打一个盹。登船的战士们那嘭嘭脚步声，震不醒他，战士们上船后船身剧烈摇晃晃不动他。只要有一声开船命令，他即刻清醒，又有使不完的劲。他将头往江水一扎，浸泡片刻，抖擞精神，又送大军过江。

渡江战役结束后，人民解放军第三野战军司令部授予车胜科"渡江特等英雄"称号，无为县支前指挥部评选他为"特等渡江功臣"。车胜科光荣地加入了中国共产党。他返回家乡无为县雍南乡时，他的父亲车德旺、二弟车胜福，因伤势过重，抢救无效，已在战地医院牺牲。他埋葬了父亲和弟弟，自己才去县医院做手术。但因医疗条件限制，只取出一块大弹片，许多碎弹片还残留在体内。他投入到新中国建设中，先任河坝区区长，继任区委书记。这时，正值长江汛期，江水泛滥，临江坝崩塌，多处出现险情，他不顾伤痛，带领民工抢险堵口，平安度过了一个汛期。1951年他应邀去北京参加国庆观礼，受到毛主席、周总理的接见。车胜科坐在毛主席身边，毛主席像谈家常一样，问他："你是哪一天渡江的？""在什么时间渡江？""起渡是什么地点？""登陆是什么地点？"他一一做了回答。接见就要结束了，车胜科向毛主席请求："毛主席，我们那里要修临江大坝，县里修不起，想请中央帮助。"这是他去北京前就想好的，要向毛主席、周总理汇报的唯一的一件事。毛主席吸了一口烟，深情地向他点点头。车胜科回到河坝不久，国务院派水利部部长傅作义到临江视察，决定拨款1000万元，修建临江大坝。

这是新中国成立后首个治理长江的水利工程。1000万元，这在当时是一个极为巨大的数字，说明毛主席、周总理对渡江英雄车胜科的意见多么重视。车胜科全然不顾身上残留的那些弹片，又不顾风雨地战斗在大坝上，同民工一起抛石、保滩，从江底向上筑起一条坚固的石坝。一年多在江堤上的繁重劳动和风吹雨打，车胜科体内两处残留的弹片创伤，发炎隆起两块大血包，疼痛难忍。1953年，时任无为县委书记张世平调到省卫生厅工作，出面让安徽医学院附属医院为他做了手术。手术后，医院给他出具了证明，有关部门认定他为二等甲级伤残。

车胜科的体能日渐衰弱，不能在一线工作了，组织上安排他任无为县福利院荣誉院长。然而，经过战火考验的车胜科闲不住，只要一息尚存，他就要像当年渡江七天七夜不停地划船一样努力工作。于是他将残疾证悄悄藏起，把残疾金全部献给了福利院，经常给学校、机关讲他亲身经历的、亲眼看到的大军渡江的那些令人感动的人和事。

2008年车胜科去世，享年92岁。这位生长在长江边的普通船工，在我百万大军横渡长江的伟大战役中，七天七夜，不怕牺牲，英勇顽强，驾着木船运送解放军渡江的动人故事，将永远传扬。

（王惠舟）

扶舵驰江天[1]

——一个村民兵队长的自述

吴昌木，无为县
泥汉镇人，生于1925
年，1948年参加革命，
任无为县虹桥区宋桥
村武装委员会主任、
村民兵队长。主要任
务是为地方游击队做
后勤保障工作，配合
游击队作战。

1949年4月，在支
援大军渡江的群众运
动中，吴昌木光荣地
加入了中国共产党。

组织群众运送军粮

新中国成立后，先后担任含山县运漕镇派出所所长、含山县公安局副局长、芜湖地
区公安处副处长。

吴昌木作为渡江战役拉开战幕的亲历者和见证者，也为自身在渡江战役中做出
一份贡献而自豪。他曾经这样记述："大军渡江的那天晚上，信号弹、照明弹、炮
弹把江上半边天打红了，好多好多战士牺牲了，鲜血把江水染红了，场面极为惨烈、

---

[1]根据芜湖市公安处离休干部吴昌木自述整理。吴昌木，无为县泥汉镇人，大军渡
江时，任无为县虹桥区村武委会主任、民兵队长。

悲壮。当时我也在'隆隆'的枪炮声中往返渡江，为渡江部队运送军粮，在无为虹桥与繁昌获港之间穿梭奔忙。前方战士进军飞快，补给必须步步紧跟，不能出现半点差池。"

作为渡江战役的亲历者、见证者，吴昌木在渡江战役以后写下了下面一段真切、平实的自述：

渡江行

淮海战役后，动摇蒋军心。和谈告破裂，介石不死心。

中央决心下，穷寇必追究。打过长江去，解放全国人。

上至九江口，下到江阴城。雄师近百万，飞越渡长江。

四月二十日，下午十点钟。这时气候好，风平浪又静。

雄师都轻装，武器带在身。轻装登船上，奉命驰战场。

渡江第一船，英雄张孝先[1]。战士奋力划，扶舵驰江边。

突击队上岸，信号弹冲天。江北炮声隆，敌军直呻吟。

后援军队上，帆船遍江天。贼军拔腿跑，我军紧后追。

江心宣传队，简直闹翻天。锣鼓满江响，胡琴箫笛唱。

龙王都胆战，龟缩在宫内。我沿获港上，沿途把敌追。

只到老虎头[2]，奉命又返回。仍回区粮站，粮食紧支援。

这首诗最后八句，栩栩如生地再现了无为人民鼎力支援大军渡江的紧张场面。"上""追""到""回"四个动词，表现了无为地方武装对渡江部队的大力协助。"粮食紧支援""军粮全盘点"两句，表现了战勤工作对渡江部队的全力配合。[3]

---

[1] 据吴昌木之子推定，张孝先指张孝华。（见《渡江先锋船》）

[2] 这里的"老虎头"是吴昌木支前送粮的终点。繁昌获港镇东南方向约一公里，有个历史悠久的地名"老虎头"。"老虎头"是一座小山头，山上石头看起来虎头虎脑，张牙舞爪，故标"老虎头"。这个小山的支脉伸向江边，又称"志埠头"。后来因建设需要开始采石，几十年后，山头削平，"老虎头"已无踪影。文中的"区粮站"，似宜为"虹桥区粮站"，今天属于无为县十里墩镇。

[3] 中共芜湖市委党史和地方志研究室编《纪念渡江战役胜利暨芜湖解放70周年研讨会文集》第99~100页。

渡江战役后，巢湖分区支前司令部发布通知（秘字第62号）："分区的支前工作基本上完成了解放大军渡江的繁重任务，自解放大军渡江后，即势如破竹，进军神速，江南广大地区已获解放。根据目前情况，运粮支援江南城市，个别地区支前工作仍较为繁重。"为履行分区支前司令部的通知。吴昌木仍然坚持在运粮第一线上，在这个"人人献粮出力，支援解放大军征战前线"的热火朝天的季节里，在追歼残敌的征程上，随处可见"支援前线，获取全中国胜利""一人立功，全家光荣"等标语；在城乡道路上，给解放大军送粮草的队伍络绎不绝。此时，吴昌木涌动在心中的信念是"大军打到哪里，我们就支援到哪里""前方需要什么，我们提供什么"，吴昌木感到，自己是带着百万无为人民的嘱托继续为大军催粮、运粮，无比光荣与自豪。

（吴万春　邢朝庆）

少年壮志不言愁[1]

1949年，王德清刚满15岁。当时，随着解放战争的节节胜利，渡江战役已经迫在眉睫。1949年1月，无为县成立了"无为县支援大军渡江指挥部"，当时无为县十个区都成立了支援大军渡江大队，每个乡成立中队。像王德清这些不满18岁的儿童少年，则被编入儿童团，王德清被任命为泥汊区儿童团（当时叫无南渡江支前指挥部儿童团）团长。他们手臂上戴着绣有"大军过江儿童团"的袖标，每天6点到8点集中到泥汊所属几个乡巡逻。

王德清为何能当上团长，还有一段曲折的过程。他自幼喜欢书法绘画，一手毛笔字写得中规中矩。

原泥汊儿童团团长王德清

1948年12月，驻扎在繁昌荻港的国民党106军偷偷摸到江对面的泥汊镇"扫荡"和抓壮丁，一下子掳走300多人，王

---

[1]根据无为县泥汊镇退休干部王德清口述整理。王德清，支援大军渡江时任无南县泥汊镇儿童团团长。

德清也在其中。他被带到当时荻港国民党部队的一个连部。转眼到了除夕，连部想写一副春联，因王德清念过私塾，这在当时部队里是不多见的，于是写春联的任务落在王德清的身上。说来也巧，就在这年的大年初一，连长的一个同乡，也是驻防繁昌的国民党　个师部的副官来到荻港开会，王德清担任书记员。一笔工整娟秀的毛笔字让王德清在正月初三被这位副官带回了师部。到了师部以后，王德清所处环境也自由多了。这为他逃回泥汊解放区提供了条件。果然，正月初六那天，王德清冒死逃了回来。

正是因了这段离奇的经历，让王德清得以了解到江南国民党荻港驻军的一些情况。再加上他本来在孩子中就有一定的号召力，因此在选儿童团团长时，王德清毫无争议地当选了。

在此后的一段时间里，王德清带领儿童团积极配合解放军做好各项渡江准备工作。主要任务是喊口号、写标语，做宣传。还在民间艺人的帮助下，传唱这样一首励志歌谣："支援大军过长江，男女老幼一起忙。粒粒大米赛珍珠，送给大军作军粮。做饭喷喷香，吃了个个壮。杀敌打老蒋，人民得解放。"唱出了血浓于水的军民关系。每天早上，王德清就带着他的50位儿童团团员，走村串户喊着这些口号。至于写标语，对王德清来说也是手到擒来之事。他随便扎个稻草把子，沾点黄泥就直接在墙上书写了。

虽然年龄小，但儿童团肩上所担的任务一点也不小。他们当时要帮助解放军在泥汊及其周边村庄寻找住宿房源。为此，儿童团员走村入户，将老百姓的房舍详细了解清楚，每间房子只要住进解放军战士，儿童团员们就会马上在房外贴上入驻部队番号的标签，方便战士们辨认。由于工作扎实细致，因此受到部队首长的称赞。

当时准备过江的解放军多为北方人，不熟悉水性，因此在渡江前夕，部队开展渡江训练。那时候也没有救生衣，儿童团帮助战士们用竹子做成简易的救生圈，就是一个边长三尺左右的三角架，解放军战士匍匐在三角架上练习划水。

知地情，当向导，也是儿童团的一项重要任务。解放军初来乍到，对泥汊一带的地形地貌不熟悉，儿童团员也就有了用武之地。他们经常带战士到长江边了解地形，观察江对岸的敌情。当时，在江边经常会遇到敌机的轰炸，非常危险，但这却无法阻止王德清对解放全中国的渴望。年少的王德清和他的儿童团团员们一次次往返圩心里的部队驻地和长江边，给各级解放军指战员带路。

1949年4月20日傍晚，驻守在泥汊的第27军开始强渡长江。王德清带领儿童团毫不畏惧震耳欲聋的炮火和闪光刺目的照明弹，手持红旗，齐声呐喊，为渡江勇士鼓舞士气、加油助威。

渡江开始后，王德清带领儿童团彻夜守候在泥汊江岸，遥望来往穿梭的渡江船只，只要看到回程船只载有负伤的解放军战士和船工，儿童团员们就立马迎上，协助医护人员抬担架，运伤员。

1949年以后，王德清又回到了课堂。后来走上工作岗位，王德清担任过泥汊区组织委员、秘书、办公室主任等职。由于他勤于写作，又擅长书法绘画，1960年至1966年期间还被调到《芜湖日报》当记者。1966年至1983年任虹桥区组织委员。1983年至1992年任泥汊供销社主任。1992年光荣退休。

如今，86岁高龄的王德清老人依然精神矍铄。作为历史的亲历者，王德清经常参加各种宣讲活动，2016年被合肥渡江战役纪念馆聘为红色教育辅导员。

（童毅之　邢朝庆）

渡江先锋船[1]

在北京中国国家博物馆举办的"复兴之路"大型陈列展览中，一艘弹痕累累的木帆船，引来许多观众的驻足观看。

这艘木帆船被称为"渡江先锋船"，通长10.78米，通宽2.48米，连桅杆高6.70米。船身

陈列在国家博物馆二楼北区"复兴之路"展厅里的"渡江先锋船"

多处弹痕，船帆弹洞相连，是一艘从激烈的战火中冲出的英雄船。限于当年的运输条件，此船被截为两段，后来连合复原，该陈列物是中国国家博物馆馆藏文物中体积最大的物件。

它的主人是安徽省无为县银屏区钓鱼乡（今属巢湖市）船工张孝华。张孝华是一位操船技术娴熟的老船工，成年累月驾船行驶在长江上，对上起九江下至上海的

---

[1]参见《安徽文史资料全书·巢湖卷（上）》，第589页，安徽人民出版社，2007年8月。

长江水情了如指掌。1948年冬，他用多年的积蓄新造了一条七吨木帆船，连船帆都未做好，就响应政府的号召，把船开到洲口集中，积极报名参加渡江战役。他沿河高呼："乡亲们！有人出人，有船出船，支援大军渡江，解放全中国！"

1949年初春，解放军第三野战军第24军、25军、27军在无为县集结，做渡江作战准备，在地方政府协助下，征集船只、船工。张孝华带领自己的儿子张友香随部队南下，并担任船工队长。在无为泥汊镇待命期间，他积极帮助解放军指战员进行水上训练，教会北方战士游水、操船、掌舵。

4月20日，张孝华父子的木帆船与其他八艘船负责渡运第27军某团第一大队燕子连冲锋队，船上乘坐携带炸药包的26名爆破手，另有两名水手。船头架着机枪，船边用草帘包裹，以减小渡江时发生的声响。20时，一声令下，千船竞发，解放军开始渡江。张孝华船队的目的地是长江南岸繁昌县的板子矶，为准确快速到达对岸，张孝华父子先驶向上游，然后顺流而下，斜插板子矶。在离板子矶还有约200米路程时，被国民党军发觉，随即，密集的子弹、炮弹向渡江船只打来，船头的战士用机枪还击。北岸解放军的炮兵部队也向南岸的国民党军阵地猛烈轰击，千里江面上枪炮声震耳欲聋。这艘"渡江先锋船"也身中数弹，船工和战士们堵住漏洞，继续冒着弹雨前进，接着，船橹也被打坏，篷帆被打出20多个洞。张孝华父子稳稳驾船，奋勇冲向滩头，离岸两三米时，船上的指战员们抱着炸药包飞身跃下，往岸上冲去，爆破敌军的碉堡。张孝华父子领先其他运送解放军冲锋队的八艘船只，率先抵达南岸板子矶。

随后，父子二人驾船返回北岸，继续运送解放军渡江。在第二次运送部队过程中，儿子张友香中弹受伤。再次回到北岸后，尽管张孝华父子再三要求继续摆渡，但部队领导说服张孝华，立即送儿子去医院治伤。

解放军在人民支援下，以木帆船为渡江工具，发扬英勇顽强、一往无前的战斗作风，于22日胜利突破国民党军队的江防阵地，到达长江南岸。

渡江战役结束，解放军三野在无为县为船工举行庆功大会，张孝华被授予二等功，张友香被授予一等功，父子二人还被授予"渡江有功"奖旗。

1959年6月，为庆祝新中国成立十周年，中国革命博物馆在全国征集革命文物。南京军区文物征集调查组在参加渡江战役的数千条船中，反复遴选，最后选中张孝华父子所操驾的木帆船，这只船在渡江战役中率先抵达南岸板子矶，被命名为"渡江先锋船"。帆船修缮如旧，运到北京，陈列在中国革命博物馆，后至中国国家博物馆展出，向后人展示渡江战役震撼人心的场面。诗曰：

渡江战役千帆竞，孝华驾船传美名。
率先冲抵江南岸，船称先锋国博存。

（李俊平　叶悟松）

担架弟兄[1]

渡江战役打响的第二天——4月21日下午，胶东担架队5团3营3连的副指挥员王伟一，带领30副担架心急如焚地从长江北岸的无为县襄安镇马家坝，往无为县洪巷镇湖陇集转送伤员。这些伤员，都是在渡江作战中挂的彩。傍晚时分，他们将伤员抬到湖陇集。一看，这里没有医院，大家都着了急。

无为县襄安渡江支前指挥所组织的临时担架队

正当大家因所带粮食不够，为晚饭问题而发愁时，无为县襄安渡江支前指挥所组织的临时担架队也抬着伤员过来了。

襄安担架队负责人左树明一看胶东担架队的民工没有带够粮食，就立即动了心思，他想：他们是老解放区的老百姓，是抬担架出大力的农民，我们都是一家人，自己不吃也要先叫他们吃。想着他就找来副队长洪英，两人一合计，怎么办呢？医院没有，胶东民工又没带够粮食，临时向群众借也不方便，而咱们是刚刚解放的民工，应该照管好南下支援渡江的好兄弟。

---

[1]参见《铜陵革命斗争故事选》，第220页，安徽文艺出版社，1995年12月。

左树明立即把担架队的排长、班长召集起来，商议这件事。

大家说："咱们都是一家人，他们抬了许多路的担架，不能让他们挨饿，咱们应该帮助他们。"4排长马开宝是个共产党员，他很干脆地说："我们襄安担架队还有米，我先拿。""拿给他们我们怎么办呢？""吃稀饭！"大家异口同声地说："对！吃稀饭！"

襄安担架队的民工们行军出发的时候和军队一样，都背着装得满满的米袋子。可是今天大家只带了准备晚上吃顿饭的大米。左树明问清胶东担架队是30副担架150个人，便根据人数把粮食分给他们一部分。

该队负责人王伟一接到米十分感激，他紧握着左树明的手说："幸亏遇到你们，不然我们就要饿肚子了。"

胶东担架队队员们得到这个消息，喜得心里开了花。三三两两围在一起，有的说："无为县革命老区的人到底不一样。"

第二天早上，大伙吃过早饭正准备出发时，胶东担架队民工张克荣、俞明珠两人忽然生病了。一副担架四个人不多不少，两个队员生病了怎么办？王伟一正在发愁。事情又给襄安担架队左树明知道了，他立即走过来对王伟一说："我们头一回抬担架怕不会抬，还预备了几副闲的。你们的担架队员生病了，把伤员放到我们的担架上来吧。"王伟一十分激动地说："咱们真是好兄弟！"

担架队把伤员从木头担架上抬下来，抬上了竹子担架床。然后排成一行队伍，迈着大步，抬着伤员一起向九兵团的医院走去。

一路上无为县的民工叫山东民工"老大哥"，称自己为"小兄弟"。来来往往"老大哥""小兄弟"叫个不停，互相帮助，互相照顾，为了支援解放军尽早解放全中国，他们走到一起，成为相亲相爱的"担架弟兄"。

（李俊平　王敏林）

"爆破大王"韩安才[1]

韩安才（1919~1983），无为县田桥乡谢村人，曾获华东军区"爆破大王""人民一级战斗英雄"称号。他出身贫苦，自幼父母双亡，靠姑母抚养长大。十岁时就帮地主家放牛、放鸭、打长工，过着牛马不如的生活。1944年7月参加新四军。1947年1月加入中国共产党。

"爆破大王"韩安才

1945年11月，韩安才奉命北撤至山东被编入三野25军74师222团8连当战士。

1947年冬，韩安才参加山东莱阳战斗，担任爆破手。他所在的8连奉命攻击敌人城墙边的炮兵阵地，替担任主攻任务的部队扫清道路。战斗打响后，他用一包炸药将敌人的碉堡摧毁，为突击排前进打开了通道。在行进中，部队又遇到左前方一敌堡炮火的封锁。此时，潜伏在一堵矮墙旁察看地形的韩安才，发现敌堡的右侧有一间小瓦房。从自己的位置到小瓦房的墙脚下，正好有一片浓密的枯草。他借助茂密的草丛掩护，匍匐爬进小瓦房，用刺刀在后壁上撬开一个小口，瞅准敌人向前方射击的机会，猛地发力用身体撞开一个大洞，飞快地扑向敌堡，从机枪眼里塞进手

---

[1]参见《百年沧桑话无为》，第415页，安徽大学出版社，2006年11月。

榴弹，接着又投进一包炸药，只听"轰隆"一声，敌人机枪哑了，碉堡也炸毁了。这时又有一小股敌人从另一所房子里向他猛烈射击，均被他用手榴弹击退，一直坚持到突击部队冲上来。

1948年3月，山东淄川战斗打响，韩安才领受爆破任务。战斗发起前夜，他独自一个人爬到敌人铁蒺藜刺围子旁进行侦察，发现主攻路上已布设了地雷。他用牙齿连着咬断3根地雷拉索，使敌人地雷成了哑巴。第二天晚上，他摸着头天晚上做的记号，爬到敌人阵地边，迅速投进三包炸药，为突击部队打出条通道。3月19日，总攻开始那天，上级调他到担任主攻的7连负责爆破任务。7连爆破组技术不熟练，不少同志怕完不成任务。韩安才耐心地讲解爆破技术，手把手地教，并对同志们说："请大家放心，有我韩安才在，最危险的任务我去！"总攻开始第一天晚上，在7连前进的道路上，敌人设置的第三道铁蒺藜刺防线最难爆，火力封锁也最严，韩安才带领爆破员杨世玉用70斤重的炸药包，将五尺多厚的刺围子炸开一条三尺多宽的通道，使7连的突击队顺利通过。爆破成功后，韩安才头部受伤，但他不下火线，仍带领爆破组跟着突击队一起，冲上敌堡，彻底消灭了这一据点的敌人。

兖州战斗前夕，韩安才任副班长。当时，连日阴雨，三丈多宽的护城河水深过人，团里命令由他带爆破组完成炸毁对岸敌人三座暗堡的任务。韩安才帮助班里战士学会游泳，引导大家克服畏难情绪，向全班战士表示自己的决心："最难爆破的地方我去！"战前，韩安才每天带领爆破员察看地形，并巧妙地利用木澡盆运送炸药包。战斗打响后，韩安才抢先抱起炸药包冲在最前面，炸毁敌人的壕沟、电网后，又以迅雷不及掩耳之势，将河对面敌人一个加强班固守的暗堡炸毁，再次完成爆破任务。当场，他头部负伤，耳底震出了血，被抬到团卫生队包扎时昏迷不醒。第二天醒过来后，又不顾医护人员阻拦，带伤回到前线。

韩安才从抗日战争到解放战争，历任战士、副班长、班长、副排长、排长、副连长、连长等职。他出生入死，浴血奋战，参加过南马、临蒙、淄川、曲阜、兖州、莱阳等20余次战斗和著名的淮海战役与渡江战役，以爆破勇敢而威震华东战场。解放战争时期任三野25军22团团长的谢长华，曾以《勇敢的精神，坚定的信念——忆爆破大王韩安才同志》一文，介绍韩安才的英雄事迹。解放战争时，韩安才在谢长华团任排长。

韩安才最大特点是能吃苦、胆大、不怕死。无为家乡很多人都听说过韩安才大实话，"胆大赢胆小，穿大褂子赢皮袄"。有一次，县里一个单位请他做报告，要他讲战斗事迹，原本以为他会像电影一样讲豪言壮语和惊险曲折的战斗场景，岂料，他讲的全是极其平常的大实话。他说，我从小帮地主家放牛，父母死得早，是部队收养了我。当了新四军能吃饱肚子，下雪天有衣服穿，又不受老板打骂，真是睡着了笑醒了。吃水不忘挖井人，共产党是我大恩人，我要好好报恩。我没文化，别的不行，吃苦我能。每次打仗，我都冲在最前边。心想，打不死，立功；打死了，光荣。反正这条命是党给的。当然，部队也讲战场纪律，开小差、怕死、临阵逃跑，那也不客气。打兖州时，打得最苦，伤亡很大。营长、连长眼睛都打红了，连长拿着驳壳枪指着我说，韩安才，你听着，一定要把敌人的暗堡炸掉，否则，别来见我……我一听，火星直冒，知道连长急了才这么说。我把上衣一甩，光着膀子，"奶奶的，胆大赢胆小，穿大褂子赢皮袄，不怕死的跟我上！"爆破组的几个人唰地冲了上来。敌人的子弹就在四面开花，一点也不觉得怕，就那么一股劲，把敌人地堡炸了。后来，大家说笑，"韩安才炸碉堡，胆大赢胆小，穿大褂子赢皮袄。"

韩安才在1947年冬的山东莱阳战斗中荣立一等功，1948年7月的兖州战斗中立特等功。此外，他还荣立二等功两次、三等功五次、四等功六次。1950年5月，韩安才在全军第三届英模大会上获"爆破大王"称号，被授予"一级人民英雄"奖章。

1951年秋，韩安才作为中央军委组织的全军老英模代表团成员赴朝鲜前线参观慰问。此后，韩安才还多次以老英模身份被邀参加天安门国庆观礼。韩安才最常说的是"荣誉属于人民"。1958年，韩安才复员，回家后积极投入农业生产。曾先后当选为安徽省第五届人大代表、省革委会委员、巢湖地区革委会委员、县革委会委员、县八届人大代表和县政协五届委员会常委。

（李俊平）

南国英雄花国友[1]

解放战争初期，在华东战场上出现了一位著名的战斗英雄——花国友。他的名字曾经传遍全军。

1946年10月6日，在苏北宿迁地区的来龙庵战斗中，身为班长的花国友，率领全班，机智、灵活、勇猛地出击，果敢地在敌阵中纵深穿插，切断了溃逃之敌的退路，对我军主

南国英雄花国友

力歼灭敌人起到了重大作用。在这次战斗中。花国友的班毙敌十余名，俘敌42名，缴获山炮一门、重机枪一挺、轻机枪三挺、步枪20余支，而自己无伤亡，创造了当时我山东野战军一个班歼敌的最高纪录。战斗结束后，花国友被评为战斗英雄。师党委决定，在全师开展学习花国友运动。不久，延安新华社播发了《南国英雄花国友》通讯，《解放日报》也刊登了《向花国友班看齐》的文章。从此，花国友的名字在解放区人民中传开了。

花国友，安徽无为县人，出生在苦大仇深的雇农家里，自幼饱受地主阶级的压迫剥削。1941年，花国友满怀对共产党和人民子弟兵的热爱，参加了新四军，第二年就光荣地加入了中国共产党。花国友为人老实谦虚，不大爱说话，显得憨厚朴实。

---

[1]参见《百年沧桑话无为》，第412页，安徽大学出版社，2006年11月。

当了战斗英雄以后，同志们一问起他的事迹，他总是憨厚一笑摆摆手说："打仗勇敢是应该的，有了功劳也是大家的，我没什么值得一提的。"

来龙庵战斗以后，花国友被提升为排长，可是他心里却不安起来，找到了连指导员说："我没做什么成绩，现在号召大家向我学习，又提升我当排长，身上像背了大包袱，压力很大。"指导员心怀钦佩之情，连忙请他坐下，与他亲切地谈了起来。在指导员耐心启发和鼓励引导下，花国友才放下了思想包袱。

当了排长的花国友，给自己定下要求，记住指导员的话，严格要求自己，处处以身作则，无微不至地爱护战士。解放战争开始了，南下行军中，他的腿患关节炎很严重，行动困难。但他不但自己背着背包率领战士前进，到了驻地还帮助体弱的战士洗脚，给他们烤干被雨水淋湿的衣服。新战士小董病了，他拿出平时节约的津贴买了鸡蛋，为小董补身子。小董哭着说："排长，你比我亲哥哥都好！"花国友说："咱革命同志就是亲兄弟，互相关心、互相爱护是应该的。"不久，他就把一个排团结得像一个人一样。

山东莱芜战役打响了，在白沿山战斗中，花国友感冒发烧很厉害。连长指导员要他好好休息，这次战斗就不要参加了。他还是三番五次地争取突击任务。他说："排里新同志多，他们要人带。再说，我也不是纸糊的，没关系！"连长指导员只好答应他们排担任突击任务。战斗开始，他让副排长带领一个班在前面吸引敌人火力，自己率两个班从侧翼迂回上去。花国友首先向敌群投了两颗手榴弹，当即毙敌十余名。接着又利用手榴弹的烟雾，果敢地冲入敌群展开白刃格斗，很快占领山头。战斗结束，花国友再次立功。

在战火锤炼中，花国友很快成为一名优秀指挥员。他带领的三排作战勇敢，完成任务坚决，进攻是一把尖刀，防守是一堵铁墙。在临朐战斗中，为了掩护主力部队撤退，花国友所在连担负了阻击任务。花国友率领全排，死守在小吴庄子以西的险要阵地上。战斗打响后，三排的阵地成了敌人的主要攻击目标之一，飞机炸，大炮轰，敌人像狼群一样扑上来。从早到晚，敌人攻了十几次。花国友他们排始终像钉子一样牢牢钉在阵地上，敌人的尸体横七竖八倒了一大片。战斗中，花国友两次负伤，手臂骨被打断一根，仍然坚持战斗，直到胜利完成阻击任务。

1947年2月，蒋介石纠集重兵，对我山东解放区实施疯狂进攻。为了调动敌人，便于集中歼敌于运动之中，我军又主动放弃了一些地区，以便寻找战机。4月29日，敌防线出现空隙，上级首长及时抓住战机，对敌开展攻击。花国友所在团奉命攻击大石沟的敌人，他所在连担任由北到南的主攻任务，他的三排为突击队。30日下午战斗打响了，花国友带领突击队冲在最前面，并高喊："同志们，杀敌立功的机会到了，冲啊！"但是冲了几次都没有成功。经过侦察，原来狡猾的敌人把大石沟的守兵增加到两个营和一个团部。

我军部队经过重新部署后，集中全部火力向敌人阵地猛烈轰击。随着炮火的延伸，花国友总是带着突击队冲在最前面，几分钟之后，就在敌阵地上撕开了一个口子。战斗打得很艰苦，突击排伤亡了十多名同志。花国友也多处负伤，鲜血把他的军装都染红了，但他一直坚持到战斗结束，为歼灭敌人吹嘘的"天下第一团"做出了很大贡献。

1948年4月22日，万家桥战斗打响了。这是孟良崮战役的一个外围战，已经担任九连连长的花国友，率领全连顽强地扼守万家桥阵地，连续打退了敌人十几次冲锋，迫使敌人毫无进展。次日午后，在出击战斗中，花国友冲在最前面，不幸中弹，光荣牺牲。

战斗英雄花国友，为革命献出了宝贵生命，同志们心情都非常沉痛，首长和战友都纷纷撰文悼念他。纵队《武装报》刊登了花国友的英雄事迹，全纵队掀起了"向花国友学习"的热潮。花国友的名字永远在人民革命的史册上闪闪发光。

（王惠舟）

"居高声自远，非是藉秋风"[1]

李辛白生于清光绪二十七年，原名修隆，字燮，号水破山人。他少有才名，为清末拔贡。师从光绪举人、李鸿章幕僚、曾任浙江盐政大使、且颇具诗名的无为人方澍。他自幼怀着一腔爱国之情，发愤读书，立志报国。先入南京高等警官大学堂，后东渡日本，毕业于早稻田大学。在日本加入同盟会，并受派遣回国从事革命活动。五四运动爆发的当天，《北京学界全体宣言》是他组织编发的。陈独秀被捕，他积极营救，与王抗五教授代表北大师生前往探监和慰问。1926年，因民众抗议日本等列强提出撤除大沽口炮台，而爆发"3·18"惨案，李大钊、陈乔年等均负伤，李辛白也险遭逮捕。

"白话文先驱"李辛白

"大道之行，文化引领。文化是凝聚中华民族之根。"根固枝荣，他立志以文化召唤民心，推进革命。《共和日报》，是他于1911年在芜湖最早创办的，之后又在南京创办《老百姓报》。他与蔡元培、陈独秀、李大钊、胡适等积极倡导与推行新文化运动。胡适曾推崇他在上海创办的《白话日报》，为我国推广白话文的"开山老祖"。他于北京大学创办的《新生活》周刊，仅李大钊一人就在该刊发表了60多

---

[1]参见《百年沧桑话无为》，第293页，安徽大学出版社，2006年11月。

篇文章。为传播马列主义、俄国革命和宣传工人运动，他先后编辑、出版了《北京大学日刊》《北京大学月刊》《每周评论》《新潮》等重要刊物与书籍。

七七事变，日军全面侵华。他为安徽省抗日动委会委员，并出任安徽省图书馆馆长。日军空袭安庆，国民党省政府仓皇西撤。而此时省馆藏十多万册图书，特别是寿县出土的718件春秋楚器，亟待转移隐藏。他和馆员首先将楚器掘坑深埋，待中央博物院复电后，又将这批国宝安全运往重庆。并将馆内的善本图书及线装古籍悉数运往桐城罗家岭。

他一生从政时间最短，而从事教育的时间最长，可谓毕生奉献于教育。他说过：不妄念，即心安。而以他的资力和才能，取得高官与富贵是不难的。

他认为，修身、齐家、治国、平天下都需要斯文，而教育就是斯文。教育容不得权和钱，所以他把教育当作人世间最为干净的事业。他的履历也只有两个字："教育"。如果说，教育是座象牙塔，那么，北京大学犹如塔顶，省城县城的大学中学则是塔身与塔基。他一生从北京大学开始，一路数下来，曾在安徽省立高等农业职业学校、绩溪孔林省立高级农校和安徽学院、皖南分院、芜湖学院、南庄学院、昭明国文专科学校及南京私立安徽中学、徽州中学、宣城中学、休宁女子中学、歙县右任中学、私立建国中学，分别当过大学的主任、教授和中学的校长、教员。而在家乡无为尚实学社和贵池山区梨村塾馆，他甚至还是"校长兼校工，扫地带敲钟"的多面手。

抗战时期，他居无定所，四处漂泊。放下行李便是家，挑起书囊走天涯，是讲学授业的布道者，也是解惑释疑的老先生。无论环境多么险恶，生活多么艰辛，他始终不忘此身此世的使命：初心不改，教育救国。立德树人，孕育桃李。

他一生以实求信，业已德恒。在乡村塾馆，他免费为村童耳提面命破蒙，他教导孩子们，"读书不是读字，而是读理"。小时读书明理，长大才能保卫国家，治理和建设好我们的国家。

他是最早的同盟会员，他与蔡元培、陈独秀、李大钊、胡适等显赫名士共事，实至名归，声名不可谓不显。他为人"温温不作惊人语，大度自然是真雄"。

1949年4月21日，贵池解放之夜，他率领群众箪食壶浆，迎接人民解放军进城。翌日，贵池召开欢迎解放军大会，李辛白代表各界人士在会上发表了热情洋溢的欢迎词。

1951年7月，李辛白病逝于贵池。

（程传衡）

时代的鼓手[1]

大别山余脉，宛若一条腾跃翻滚未能过江的潜龙蛰伏下来，有几片裸露隆起的鳞甲，在长江北岸形成绵延的山峦和一些起伏的丘冈。其间有座形似羊头的称为羊山。羊山古称"阳山"。清嘉庆版《无为州志》载："世传曹操屯兵此山之阳。"

山因名显。有个叫童天鉴、笔名田间的人，就出生这山边叫童家墩的小村里。七十多年前他走出羊山头。走出那条流淌吴头楚尾和徽风皖韵的濡须水，走出那片堪比云梦泽的巢湖，走进古都北平，走进了光华大学。侵略和压迫的浪潮，击碎了他的书堂梦幻。热血铸就的信仰在他胸中翻腾。他化笔为刀枪，像暴风雨中的海燕，投身风雷激荡的革命洪流。

有时，一生的际遇，只是因为一个机遇。他抓住了革命这个机遇，不顾身陷囹圄的危境，用文学呐喊，撕破黑暗。他的诗行里，有红军长征的脚印，有东北

被闻一多称为"擂鼓诗人"的田间

---

[1]参见《百年沧桑话无为》，第313页，安徽大学出版社，2006年11月。

人民抗日和长城抗战的血迹。他的笔下浸满血与泪，描绘着"铁马冰河"的壮丽和震撼，诉说着战士不屈不挠的坚定意志与舍身为国的战斗情怀。

许多文人一生为之疯狂的种种桂冠，他却视之淡然，也不曾看重官位级别。人们可能不知道他的原名本姓，但绝不会忘记，中国有个被称之为"时代的鼓手"的诗人和他那篇令敌闻之丧胆的诗篇——《假如我们不去打仗》。在延安，他吮吸着"讲话"乳汁；在晋察冀，他身染百团大战硝烟；在人民解放战场，他牵手胜利冲阵；在西柏坡，他追随进京"赶考"车队……他一直在擂鼓向前。

从东北到西南，从高原到海边，尔后到安身立命的燕赵大地，他的双脚在丈量祖国山河，他的毫锥在描绘新社会画卷。即使在下放农村的日子，他的诗鼓也一直不曾停歇。在朝鲜前线，他用诗行慰问最可爱的人，用正义书成《板门店记事》。他以"人有祖国，诗无国界"的情怀，像一只鼓翼的信鸽，在蓝天划出弧线，飞过苍茫大海，出访东欧，出席开罗亚非作家大会，凝聚心血为《欧游札记》《非洲游记》，深嵌于中外文化交流史册。

萋萋芳草中的一土丘，那块有些斑驳的石碑，开头写着：田间（1916—1985），原名童天鉴……没有墓园，也少有人来祭奠。然而，自他走回田间便深受乡人关爱。原本的一处荒山，如今林木葱茂；新兴的一座人烟稠密的村庄，和那一大片他自幼眷念的开阔田园，就像书页一样拥着他掩着他。他仿佛是睡熟了，但不肯放下笔。文以载道，缺少情感的诗文，便会苍白；不能呼应心声的文字，便没有生命。遐思中突现他笔下喷射的文字，或呻吟，或咏怀，或抨击，或抗争。无一不在鼓动民族情感，无一不在呼应民众苦难。脑际忽而闪跳出很多链接："来年日子怎么过，我为人民鼓与呼""安得广厦千万间，大庇天下寒士俱欢颜"和那"为了免除下一代苦难，我愿把牢底坐穿"的诗句。只有这样的呼喊，这些泣血含泪的文字，才能让人民记住，让历史不忘。自然，他不可比拟彭德怀与叶挺，更不能与杜甫并论。然他之为人为文，无愧"时代鼓手"与"擂鼓诗人"之称。质本洁来还洁去，一抔乡土掩风流。乡人记得，当年那个从这里走向"田间"的童天鉴，最终回归了田间。

（程传衡）

军中一枝梅[1]

1950年秋天，突然从广播里传来了令人震惊的消息：美帝国主义打着联合国的旗号，发动了侵朝战争。从朝鲜中部仁川登陆，海陆空突然袭击朝鲜人民军。大家停止了训练，静听广播全文，听完广播，战士们个个怒火冲天，摩拳擦掌、义愤填膺，恨不得长着翅膀飞奔朝鲜战场，痛打帝国主义野心狼！

女护士肖若红是无为县无城镇人，此时她正在医疗队训练抢救技术，她听完广播后，忍不住心中的怒火，道："队长，美国主义太霸道了，支持国民党蒋介石打内战，供给他们武器弹药，屠杀中国人民，又阻止解放台湾，这笔血债尚未清算，又无端发起侵朝战争，真是忍无可忍，血债必用血来还，我请求支援友好的邻邦朝鲜人民共和国，同

军中一枝梅——肖若红

朝鲜人民军并肩战斗，尽我的国际主义神圣义务！好吗？"

队长陈松林扬起眉毛，眼睛闪着光，他对肖若红说："肖若红同志，你一席话代表了我们医疗队的心愿，但你别太激动，党中央和毛主席自有英明决策。我们的

---

[1]参见《皖江雄师征程》，第214页，北京新四军研究会皖江分会，2003年8月。

任务是练好本领、掌握技术，只要党一声号令，就奔赴朝鲜战场，痛打落水狗——美帝国主义，新账旧账一起算。"他们俩人的一席话，说得医疗队战士们激动万分、情绪高涨，纷纷要求支援朝鲜人民。

过了几天，中国政府果然组成了志愿军抗美援朝，雄赳赳、气昂昂，跨过鸭绿江，痛打美国野心狼。无为县医疗队也响应祖国的号召，随军奔赴朝鲜战场。志愿军入朝首战告捷，打得侵略者屁滚尿流。美帝国主义侵略者像输红了眼睛的赌徒，依仗着空中优势，狂轰滥炸。但是，我们几十万志愿军神出鬼没，像孙悟空钻进铁扇公主的肚子里，只听阵地响，不见人影现，白日里无踪无影，一到黑夜，像天降神兵，突然出现在敌人心腹地带，打得敌人手忙脚乱、鬼哭狼嚎，逃也无处逃，只有挨打的份。

无为医疗队队员，也和千千万万的志愿军战士一样，冒着枪林弹雨不怕牺牲，在阵地前沿，在坑道里救死扶伤。特别是女队员肖若红，只见她头戴军帽，身穿草绿色的军装，腰束皮带，配着她那苗条的身材、端庄明丽的面容，像一朵含苞待放的红梅。半年前还是个名门闺秀、文静的少女，入朝参战仅仅三个月，经受枪林弹雨、烽火硝烟的洗礼，磨炼成一个泼辣能干的白衣使者，成为无比出色的救护英雄。

这天，陈松林和肖若红奉命率领一支医疗队奔赴前线，当他们胜利完成使命，返回营地途中，突然遭到空袭，蓝天白云，被乌鸦般的敌机遮住，罪恶的炸弹倾泻下来。顿时，山林和山下的村庄成了一片火海，村民纷纷冲出燃烧的村庄，老人和孩子惊慌得四处逃散。面对手无寸铁的老人和孩子，敌机仍然盘旋呼啸着，继续投下罪恶的炸弹，很多老人和孩子被弹片击中、只见血肉横飞，老人呻吟着，孩子哭喊着，真是惨不忍睹。

肖若红和战友们目睹敌人的残暴，无比愤怒，恨之入骨。纷纷冲向受伤的老人、孩子。肖若红发现离她不远的地方，一个孩子被弹片击中，她急忙赶到他身边，一把把他抱入怀中。急救之时，又有一枚炸弹在她附近爆炸，若红自己腿部也中弹，她顾不得包扎，忍痛沉着地抱着孩子的伤肢，给他包扎好以后，急呼身边的战友，把孩子抬离危险境地。若红目送孩子远去，深深地呼了口气，刚要自救之时，抬头发现是一个孩子，吓得乱跑，一声呼啸，敌机又俯冲下来，投下数枚炸弹。若红没有多想自己，强忍伤痛，勇敢站起来，扑向惊慌的孩子，想用自己的血肉之躯来保护孩子。霎时，一枚炸弹离她仅十步之遥，轰隆一声爆炸，她又身中数枚弹片，孩子得救了，可她却昏迷过去。

陈松林和战友们目睹此情此景，焦急万分，赶到若红身边，一把抱住若红，大声地呼唤："若红，若红，醒醒呀！醒醒呀！"

　　肖若红在重度昏迷中，被亲密的战友唤醒，强忍着剧烈的疼痛，睁开秀目，面带微笑，紧紧握着陈松林的手，用尽平生的力气断断续续地说："松林呀，快去指挥同志们抢救受伤的老人和孩子吧。不要伤心难过，战争是要付出代价的，唯有付出代价，才能赢得胜利。我流血牺牲，这代价是值得的，是幸福的。身为一名志愿军战士，没有辜负祖国的期望。把一切献给祖国，是我最大的愿望，最大的幸福和快乐！"她的一番肺腑之言，深深感动了战友，陈松林抱着若红口中不断狂喊："若红！挺住，挺住……"然而艳若梅花的肖若红，头一歪，倒在他的怀中，心脏停止了跳动。若红就如那在花丛中含笑的红梅，在战友们和朝鲜人民心中永远留下她那灿烂的微笑！

（费荣鲁）

贴近民心的四本笔记[1]

    无为烈士陵园的展览馆里陈列着四本笔记本，那磨损的四角，发黄的纸张无不显示着年代的久远；那清晰可见的字迹，仿佛是雕刻着时代花纹的留声机，静静地向人们诉说着革命者的一段历史。笔记本的主人就是张石平，新中国成立后第一任中共无为县委书记。

    笔记本中最早的记录时间可追溯到1932年，最晚的则是1952年。内容涵盖甚广，既有张石平的学习心得，也有他战斗在一线时的情况分析，还有他担任无为县委书记后的民情记录。"一枝一叶总关情"，笔记本中的每一页都写满了张石平对群众利益的深切关注。

解放后，第一任无为县委书记张石平

    打开黑色封面的笔记本，你会看到一页页手绘的统计表。表格分类细致，字迹工整，记录翔实。如果再仔细看一下表格内容，你就能想象得到，时任县委书记的张石平是以怎样的心情来绘制这些表格的。因为这些表格记录的是1950年无为县受灾和救灾情况，在一张题为"永固乡灾民因饿生病登记表"的表格中，他记下：

    "对垅村，郭平凡母，64岁，没米没盐，不能动，家有6口人，挑埂不够吃。"

---

[1]参见《把群众利益高举过头顶》，第50页，中共无为县委组织部，2013年8月。

　　"北沿村，王合长，男，32岁，饿病，病况软，家有6口人，断炊，生活无法解决。"

　　"永固乡因饿生病的妇女8人，其他17人，共计25人。"

　　……

　　每一村每一户因饿生病群众家庭详细情况，他都清清楚楚地记录下来。当他一笔笔地记下这些受灾受苦父老乡亲家境的时候，他的心情该是怎样悲痛！当他在"无为县灾民救济粮情况统计表"中仔细地记录下救济灾民户数、人口和粮食数的时候，他的内心又该是怎样"拯斯民于水火"的迫切！

　　一张表格像一个个闪回的镜头把人们带回到那个年代。

　　那是1949年夏天，无为县发生了一场严重的水灾，造成全县37万亩耕地颗粒无收。当时的无为刚解放不久，百废待兴，县委书记张石平率领第一届县委和县政府，正在千方百计地提高全县人民生产积极性，号召群众齐心协力、艰苦创业，为恢复经济做了大量工作。可是不断发展的汛情打乱了重建工作的节奏，抗灾救灾成了压倒一切的任务。

　　张石平首先安排转移灾区群众，按照"先低处、后高处，先人畜粮食、后房产家具，对没有劳动力的烈军属、残疾军人均给予优先照顾"的原则，将较危险地方的老弱妇幼、财产等进行转移，最大限度地减少损失。他自己来到破圩最多的牛埠区查看灾情，以掌握更准确的信息。

　　无为灾情得到省市领导的高度重视，一批批救灾粮、救灾款陆续拨发下来。为了准确地发放救济粮款，张石平亲手绘制"入库粮食分类统计表"和"动支粮食分类统计表"，使赈灾工作准确无误，很少出现偏差。

　　张石平笔记里显示：1949年无为县收到救援粮食5915吨，1950年投入270吨稻种，完成了"救灾不饿死一个人，生产不耽误一亩地"的任务。垦荒3556亩，全县发放农业贷款80万元，在县委县政府领导下，群众焕发生产救灾热情，民心稳定。

　　四本笔记本饱含了作为"父母官"的领导干部对父老乡亲的鱼水深情。时至今日，张石平深入基层、贴近群众的作风仍能给后人带来启迪与思考。

（李俊平　王敏林）

后记

　　参加本书撰写和修改工作的有：王惠舟、蒋克祚、程传衡、李俊平、王敏林、叶悟松、耿松林、童毅之等同志。

　　本书在编写过程中，得到了市委宣传部的大力支持，并提出了许多宝贵意见。由于编者水平有限，遗珠之处在所难免，再版时予以增补。

《濡须风云》编辑部

2020年12月10日